天津市重点出版扶持项目

教育部首批中华优秀传统文化传承基地
南开大学京剧传承基地科研成果

走向

京剧

红氍毹

ZOUXIANG
HONGQUSHU

刘连群 著

天津出版传媒集团

天津人民出版社

图书在版编目(CIP)数据

走向红氍毹 / 刘连群著. -- 天津：天津人民出版
社, 2020.6
　　ISBN 978-7-201-15721-4

　　Ⅰ.①走… Ⅱ.①刘… Ⅲ.①京剧-戏曲家-评传-
中国-现代 Ⅳ.①K825.78

　　中国版本图书馆 CIP 数据核字(2020)第 089027 号

走向红氍毹
ZOUXIANG HONGQUSHU

出　　版	天津人民出版社
出 版 人	刘　庆
地　　址	天津市和平区西康路 35 号康岳大厦
邮政编码	300051
邮购电话	(022)23332469
网　　址	http://www.tjrmcbs.com
电子信箱	reader@tjrmcbs.com

责任编辑	张素梅
装帧设计	汤　磊

印　　刷	高教社(天津)印务有限公司
经　　销	新华书店
开　　本	710 毫米×1000 毫米　1/16
印　　张	20.25
插　　页	1
字　　数	245 千字
版次印次	2020 年 6 月第 1 版　2020 年 6 月第 1 次印刷
定　　价	68.00 元

目 录

艺路缤纷（自序）

这是一本写人在路上的书。从艺之路，从台下到台上，由幕后到台前，一路行走留下的瞬间和足迹。

书中的记述和积累，也一直在"路"上，时"走"时停，断断续续地绵延了二十余个春秋。

20世纪90年代，相识多年的从事古典文学研究的许幼珊先生，退休后在一家出版社兼职，聊天时听我讲了几位京剧名角的逸事，涉及他们走红前后的经历，他也是喜欢戏的，听了以后深感有趣，顿时建议我写下来。京剧界那么多人们喜爱的名角，就从如何成名的角度切入，对他们的故事加以形象化的描述，一定会有读者。当时甚至连书名都拟想好了，叫作"梨园名伶走红之谜"，今天看来，颇有几分吸人眼球的神秘色彩。我自幼迷戏，由戏及人，原就对一些大师、名家心仪已久，对行内外老人们讲述的人物掌故印象尤深，又刚写过一本艺术家的传记，并且在创作梨园题材的小说，因此很为这样一本书的选题心动，于是应承下来。

刚开始，一连写了几篇，进展顺利，但后来速度放慢了。一来我当时还在文联的工作岗位上，兼着艺术家杂志社的执行副主编，事务和各项活动确实较多；二来写东西的面比较杂，往往随遇而忙，从小说到影视剧本等，后来随着与京剧界的联系增多，又为相关的研究和评论活动分去精力，这样一来可供自由支配的业余时间就更少了。虽然我一直切身感到，不同的艺术门类和专业形式——戏曲与文学、舞台与影视、理论与创作——都是相通的,互有增益,但时间与精力终归是有限的,难免会分身乏术,顾此失彼,书稿的进度便拖了下来,未能如期完成,这使我至今抱愧于老先生的一番热忱。

不过,焦点不断转移,有关内容的书写并没有终止。那些年只是跟着时间和感觉走,时断时续,篇幅或长或短,而且除去京剧界早期的前辈大师、名伶之外,又和当时尚健在的部分大家、名家,在日常接触的基础上,寻机长谈,有了更深一步的了解和感受。这部分文稿,边写边在报刊陆续发表,颇受关注,多有转载,确实是有读者的。

京剧艺术如诗如画,绚丽多姿。舞台上美的塑造者——演员的从艺和通往成功之路,也是异彩缤纷,既有共性,也有个性,由于内中起作用的因素和条件很多,往往是后者构成了各自不同的引人寻踪觅迹的故事。

所谓共性,包括主观和客观两方面。主观就是人们通常讲的天赋加勤奋。艺术需要天赋,如演员的嗓音、扮相、身材、悟性等先天条件,近年来随着科技的发展,又纳入了遗传基因的作用,而勤奋,应属所有成功者必不可少的身心付出。客观则指环境、师承、机遇等外部因素。这些都关乎并且在某种程度上影响和决定着艺事的发展,却又因人、因时而异,各不相同,很难有人诸项齐备、水到渠成,那不足或缺失造成的崎岖与曲折,就预留下个性张扬的空间,酿就了一个个艺术与人生的梨园传奇。如被尊为"伶界大王"的谭鑫培,在他早年的闯荡经历中,分外突显的是意志、眼光和胆识的力量;名列"三大贤"之一的武生宗师杨小楼,出身名门,天资卓越,从艺初期却苦于得不到京城内行的承认,一度灰心欲遁入空门,有论家称,他的艺途转折点与天津两家戏园打官司有关,如果这也属于机遇,是否应视作偶然中蕴含着必然呢?还有"净行三杰"金少山、郝寿臣、侯喜瑞,都是开宗立派的大师,其中金少山占尽天赋优势,至今被认为前无古人、后未见来者,且技艺超群,艺途高峰期以"金霸王"的美称红遍大江南北,但艺术生命却远不如郝寿臣、侯喜瑞绵长,盛年早故,令人叹惋，而郝寿臣一生律己极严，洁身自好，"如履薄冰"；侯喜瑞见贤思齐，砥砺攻坚，以一副沙哑嗓音自创一派，二人于耄耋之年仍多有建树，相比之下，很容易让人想到性格决定命运的人生命题……应该说，前辈大师、艺术家的艺坛足迹，留给后人的感悟，已然远不止于戏内之功。

艺有传承，本书也收入了前些年应报刊之约写的当代部分中青年名家、演员的文章。

书的最后一部分，"外一篇"《箱倌儿》，我曾经为央视戏曲频道撰写过专题片，箱倌儿作为梨园古老的幕后行业，与舞台绚烂夺目的歌舞形象息息相关，尚鲜见于文字表述。

"外二篇"写的是两位曲艺大师。艺坛历来有"戏曲、曲艺不分家"的传统，两位大师生前还都曾经粉墨登场演过戏，列入"走向红氍毹"题中，也是一份对艺途多彩的纪念吧！

是为序。

上篇

LI YUAN CHUAN QI

梨园传奇

程长庚：神秘的三年

　　清乾隆五十五年(1790)，朝廷庆祝乾隆皇帝八旬寿辰，徽班"三庆班"奉调进京献艺，此后徽调、汉调等演员和班社接踵而来，与在京的兄弟剧种群芳竞放，相互交融，开启了京剧孕育、形成的历史进程。

　　京剧形成于 1840 年左右，距今不到二百年。戏曲史上，一个新的剧种的诞生、发展，除去一定的社会条件，离不开一代又一代杰出的表演艺术家的引领和主导作用。然而，由于时代的局限，京剧早期特别是开创阶段的领军人物的舞台和人生足迹，缺少完整、清晰的记述，其中，被尊为"京剧鼻祖""重要创始人""伶圣"的程长庚，从艺途中就有关键的三年语焉不详，留下了带有某种神秘色彩的"空白"。

　　那是他初次进京演戏受挫前后的一段经历。《清代燕都梨园史料·异伶传》中称："程长庚，安徽潜山人也……舆笋估都下……登台演剧未工也。座客笑之，长庚大耻，键户坐特室，三年不声。""舆笋估都下"，说的是一路推车到京城贩卖竹笋，也有史料称他为"卖乐器之小行商"。程长庚的家乡盛产竹子，携他同行的舅父也是戏班中人，会做乐器，竹子是制作伴奏乐器笙、管、笛、箫和胡琴的材料，以此赚取途中和初到京城的花费，均有可能。疑点在于首演失利后的"键户坐特室，三年不声"。

　　1944 年《国民杂志》载《程长庚史话》以及《中国人名大辞典》等都有同样或相似的表述，而且紧随其后，都讲到"闭门三年未出"，演《文昭关》一剧，即"一鸣惊人，大得喝彩"，观者"皆狂叫动天"，多家的说法非常一致。这就不免令人疑惑，一个演员把戏演砸了，回去把自己紧关在屋里，三年不作声、不出门，就能够发生如此巨大的变化，再度登台判若两人？即使是"传奇"也失之过于离奇，于是成为待解之"谜"。

对于程长庚这样为京剧立下开创之功、名垂青史的艺术家身上的疑点，是应该尝试着去解开的。重新翻读有关的史料、评述，收集近年来新的挖掘、研究成果，后者虽然观点、说法各有异同，有些还是相互矛盾、对立的，但通过对照、比较和梳理，寻踪觅迹，还是可以进行一些新的追溯和解读的。

首先，要从初演失利的原因和影响说起。程长庚生于 1811 年，普遍认为他第一次进京时只有十几岁，嗓音、扮相、身材等天赋出众，曾在家乡的科班学艺，也登台演过戏，颇受好评，但从年龄、技艺、经验以及适应环境的能力考量，肯定与京城的水准、要求还存在着一定的差距。客观上，按旧时传统的搭班规矩，新来的演员，后台管事的派什么戏就得唱什么，不能讲条件，不会就走人别干，而那天派下来的恰恰是程长庚不太熟悉的戏码，舅父临时救急给说了说，依然给初来乍到的紧张心情更添加了几分忐忑。到演出时，临场又遇上两地戏路、演法不同，他在帘内等着唱[导板]出场，鼓佬打出的锣鼓点却是直接出场的"紧长锤"，顿时犹豫着不知如何是好，有的说法称鼓佬故意欺生，程长庚怎样遥相示意、打招呼，鼓佬都不改。眼看台下等得不耐烦了，管事的在身后硬是把长庚推了出去，当时到台上的仓促、慌乱可想而知。这注定是一场不平静的演出。再演到开口演唱的时候，他洪亮的嗓门儿原本属于优势，又因带有家乡的安庆口音，不被听惯了京音的观众所接受，声音越大反而越觉得不适，观众积蓄的不满终于爆发，倒彩声潮水般地一波接一波地袭上台来……

世间行业众多，成败得失往往立见于大庭广众之下的很少，演员属于后者中分外突出的一行，风光与风险并存，荣辱尽在转瞬之间。京城首演遭受的挫折、打击之重，刺激之深，是年轻的程长庚难以承受的，曾有著述写他勉强撑持到剧终，回到后台就倒地昏了过去，转天才在小店客房清醒过来，出于"座客笑之，长庚大耻"的强烈反应，是很有可能的。

但接下来，多家紧接下文所描述的"键户坐特室，三年不声"，可信度就不高了。首先所谓"特室"就令人置疑，程长庚和舅父作为来自外乡的清贫艺人，一路风尘仆仆，"舆笋估都下"，到京城上无片瓦、下无寸土，何来"特室"？恐是他在小店养息，一段时日足不出户，没有露面和演戏，圈外人不见他的身影和消息的主观臆测、演绎（描述和附和者均非不通文墨的戏班同行，应属圈外爱戏的有文化的看客，并不掌握第一手信息）。至于"特室"，即便是小店客房，"键户"一"坐"三年，也远不是长庚甥舅消费得起的，故而不足信。

最关键也是需要弄清的是下面一句"三年不声"。存在不存在"不声"的奇特做法？戏曲演员在嗓音不适时，确有暂时停唱养护的惯例，但一连三年不出声，不辅以相应的治疗、适当锻炼，过后就一鸣惊人、远胜于前，是没有科学根据的。若真如此，声带恐要生"锈"，唱不成了。况且程长庚首演受挫，存在多种因素，并非嗓子出了毛病，更没有必要"不声"。那么，如果"键户坐特室"和"三年不声"都不足信，从失利到重登舞台大获成功之间的日子里，程长庚又是怎样渡过的呢？

近年来的一种说法是：起先，舅父曾经提出京城的戏难唱，还是回乡从艺为好。长庚执意不肯，他们是带着家人的热望出来的，这样回去何以见江东父老？再者，安徽乡间和京城时有戏班同行往还，把他们落败的情形带去，传开来，恐怕返乡也难以立足了。两难之际，他忽然想起临来时，科班的一位老先生曾交给他一封信，叮嘱如在京城遇到困难，可以向汉调名角米喜子求助。米喜子本名米应先，艺术造诣深厚，以演关羽戏享有盛名，当时是"四大徽班"中春台班的当家主演。长庚甥舅持信登门拜访，米十分仗义，端详长庚的长相、气质，听了他的演唱，认为是难得的演正生的人才，同时也指出了他的不足，吐字行腔、尺寸板眼的粗疏之处，还需要向有几百年历史的昆曲学习，在精致、讲究上下功夫。为此不仅留他们在家中暂住,对长庚予以点拨,讲解不同剧种声腔的各自特点,并且介绍他去河北的一家昆曲科班深造。而后,长庚经过再度入科的系统学习,对咬字发声、行腔韵味以及身段表演感悟日深,其间还向一位流落乡间的前辈老艺人的后代学到了"脑后音"的发声方法,使他的声音于高亢、激越中兼具坚实沉着,收放、迂回自如而又苍劲有力,别有一种沉雄之气。此后回到京城,重返舞台,才有了评家多有描述的"某贵人大宴亲王宰相……用《昭关》剧试诸伶。长庚忽出为子胥,冠剑雄豪,音节慷慨",直使"座客数百人皆大惊,起立狂叫动天"的火爆景象。

不过,对于上述所述,戏曲界的认知并不一致。另有两点不同的说法,一是关于程长庚得到米喜子的关照和指教,原本流传很广,20世纪80年代拍摄的电视连续剧《程长庚》就是按此编排的,京剧武生大家厉慧良饰演的米喜子,苍劲古朴、形神兼备,曾经给观众留下了深刻印象。但近年有专家考察米、程二人的生卒、演出年代,认为他们相距较远,不会产生密切的交集;二是对程长庚重入科班深学昆曲,也有专家提出他家乡的班社,就是在昆班的基础上建立起来的,自幼受昆曲熏陶颇深,学艺"以昆曲始……其昆曲唱、念功夫,尤为深厚",到了京城,再去河北的科班学习昆曲,岂不是"舍本求末、弃近求远"?

两点质疑,各自有据,说明对程长庚的早期从艺经历仍旧存在着争议。应该承认,在缺乏全面、翔实的原始资料的情况下,随着研究的深入,不断出现新的分歧、观点并不奇怪,而且近年来各家的说法都没有再重复"三年不声"之说,显现出在求真务实中已经形成了一定的共识。凡是熟悉以至学过戏曲的圈内人都知道,青年演员在艺术上的提高,只凭个人关上门苦修精研是不行的,离不开多方求教、博采众长以及名师的指点帮助,几代大师、名家无不经历了同样的过程,这是戏曲传统的"口传心授"的传承方式所决定的,至于曾经向谁学、学过什么则是可以继续考证的了。

同时,从另一个方面看,程长庚逝后多年,他的舞台和人生足迹依然被行内和学界高度关注，众说纷纭，甚至曾经出现神秘化的说法流传，也再度印证了他在戏曲艺术上的杰出成就、重大贡献和深远影响。

曹心泉、王瑶卿合著的《程长庚专记》中说："程大老板是文武昆乱无所不能、无所不精，那种博大精深的功夫，不是后来伶工所梦见过"，尊其为戏曲界的"大成至圣"，"生、旦、净、末、丑、副、外、杂、武、流"等所谓"十门角色"皆会，拿起来就演，演出来就精。曹、王二人都出身于梨园世家，曹是戏曲音乐家，青少年时代经常看程长庚的戏；王瑶卿作为京剧旦行的一代宗师，程长庚在世时，他尚年幼，但程的弟子谭鑫培、汪桂芬、孙菊仙等后来都与之交往深厚，他们的评说或源于直观感受，或得自程门弟子亲口相传，应是具有权威性的。

前面讲到，程长庚有一副高、宽、亮的好嗓子，在唱、念上又汲取了昆曲的咬字发音，深谙音韵之学，故而"唱得好听，世所公议"。尤为重要的是，他极为注重从人物出发，唱、做情真意切，具有强烈的艺术感染力，据传曾使同台的配角演员也被吸引住了，竟然忘了自己的戏词和该做的动作，乐队随之茫然失措，一时"束手无策"。

程长庚在京剧艺术形成过程中的贡献，一个重要的方面是声腔的变革，将昆曲的唱念方法及京音融合在当时流行的皮黄戏里，使唱念技术得到完善和提高。有的专家提出，在程长庚唱红之前，虽然"冶徽、汉两调及昆腔于一炉"的趋向已经形成，但程长庚"文武昆乱无所不能、无所不精"的艺术创造和舞台实践，对这一历史进程显然起到了强有力的促进和引领作用，从而确立了京剧重要创始人的历史地位。

程长庚集表演艺术家、艺术革新家和经营管理家于一身，为京剧的发展做出的贡献是多方面的。他参加著名的三庆徽班演戏，十余年后接任班主，治理班社宽严相济，纪律严明，公正无私，以身作则。凡遇堂会演出，配角缺乏时，不分生、旦、净、丑的二三路角色，亲自充任填补，经常每次演两三出戏，班内成员多加劝阻，恐有损他的声誉，他正颜回答："众人搭三庆班，因我程长庚，众人为我，我何敢不以手足视众人？同一唱戏，又何以有高低之分、贵贱之别？"作为主演、名角，他从不应"外串"，即现在所说的个人"走穴"，说"有福应与我三庆班兄弟同享，一人独享，有何面目对我三庆班兄弟？"为此曾得罪朝廷重臣穆彰阿，四喜班应穆府堂会，穆召他参演被拒绝，一怒将他用铁链锁在台下的柱子上，依然不肯屈从。他还勇于革除戏班的陋习，如在当时流行的"站台"，即开戏以前，让旦角演员先到台上站立，供看客观赏，如遇官僚富豪，还要陪其玩乐，这种对艺人人格的极大侮辱，他不顾权贵和不良社会风气的压力，坚决将其废除。

程长庚艺高，更以戏德与人格力量赢得同行和世人的敬重爱戴，被尊称为"大老板"。他曾经多次进宫演戏，入选内廷供奉，朝廷赏六品顶戴，接替已故的四喜班张二奎担任精忠庙首，总领三庆、四喜、春台三个班社，主持京都剧坛达三十余年。他还是富于爱国精神的艺术家。1840年鸦片战争以后，我国遭受帝国主义列强侵略、瓜分，国难当头，内忧外患，人民群众义愤填膺，"长庚愤怒欲绝"，"调益高。独喜演古贤豪创国……忠义节烈，泣下沾襟，座客无不流涕"。把人民群众的意愿艺术地在舞台上反映出来，以雄健豪放之气魄，唤起国人的斗志，这种高度的民族气节也受到了国外戏曲史家的赞扬。

程长庚的声誉和威望为朝野所重，有两个事例很是耐人寻味。一是他反对在演唱时有人喝彩，称"吾曲豪，无待喝彩，狂叫奚为！声繁，则音节无能入。四座寂，吾独叫天矣！"在宫内给皇帝演戏也表示："上呼则奴止，勿罪也。"居然引出"上大笑，许之"。另外一例是他演戏时怕闻叶子烟，戏园贴条告知，台下观众知道后就无人再吸烟。作为一位戏曲艺人，上能给帝王立规矩，下得黎民百姓齐心呵护，程长庚可谓千古第一人。

梨园界内外，对知名演员习惯以"老板"相称，但行内人说，"老板"虽多，但被尊称"大老板"的只有程长庚一人。

从两个传奇般的"一人"看来，其艺术生涯在流传中被蒙上些许神秘色彩，也就不足为奇了。

单刀叫天儿

——传奇谭鑫培

　　从青云阁的玉壶春茶楼望出去，南北走向的前门大街车水马龙；街两边山坡般溜下去，形成比街面低半人多高的"沟底"，相当于后来的人行便道，既有行人往来，又有货摊叫卖，熙熙攘攘。"沟底"的外坡高处，是一家紧挨一家的大小店铺，集中着许多在京城乃至全国都享有盛名的老字号，顾客络绎不绝。

　　这就是清末民初时期的北京前门外大街。那天傍晚时分，大街两旁店铺的伙计都拥到了门口，摆摊的和行人也引颈翘首地向街心张望，不大功夫，一辆辆带车厢的骡车从前门向天桥的方向驶去，赶车人有的跨坐车沿打着响鞭，有的在离车几步远的前方大步流星地走，嘴里不住地吆喝着牲口。车厢一律挂着门帘，看不见里面坐的是谁，但两旁围观的人们兴致勃勃地用手指戳戳点点，十分稔熟地道出一个个梨园名角的名字：刘鸿声！……后面那辆是陈德霖的，晚上有他的《金水桥》……"十三太保"来了！去第一舞台……

　　每逢前门外一带的戏园有戏，名角们乘坐租赁或自备的骡车奔赴戏园，就成为这条街上资历最早的"追星族"们的目送对象，构成了古都商业区的一大文化景观。

　　玉壶春茶楼的窗户后面，有两个青衣短打扮的顾客冷眼看着外边的热闹场面，不动声色，神情漠然。直到车厢两侧镶嵌着十三块玻璃的分外华丽的骡车驶近时，其中须发皆白的老者，才向身边那个脸上有一道刀疤的壮实汉子悄声说道："这种车就叫'十三太保'。知道里头坐的是谁吗？"

"谁？左不过又是哪个红了的戏子！"

"这个戏子不同寻常，他是当今的'伶界大王'谭鑫培！"

"就是那个给西太后唱戏的？"

老者颔首："不错。可他当年还有个江湖上的绰号，你不会不知道——单刀叫天儿！"

"是他？"汉子立刻怒目圆睁，扯动由额际伸向左鬓的刀疤，表情就透出了几分凶狠和狰狞，"四十年前，在丰润县史家，就是他把老子的买卖搅了，还破了相，此仇不报，我他娘的……"

"唉……"老者依然望着窗外，长吁出一口气来，"算啦，咱干的是打家劫舍的买卖，他那时候给大户人家看家护院，一旦撞上了，也算各为其主嘛！你当时刚出道儿，手底下还嫩，偏赶上他的六合刀神出鬼没，是受过真传的……"

"哼，要是在眼下……"

"如今，他是天下第一位好角儿啦。去年我在吉祥园看了他一出《秦琼卖马》，耍起双锏来还是招招到位，身手不凡，人却老多了，可也更有英雄末路的味道了……算啦，都是过去的事了……"

"话虽这么说，可他划我这一刀……"

汉子还在悻悻地嘟囔着，那辆菊花青骡子拉的"十三太保"，一路响着轻快的蹄声，已经驶远了。天色也暗了下来，店铺燃起了灯火，附近有几个地方同时传来了铜锣皮鼓的敲打声，遥相呼应，那是几家戏园的夜戏都在"打通"开场了。

当晚，珠市口往西的西柳树井的第一舞台，大轴戏是谭鑫培主演的《失街亭》，配角有李连仲、李顺亭等。不知道黑道上的绿林朋友去看老相识的戏没有，反正年轻时代的谭鑫培留给他们的印象，就像他用单刀在蛮悍大汉脸下划下的深疤，很难从记忆中抹去了。

谭鑫培，京剧有史以来最具影响的老生流派——谭派艺术的创始人，流传至今的照片是一副清癯、安祥的模样，被灌入唱片保存下来的声音也给人以清灵、飘逸且带几分悠远的感觉，很难想象他早年还有过一段真杀实砍闯荡江湖的传奇经历。这同他后来在艺坛上的走红又有着什么样的关系呢？

介绍这位艺术大师的艺术生涯及巨大成就的文章已经不少了，这里从一个新的角度追溯他早年的足迹，有助于我们发现他能够在激烈的同行竞争中脱颖而出的性格因素和"戏外功夫"。

胆识

艺术上的开拓者，和在其他方面披荆斩棘、创基立业的人物一样，没有过人的胆识和心计是不行的。有两件曾在梨园流传的逸事，很可以显示谭鑫培的性格。

据传少时，父亲、唱老旦的艺人谭志道曾为他定下一门亲事，对方是在天津开酒馆的侯老儿的女儿。到十八岁那年，鑫培的嗓子倒仓了，迟迟恢复不过来，前途捉摸不定，侯老儿夫妇受了别人的挑唆，本来就觉得和唱戏的结亲有失体面，又看谭家贫穷，他坏了嗓子恐怕以后也很难赚大钱，就提出废除婚约，把订婚时立下的庚帖都强行要回去了。谭志道又急又气，无可奈何，鑫培本人却并不着慌，一面宽慰父亲，一面通过媒人和邻居了解侯家的情况，原来侯老儿夫妇嫌贫爱富悔婚，女儿并不同意，只是屈从于父母的压力不能做主罢了。鑫培听了，心里暗暗有了主意，表面上虽不动声色，却雇马车连夜赶往天津，伺机而动。

这天傍晚，他打听到侯老儿不在家，便怀揣一把短刀，直奔侯家酒馆。门推不开，便纵身跃过不高的院墙，跳落院中，一面高声叫道："侯家姑娘，有人来了！"一面闯进堂屋，"嗖"地抽出刀来往桌子上一戳，用劲之猛，把上面供的三位财神像都震倒了。他向姑娘作了自我介绍后，便问：

"如今你爹妈嫌我穷,你可晓得?……我今天来只要姑娘一句话,这退亲的事,是你老家儿的主意,还是你也想和我散伙?"这话近乎明知故问,其用意在于促使姑娘义无返顾。姑娘也是个烈性女子,就问他:"不消说了……你今天拿刀动杖的,是什么打算?"鑫培说:"我没别的主意,若姑娘不同我走,我和你都别想活了!"又是一步紧逼。原先就不同意父母背信弃义,只是缺少信心、决心而且也苦于没有机会表白的侯家姑娘,终于被"逼"得打消了顾虑和羞涩,亮明了与他同甘苦、共命运的心迹,还主动提出把退回的庚帖带走,免得给父亲留下把柄。鑫培说:"我只准你拿这一样,除此之外,不要侯家一草一木,姓谭的不抢财物!"他拨出刀,扶起神像,跪在地上磕了几个头,说道:"弟子无心冒犯尊神,求宽恩饶恕。弟子立誓一生不做懒人,以答神麻!"

谭鑫培就这样把媳妇"抢"到了手。后来侯老儿夫妇发现时,生米已做成熟饭,也只好承认既成事实。在封建礼教浓厚、艺人地位卑下的时代,敢于拔刀而起,保护自己的婚姻,这是一般人能做到的么?所以他的师父、三庆班主程长庚,在他不得志时就下过断语:"此子非寻常人……日后必然行的!"

还有一桩关于谭鑫培的传说,虽然未必真实,却也可看出他的胆识在人们心目中的印象。一次,他和一些伙伴去北京东边的某县演戏,夜晚住在关帝庙里。当地人都说这座庙闹鬼,同去的伶人就很害怕,唯独他不以为然,还叫唱花脸的何桂山扮成关云长的模样,正襟危坐在神台上以观动静。半夜时分,果然来了一个披头散发的女鬼,跪在桂山面前哭泣,假关公被吓得失魂落魄,众人也都把头缩在被窝里不敢动弹,只有鑫培站在桂山身旁和女鬼对话。那鬼说,她的丈夫和嫂嫂通奸,先杀了哥哥,又害死她,把尸首抛在这庙里,她的娘家无财无势,不能替她申冤……女鬼说罢,就又悲切切地消失了。鑫培此时不仅不害怕,而且心生义愤,要替这女子报仇雪恨。恰巧该县的官署召他们去演戏,他就把女鬼叙述的故事编成了戏,县官看了以后受到触动,细问情由,对相关的案件重新调查，终于惩治了凶犯。

此事装神弄鬼，而且是"真鬼"，过于荒诞离奇，显然经不住推敲。但即使纯属杜撰，这种不怕鬼、不怕邪恶，勇于替"鬼"雪冤的惊世义举，偏偏被加在谭鑫培身上，不也从某一方面反映出他在人们心中的"非寻常人"吗！

功夫

京城的戏班子里，忽然传开一条爆炸性的新闻：去乡下跑野台子的谭鑫培闯了大祸，在蓟州把看守皇家陵墓——东陵的士兵打死了！

谁都清楚这件事的分量：擅闯皇家禁地，弄得魂归西天的皇帝后妃们不得安宁，打死朝廷军卒，这是杀身之祸呀！可这个谭鑫培，不在京都安守本分地唱戏，跑到河北省蓟州去干什么？话得从头说起。

十一岁那年，谭鑫培在天津入金奎科班学艺，学的是武生和老生。那个科班并不出名，但给他打下了扎实的武功基础。十五岁出科，随父亲去京城广和成搭班演戏，按当时的规矩，初登舞台者带有借台练功的性质，被称为"效力"，没有戏份（工资）。后来嗓子倒仓，一次演《银空山》，唱"自从盘古开天地"一句，竟哑得一个字也没唱出音来，招来满场倒彩，使他遭受了从艺后最沉重的打击。无奈，只能放下老生行，单演武戏，由于嗓音嘶哑，身材单薄，也很不得志，有时在《钟馗嫁妹》一剧里被派演小鬼，围着主角钟判官翻来滚去，在人家脚下亮相，颇似"打翻在地再踏上一只脚"，处境惨透了。不久结婚有了孩子，经济负担越来越重，戏台上的失意和生活中的窘迫都逼着他另谋生路，于是他一跺脚离开歌舞升平的繁华京都，去京郊、河北省一带农村，开始了一段闯荡江湖的卖艺生涯。

搭乡下大户人家办的"粥班"唱戏，在农村露天的土戏台巡回演出，就是所谓"跑野台子"。生活自然是很艰苦的，经常是吃几个玉米饼子、喝几碗白水就赶路，一天要走二三十里地，到了庄子上就演，夜里或睡露天或投宿古刹荒庙，转天一睁眼又要跋涉了。

　　谭鑫培一不怕苦，二不甘于穷困潦倒，离京前特意向杨隆寿等武生前辈又扎扎实实地学了几出武戏。到乡下风餐露宿，奔波劳碌，也没有中止练功，遇到江湖上的武林高手还要随时请教问艺，据说他的"六合刀"就是一位少林寺高僧传授的（也有说学自看家护院的武师），而《秦琼卖马》中的耍锏，则是从一种叫"拦马橛"的兵刃用法中演化而来。他的武功越来越精了，早已超出了戏台上花拳绣腿的水平，为此在搭不上班子的时候，就有人请他保镖（武装押运货物）或看家护院，如在前文提到的丰润县史家时，平日一面充当保镖，一面和同伴们研习武艺，就在那期间遇到强盗夜袭，他凭着六合刀法勇挫群敌，名声大震，黑道上的朋友都知道有个武艺不凡的"单刀叫天儿"了。渐渐的，梨园界也传开了他飞檐走壁、穿房越脊，在马兰镇演戏时痛殴骄横跋扈的旗兵，在房山县赤手空拳足踢窃贼等逸事，后来就又有了东陵那场人命案。当时，他和伙伴们刚在遵化演完戏，徒步赶往蓟州，夜里露宿东陵，受到守陵士兵的粗暴驱赶，他又困又乏，火气冲天，和士兵口角起来，士兵岂把几个穷戏子放在眼里，嘴里骂着就动起武来，不料根本不是对手，其中一个被鑫培摔出老远，落地时头磕在石头上，竟一命呜呼了。

　　此祸不小，守陵大臣发下紧急公文缉捕。鑫培逃回遵化，受到当地爱看戏的知州的庇护，父亲谭志道在京城又央求三庆班大老板程长庚出面，烦请内务府大臣从中周旋，经过上下两方面的疏通，一场祸事才算平息，他悄然潜回京城重又搭班演戏了。从此梨园界对他的武功更加刮目相看，不用细说，那强盗和士兵难道是一般拳脚就能击伤或致命的吗！

　　正是全面而精熟的武功，给他后来在武戏和老生戏中的艺术创造提供了充足的基础条件。加上他善于结合剧情和人物，巧妙而贴切地运用，就使那些功夫、绝技在戏台上熠熠生辉了。如《恶虎村》中，演到接抛酒坛时，他演的黄天霸立台中心，另有四人分立四个斜角，逐个将坛掷来，他不用手接送，右肩头顶回一坛，左肘尖挡去一坛，右足尖踢去一坛，左膝磕回一坛,全凭肩、肘、膝、足应付,从容不迫而又准确地将酒坛送回对方手中;《打棍出箱》一剧,他用右脚一踢,鞋飞入空中,人随之跌坐台上,而鞋恰落头顶;在《八蜡庙》中饰褚彪,摔抢背,起范儿高,紫花老斗衣随身翻起翩若蝴蝶,等等,无不显示了他精彩的腰腿功夫。而在《定军山》《战太平》《战蒲关》等一类靠把戏里,他舞出的刀花、枪花及反手接剑等绝技,勇中有美,险而又稳,又用上了他早年习武在兵器上的功夫。也正由于有这样好的功夫,他在晚年才仍然能够演出一些在武功方面吃重的代表剧目,延长了艺术生命。

谭鑫培的"戏外功夫"不局限于武艺。他曾专门向唢呐高手普阿四学了四十多个曲牌,文武场面(乐队)的乐器每样都会使用,号称"六场通透",弹琴吹笙无所不能。他在京城的戏班立住脚以后,又利用一切机会寻师访友,多方学习,如鉴赏书画、钻研音韵、阅读史书等,努力弥补过去因为家贫和为糊口奔波没有系统学习的缺陷,提高自身的文化素养。对于一个演员来说,掌握各方面的知识,很难划分戏内、戏外的界限,因为它们或多或少地都对锤炼表演艺术发挥着作用,谭鑫培就是凭借它们的综合优势打开成功之路的。

眼光

所谓"眼光",指的是审时度势,在一定环境和条件下,做出正确而富有远见的判断和抉择。

谭鑫培是很有眼光的,而且一旦对客观形势得出自己的结论,也有魄力、有意志进行执着的追求。他毅然离京去跑野台子,是看出自己当时还不具备在京城争得一席之地的实力和影响,久留无益,于是宁愿去外面闯荡,虽然吃了许多苦,却锻炼了本事,闯出了一些名气。嗓音恢复以后,回京搭入当时最负盛名的三庆班,向程长庚等前辈艺人学到了许多东西,文戏、武戏都有了很大提高,是他后来自创一派打根基的重要时期,但他几年后又离开了，为什么？一来凭他的资历和实力，还很难与三庆班的头牌名角抗衡，二来班主程长庚对他的态度一直较为暧昧，既欣赏他的才气和功夫，又对他的与众不同之处抱有矛盾心理，曾当面向他表示："惟子声太甘，近于柔靡，亡国音也。我死后，子必独步，然吾恐中国从此无雄风也。奈何奈何！"应该承认程是识才而又爱才的，却又觉得这"才"不尽合乎自己的心意，不肯重用，所以后来选定另一位文武老生、较为循规蹈矩的杨月楼为自己的接班人。谭鑫培没有贪恋三庆班的名气和档次，再次适时地脱离出去，改搭声势不如前者的四喜班，与孙菊仙轮流唱大轴，这一步又走对了，因为他在三庆班久待下去只能寄人篱下，是很难有大作为的，到他再返三庆班而且领衔，则是在四喜班誉满京城以后了。

在艺术追求上，他的眼光则表现在对同行、对手知己知彼，善于在竞争中扬长避短。武戏方面，同时期的俞菊笙勇猛过人，黄月山嗓音宏亮，擅于唱念，他便在刻画人物上下功夫，"死戏活唱""武戏文唱"，这样他的戏就比"精悍无伦"的俞和"高嗓音洪"的黄更好看、耐听了，很快就和二者拉开了距离。老生戏，主要竞争对手汪桂芬、孙菊仙都比他嗓音高亢、冲亮，唱来气势磅礴、慷慨激昂，但这两位的武功都比他差得远，他决定先走在老生戏中突出武功技巧、绝招的路子，如《秦琼卖马》《打棍出箱》《定军山》《战太平》《宁武关》等戏都是文武并重的，他又坚持从人物性格出发，唱、念、做、打无不传情，合乎戏理，把这些戏演红了，使别人不敢动也动不了，成了他的独家"专利"。与此同时，他反复锤炼演唱技巧，从自身的嗓音条件出发，不在实大声洪、翻高音、拉长腔上争雄，而是博采众长，虽然是程长庚弟子，兼学与程并列老生"前三鼎甲"的余三胜，受益甚深，同时分人分戏，不拘一格，有些戏还学王九龄、卢胜奎等，为我所用，加以发挥变化，突破直腔直调的传统唱法，创造灵活多变、圆润自如的新腔，以婉妙悦耳、声情并茂取胜，当他的新腔一时不被习惯于老唱法的同行和观众所接受时，不怕冷嘲热讽，继续进行自己的探索和革新，终于赢得了人们的承认和喜爱，以至后来形成了"无腔不学谭"的一枝独秀的局面。

谭鑫培日后被尊称为"伶界大王"，成为开创京剧老生表演艺术的一代宗师，被梁启超诗赞"四海一人谭鑫培，声名廿纪轰如雷"，主客观因素很多，但他自身所具备的胆识、功夫和眼光这三者显然都必不可少。由此想到本文开头提及的两位江湖朋友，他们所了解的"单刀叫天儿"，也许仅是盲人摸象，摸到了一条象腿吧！

"老乡亲"的"天地大舞台"

古戏楼里,往往会见到一副流传很广的对联:"舞台小天地,天地大舞台。"上联讲的是舞台虽小,却能浓缩天地间古今传奇;下联则意指人生如戏,戏如人生,世间的悲欢离合、兴衰成败、荣辱浮沉,都如同在更大舞台上演绎着的一幕幕戏文。

按此比喻,戏曲演员的从艺之路,是先从"大舞台"走入"小天地"开始的。

正是在这一步上,京剧老生行"后三鼎甲"之一、世称"老乡亲"的孙菊仙,和一般从小投身梨园的同行们不同,因为原本有过多种可能和去向,而曾经在"大舞台"与"小天地"之间纵情游走徘徊。

1841年农历正月初一,孙菊仙出生于天津的一个粮商之家。由于诞辰之日喜庆吉利,又从小聪慧机敏,家里认为他前程远大,故而延聘老秀才着力培养,是想让他读书上进走仕途的。可是随着一年年长大,在他身上渐渐显现了另外两种禀赋。一是喜欢戏曲,如果只是爱看戏、听戏也就罢了,偏偏他还有一副洪亮响堂的好嗓子,有时到粮库场子上帮忙"叫斗",就是在用斗计量粮食的时候,向远处的账房先生报数,他在运河南岸放声高喊,连北岸的人都能听见。这样的嗓门儿到票房唱上两段,当年早期的京戏又正崇尚洪钟大吕,自然是彩声四起,他对唱戏的兴致也就随之高涨起来。

二是钟爱武术,并且身材魁梧,膂力过人,生就的使枪弄棒的武将坏子。一次，他偶然路过一家武术场子，口渴了，讨了两碗水喝，中过武举人的武馆掌门见了，对他上下打量，要试一试他的力气，他那时还没有正式练过武功，却并不忸怩，三两步走进场子，抱住一个沉甸甸的石墩，奋力一下子托举起来。武举人见状点头赞许，询问他的身世，就说你甭光想着读书写字求功名了，只要愿意，上这儿随我习武，日后照样能够出人头地。

于是，另一条路在孙菊仙面前铺展开了。此时他已经开始在票房向艺人和票友学戏，不过并未想过"下海"从艺，相比之下，性情豪爽朴直的他，对于练就满身武艺、沙场立功更为向往。他是个孝子，当即向武举人表示要回家禀告，谨遵父命。

难能可贵的是，在还是大清封建王朝的年代，父亲十分开通，并不把自己的意愿强加于爱子，何去何从，让孙菊仙自行决定。这一来，也就给他此后十余年，在"天地大舞台"纵情随性而又不无坎坷、艰险的往还曲折埋下了伏笔。

当时，武举人闻报甚喜，特地派遣多名门徒骑马到孙府迎接，一时门前好不热闹、威风。孙菊仙离家时，同样爱才心切对他寄予厚望而且付出了许多心血的老秀才，悻悻然地叹息：一个武举人，把将来的文举人抢走了！

身入武林，孙菊仙在武举人和武师们的精心传授下，晨晚苦练，刀枪等武艺日渐娴熟。不过，对戏的喜好，也没有全然放下，那时京剧兴起的势头正盛，成为最时尚、新鲜的大众娱乐方式，他习武不误喊嗓子，闲暇时高唱一曲，很受师兄弟们的欢迎。

日月如梭，转眼到了1858年。天津县举办乡试，十八岁的孙菊仙不负众望，一举考中了武秀才。这一来，在等候武举开考的日子里，他可以一边继续练武，一边有更多的时间学戏、票戏了。

京剧形成于北京，天津是京都门户，与之声息相通，19世纪中叶的茶园、票房，就已是一派皮黄腔的演唱声了。孙菊仙在票房的老师张子久，宗的是被梨园尊称"大老板"、大名鼎鼎的程长庚一派,受过程的真传,他把所会的八出戏倾囊相授,还建议孙菊仙去京城拜程长庚深造。但此时的孙菊仙固然爱戏,却还是把考取武举的功名放在首位,故而没有应承。于是在后来应考的途中,就出现了与其他考生卓然不同的一幕情景:他乘坐的马车上,既备有一柄几十斤重的铁制大刀,作为演武场上用的兵刃,旁边却还坐着一位怀揣京胡的琴师,临考,不忘吊嗓子。

此番应考开局顺利,但到开拉硬弓时不慎伤了臂膀,不得不忍痛退出考场。

回津在家养伤期间,他重新想起张子久老师的提议,痊愈后奔赴京城。

他先是看了程长庚的戏,深受震撼。程的嗓音高、宽、亮兼具,演唱于高亢、激越中别具沉雄之致,神完气足,声情交融,极其感人。扮演古代忠勇贤良之士,身段凝练、造型端庄、气势磅礴,令观者肃然起敬。真是不见高山,不显平地,孙菊仙由此知道山外有山,天外有天,下定决心要拜在程长庚门下学艺,经过多方请人引荐,终于如愿以偿。

程长庚识才、爱才,对孙菊仙的仪容、嗓音非常满意,曾对人称赞:三年出一个状元,十年却未必能出一个好唱戏的,像孙菊仙这样的好材料,又虚心好学,将来必成好角儿。他教了孙菊仙一段时日,就介绍他去嵩祝班登台历练,一唱就红了,师徒自然都十分高兴。可是日子长了,孙菊仙却觉得班子里的气氛有些异样,原来他这个外来的见习爆红,打破了原有的人员格局,抢了别人的风头,有的主演移怨于班主,甚至发生了冲突。孙菊仙不安地想,人家的班子原本挺和睦的,自己一来给惹了麻烦,不应该,就主动退让向班主辞行。他回去把原委禀告程长庚,程很赞许他的厚道、仗义,就把他安排在自己的三庆班,教戏也就更上心了。

两年时间,孙菊仙把大老板擅演的近百出戏都学会了,有些也演了。正当他如一颗光华耀眼的新星,在京城舞台冉冉升起时,程长庚鼓励他正式"下海",甚至希望他将来继承自己的衣钵时,他却又要离去。

他向师父坦承心迹，说虽然喜爱唱戏，但只是自己的爱好，不想以此为业，他要凭仗一身武功，投军沙场建功立业，当一名将军。程长庚见劝说无效，深感惋惜，恳切地表示：人各有志，不能勉强。你想走仕途，顺了，能得一官半职，就走下去；倘若坎坷不顺，倦飞思返，赶紧回来找我，你何时回来，我何时等你，切切牢记！

孙菊仙不能不被师父的器重和诚意所感动，然而他又是执拗而任性的，他再一次从"小天地"的门口游离开了。

19世纪60年代，大清国已经是内忧外患，危机四伏，孙菊仙血气方刚，于乱世投军从戎，经历了一段出生入死、惊心动魄的战争岁月。他作战勇敢，奋不顾身，在清军和捻军的战斗中多次负伤，还曾经被俘，和十几个清兵捆在一起听候发落。那天夜半荒郊，月明星稀，命运的吉凶莫测，使他想起了困厄昭关的伍子胥，竟然唱起了《文昭关》中的"一轮明月照窗前，愁人心中似箭穿"，捻军有严格的规定，军中不准唱戏，他险些惹来杀身之祸，幸亏一个孙姓的头目，查问了他的身世，看在和他同姓同宗，或许也是被他天津人的爽直和豪气所感，偷偷地放了他。他重归清军陈国瑞帐下，陈看中他冲锋陷阵的勇猛，还喜欢听他唱戏，两个人竟成了莫逆之交。陈也是置生死于度外的血性汉子，对他说当兵的人寿命难料，你应该跟我一样，准备一口棺木，免得一旦阵亡，连个收身的器物都没有，说着就命人给他也打造了一口上好的棺木。孙菊仙不忘他的叮嘱和情义，据说此后漂泊，到哪儿都携棺而行，直到多年后返乡，在老家天津仙逝，果然长眠于此棺，也可谓烽火岁月留下的一段逸事了。

孙菊仙随军东征西讨，屡立战功，曾经被授三品衔候补都司。可是世事难料，准备重用他的一位上司因故被参失势，他顿时没有了依靠，方知官场风云险恶，复杂多变，并非一腔热血奋勇拼搏便能大有作为，得遂平生志愿，由此开始对仕途心灰意冷起来。

1870年，已近而立之年的孙菊仙，"将军梦"破灭，挂冠而去，结束了近十年的军旅生涯。他先到上海，为了生计，经营了一家升平轩茶园，由于不擅经营之道，仅半年时间就难以为继，还亏欠下一身债务，当地丹桂茶园的老板知道他戏唱得好，让他唱戏还债，他无奈只能答应，这时他到茶园唱戏，还是以票友的身份，按惯例需在姓氏后面加一个"处"字。他那气足声宏的唱法，一下子就红了，"孙处"之名随之在上海滩叫响。

这样过了几年，游子思乡，他携家眷返回了阔别多年的天津卫。赋闲在家，回想自己走南闯北、疆场拼杀、几经波折、坎坷的往事，他那颗渴望建功立业的心沉静下来了。今后何以为生？恩师程长庚的殷切嘱咐言犹在耳，顿觉不能再犹豫、徘徊，重返京城唱戏，是他最为可行也最好的出路和去处了，他不是从小就喜欢唱戏吗！

这一去，就结束了他在人生路上的多年彷徨，义无反顾地走入"小天地"，以他独特的天赋才情，去展现"大舞台"的传奇和百般精彩了。

有昔日在京崭露头角的基础，又加上海滩唱响的声势，再加上师父程长庚的扶持，孙菊仙很快就在京城站稳了脚跟。他先回三庆班，后转四喜班，继而当上四喜班的班主，声誉日隆，1886年入选"内廷供奉"进宫给太后、皇帝唱戏，从而步入当时顶尖伶人的行列，与同为程门弟子的谭鑫培、汪桂芬并称"后三鼎甲"。

他的演唱艺术，也逐渐形成了鲜明的个性风格，不仅嗓音洪亮，高低、宽窄运用自如，有气度雄伟、石破天惊之势，而且善于运用天赋条件，表达人物大起大落、细致入微的感情变化，评家称他的唱法如"天马行空，奇峰突起""兴之所至，妙不可言""龙蛇起伏，令人不可捉摸。运千钧于秋毫之末，更是他人所难能"。这一备受赞誉的演唱风格，除去天赋条件和艺术功力的因素，是否也和他朴直豪放、纵情任意的性格有关呢？

孙菊仙是一位历经人世沧桑，仍能保持着真性情的伶人，由此在舞台上下就都留下了许多妙闻趣事。

如到宫里唱戏，起先不懂规矩，没有给经手的太监红包，被捉弄演丑行的《探亲家》，当场困窘不堪，幸亏大太监李莲英出面解释他是唱老生的，慈禧听了他一出《桑园寄子》，才转嗔为喜，从此深加宠幸。他曾经感慨,当年打捻军出生入死立下大功,朝廷赏三品顶戴,都没能见着老佛爷的面儿,如今不过唱了几出戏,就能不时受到老佛爷、皇上的召见,何曾想过能有今日?可是,这并没有使他的随情任性有所约束,给老佛爷唱戏,情绪不佳时照样偷工减料,减词儿少腔儿,这在别人被发现是要杀头的,对他却只发了一道"凡如孙菊仙承应词调,不允稍减,莫违。钦此"的谕旨了事。老佛爷还爱听他用天津话讲笑话,向他打听一些民间琐事、市井趣闻,这也是对别的伶人很少有过的。

在民间唱戏,他即兴发挥的例子就更多了,"老乡亲"的称号,就和一次临场改词有关。那年到山东烟台演戏,由于没有提前拜客,得罪了当地有势力的票房,头一天打炮《空城计》,前半出连一下掌声也没有,场内冷冷清清,他心里憋着气,在城楼上把那句有名的唱词"我面前缺少个知音的人",临时改为"有伯牙少子期对牛弹琴",台下听后不答应了,顿时大乱,茶碗都飞到了台上,多亏在烟台经商的天津老乡们出面调停,两下说合,风波才算平息。按照双方的约定,第二天,孙菊仙满宫满调重唱《空城计》,观众到该叫好的地方均报以掌声,气氛融洽而热烈。戏后他上台谢幕,特别提到感谢天津卫老乡们的关照,人走到哪里,还是乡里乡亲的好啊……一番发自肺腑的热诚言语,让两地观众都大为感动,"老乡亲"随之叫响,成为他流传各地的代称了。

孙菊仙演戏,还有一个与众不同之处,有时候兴之所至,会在演出中间摘下髯口(胡子),向观众即兴发表讲话,据当时的旧报记述,内容多是对戏的内容或一些社会时事抒发感想,语气如同平时和友人聊天谈心,过后再接着演,观众竟不以为怪,时而还鼓掌助兴,这恐怕在戏曲史上也是难觅先例的。看来,盛名之下,依然保持着质朴、率真的真性情,总是能够得到人们的厚爱和包容。

孙菊仙晚年退隐,从"小天地"复归"大舞台",带着接地气的"老乡亲"绰号返回故里。此后他一直热心于社会公益活动,九旬高龄还参加兴学救灾义演,深受各界赞誉。津门有诗云:"七十二沽新子弟,无人不道老乡亲。"

1930年，他还不辞辛劳，风尘仆仆赶至北京，在哈尔飞（今西单剧场）为龙泉孤儿院义演，在场人士无不感动。1931年即病逝于故里天津，享年九十一岁。

"老乡亲"的艺术和人生舞台，都是天地广阔而多姿多彩的。

天津卫"打"红了杨小楼

一

19世纪末20世纪初,"当河海之冲,为畿辅之门户"的中国北方重镇天津卫日渐繁华起来。南北水陆交通要道的特殊地理位置,1860年被迫开埠后租界林立,华洋杂处、商旅如云,使得天津成了中国南北方经济、文化交流的枢纽,也为当时方兴未艾的戏曲艺术提供了丰厚的土壤。

京城的戏班子出关或南下,都要途经天津;关外和江南的艺人进京,也往往先在天津落脚,展露锋芒。在长期的南北艺术文化交流的过程中,天津形成了庞大的既精于鉴赏,又极少门户之见的观众群。天津人以热情、爽朗的方式接纳和捧红了许多有真才实学的年轻艺人。因此,梨园界早就流传着"北京学艺,天津走红,上海赚钱"之说。

被誉为"国剧宗师"的武生泰斗杨小楼,同样先红在天津。据传,他红得比较独特,与众不同,甚至有点蹊跷——是"打"红的。

故事还需从北京说起。

1896年农历正月十五,北京西便门外的白云观,游人如织,热闹异常,一派节日景象。

白云观是全真道教十方丛林的第一丛林,素有北方第一大道观之称,北京人又称其为"天下第一观"。该道观气势宏大、富丽堂皇,每逢赶庙会的日子,这里都商贩麇集,吸引了各方善男信女和游人。按传统风俗,每年正月十二至正月十六是"灯节"(又叫上元节),其中的正月十五是"正日子",万民观灯同乐,道观照例在大殿外墙壁上高悬一盏盏做工精巧的纱灯,灯上绘有《封神榜》《精忠传》《西游记》等传统题材的故事,做工精致,人物生动传神。游人争相观看,流连忘返。

这天傍晚时分,正是灯会愈来愈红火的时候,忽然从观外拥来了一群年轻人。他们大步流星地直往里走,既不去挤着观赏纱灯,也不进大殿朝拜道教始祖、星神,而是绕过灵官、七真、邱祖三座大殿,径直向后院的一溜平房走去。

他们在平房前停下了。左首第二间平房,门虚掩着,门前一棵古松,树影把房门遮掩得若明若暗。

他们互相看了看,庆幸找对了地方,于是有人上前叩门。连叩几下,无人应声,叩门的汉子扒着门缝往里看了一眼,回头做了个鬼脸,又让同来的伙伴们看,有的看罢掩口失笑,有的摇头,还有人叹息。

只听"哐啷"一声,他们中间一位始终不苟言笑的魁梧汉子把房门给推开了。

房子当间儿摆放着一个蒲团,一位青年道士正打坐其上闭目诵经。他闻声吃惊地抬头张望,目光中还依稀透着迷离,显然神思还没有返还尘世。

"是佩亭?宝亭、风池、锡久……呦,你们都来了,快坐,快坐!"青年道士站起身来,一下子比众人高出半头。只见他四肢长大,用零碎布片缝纳的道袍并不能遮掩住他伟岸的身躯。他生得一张长瓜子脸,天庭开阔、五官英俊,一对吊眉、凤眼尤具神采。

房间窄小,人多,座位又少,只好有人坐、有人站立,还有的蹲在地上。头一个向屋里张望的那个年轻人,蹲下时顺手抄起青年道士所穿道袍的下摆,笑了笑说:"师哥,你这身行头,整个像戏台上的富贵衣!"

富贵衣是一种戏装,黑褶子上缝纳多片各类颜色的方块布,表示缀满补丁，供贫寒、乞讨角色穿用。

青年道士却不笑，面容郑重地答道："不可乱比。此衣乃衲衣，穿上它摄伏身性，不生奢念，一心修道。道经上有诗赞道：'千针万线几人修，无暑无寒不计秋。袖里灵丹携一点，管教跨鹤上瀛洲。'"

众人听罢，似懂非懂，面面相觑。

"嘉训！"刚才一把推开房门的魁梧汉子发话了，嗓音粗豪，有点炸雷的气势，"看来，你是一心打算出家修行了？"

青年不语，只微微点了点头。

"那戏呢，就这么撒手搁下了？坐科六年的罪，出科六年的功，白受了、白练了？就算你都丢得开、看得透，老爷子临升天时许下的心愿，你也抛得下、忘得了吗？"

"忘不了，也不敢忘。只是，唱戏……太难了！"

"难，世上哪件事要想办成不难？咱们这一行，出类拔萃的老前辈，哪一位不是从'难'里熬出来的？连你的义父，当今天下闻名的'伶界大王'谭老先生，当年不得志时还跑过野台子，给人家来二路活儿、打下手呢！"

"世事如浮云，淡泊是福，何必苦着自己，去争、去求呢？"

"你倒是想开了，看破红尘，一心打坐修道。可要是种粮食的、织布的、经商的，都来吃斋修炼，你吃什么、穿什么、用什么呀！没人唱戏了，戏园子关门了，黎民百姓看什么呀！我反正觉着不能那么办，你再想想吧！"

汉子言辞恳切，目光灼灼。同来的伙伴们也随声附和，你一言我一语地规劝；有的越说越着急，那神情好像恨不得一把将青年道士拉走。

青年低头不语，面容渐渐变得苍白。来人终于没有动手拉他，劝说过后就告辞了。但他们临走时撒下一句话：只要他不离道观，还会来找他的。

小屋里又只剩下青年道士孤零零的一个人。天色渐渐黑下来，一轮圆月冉冉升起，从古松的枝叶间洒下一片清辉。青年重又盘腿坐在蒲团上，闭目诵经。可他内心久久不能静下来，总觉得银亮的月光在眼皮上闪烁,耳际还有游人的喧哗,加之燃放爆竹的噼啪声阵阵传来,心神就更乱了。他忽然觉得,道观这块净土也很难拂开尘世的喧嚣。

这位打坐而内心不得安生的青年,就是杨小楼。刚才离去的有何佩亭、茹锡久、姚喜成、范宝亭、迟月亭、刘砚亭、薛风池等,共计三十六人,都是他学戏的师兄弟或结拜的弟兄。

杨小楼,原籍安徽省潜山县,原名三元,梨园世家子弟。祖父杨二喜,是老徽班武旦演员,精于武术,戏曲舞台上的耍流星就是其首创,闯荡江湖多年,后来到北京天桥卖艺并安家落户。父亲杨月楼,文武老生,名重一时,在"同光十三绝"的图像中绘有他扮演的杨延辉,因在《长坂坡》《水帘洞》中的出色表演,被观众称为"活子龙""杨猴子",并曾接替程长庚担任著名的三庆班的领班人。杨小楼八岁入小荣椿科班学戏,经班主杨隆寿开蒙,工武生、老生,又得名师姚增禄、杨万清等人亲授。他天资聪慧,又勤奋用功,却因个子长得太高,演武戏"长胳膊拉腿",不够边式、利落,被讥讽为"象牙饭桶",意思是说他扮出戏来,外表看着挺魁梧、威武,却没有真本事。还有人讥讽地叫他"杨大个子"。他在《恶虎村》中扮演配角李五,被人数落说:"他呀,长胳膊拉腿的,也就来个翻出场跟头的下手活儿呗!"

杨小楼十四岁那年,父亲杨月楼病危。杨月楼对儿子放心不下,请来换帖兄弟谭鑫培,临终相托,让儿子在病榻前拜谭为义父,并谆谆叮嘱,方闭目而逝。谭鑫培有八个孩子,都以"嘉"字排行,他给杨小楼起了"嘉训"这个名字。此后,杨小楼一度寄居谭家,学艺练功,但不久嗓子就"倒仓"了,搭班演戏一直不顺利。有一次,武生演员王八十演《挑滑车》,他饰演配角岳飞,已经扮好准备演戏了,王八十扫了他一眼,对后台管事说:"你瞧他那么大个子,整个一'羊群里跑出骆驼来',多难看,赶紧换人吧!"管事的也很无奈,只好让他卸了装另换别人。受到如此羞辱,杨小楼转天就请辞不干了。

艺途连遭挫折,杨小楼越发心灰意冷,开始迷上了道教,寻求身心的解脱。白云观观主见他慕道心诚，为他摩顶受记，发给衣钵、戒牒，并给其取法名"嘉年"。杨小楼除了常去白云观打坐，还不时往西山戒台寺参拜，非道即佛，一心修身养性，要脱离红尘。这样，才引出了何佩亭等人屡次齐赴白云观劝说。但正月十五这一次劝说，虽然使小楼的心里掀起了波澜，却未能让他完全打消"出世"的念头。后来，何佩亭等人"不屈不挠"，又接连两次来到观中，对杨小楼进行苦口婆心地劝导，终于让他那颗冷了的心又热起来，重燃起希望，毅然停止修道，重返艺海，和师兄弟们一起继续击水搏浪。正是何佩亭等人三顾白云观的义举，为京剧艺术挽回了一位未来的一代大师。当时的人们，不可能预见到这一行动的全部意义，却深为他们的精神和情义所感动，称赞他们是"京津梨园三十六友"。

此后的艺途对杨小楼来说，仍是坎坷而艰难的。他先搭双胜班，给与杨月楼齐名的武生鼻祖俞菊笙充当配角，同时观摩学艺，但该班不久就解散了。转过年来，即1897年，杨小楼第一次到了天津，在聚兴茶园的义盛合班任武行班底，演武戏中的小角色，默默无闻，并没有引起人们的注意。第二年，他依旧搭该班，境遇仍没有什么变化。那年他二十一岁。

二

据老艺人回忆，天津过去有个叫八里庄的地方，河湖纵横，林木茂密，环境优美而僻静。那里有座庙，逢年过节香火颇盛，平日里却门庭冷落，就靠出租庙内的几间小屋贴补开支。杨小楼第二次来天津时发现了这个地方，就租下其中一间小屋住了下来。

这次，他不再修炼打坐。每天清晨，外面还是黑漆漆的，他就起来了，稍事漱洗，出门去喊嗓、练功，把学过的戏一出出地加以演练。四野无人，天地酣睡，只有静静的湖水和松树林默默地看着这位身材修长的年轻人手舞足蹈，有声有色地表演古今兴亡的故事。他练得很认真、很刻苦，为了压腿，他做了一个绳子套，并把绳子挂在松树的高枝上，用手攥住绳子一头，再把一只脚伸进套里，然后吊到头的高度，只用一只脚站着，姿势如同"搬朝天凳"；嘴里则背戏词，练习念白。每逢吊起来的腿脚感觉累了，不自觉地往下垂，他就用手里的绳子把脚再拉上去，直到实在坚持不住了才换另一只脚。如此两条腿交替着练功，腿上的功夫渐渐不一般了，戏也背熟了。

回到北京，他又来到城南窑台，每天早起练功，不论风霜雨雪，从不间断。平时他利用一切机会观摩前辈艺人的演出，向俞菊笙、谭鑫培、周春奎等名家问艺，多方汲取艺术营养。"万丈高楼平地起"，他横下一条心，卧薪尝胆，一点点地夯实、拓展艺术基础，为日后突破困境积蓄资本。

不料，有人突然出面阻止他的努力了，而且不是外人，正是他的母亲杨老太太。

身为名伶之妻，在艺人世家生活了大半辈子，杨老太太自然希望儿子能够继承父业，也成为一代名角。因此她起初一直尽心尽力地支持小楼学艺。可是，戏班子里关于儿子的风言风语越来越多地传到老人耳朵里：说什么杨小楼不仅演戏长胳膊拉腿的，笨手笨脚，而且嗓子也不行，荒腔走板，沙哑难听，照这样下去，将来顶大来个底包零碎什么的，若还在戏班里混，不是给他那英雄一世的老爹丢人吗！杨老太太是天津人，性情直爽，最讲外面儿，终于沉不住气了。有一天，她把琴师请到家里，让儿子唱几句给自己听听。小楼当时唱的是《长坂坡》里赵云的那段"黑夜之间破曹阵"，只两句唱下来，她就明白了，心也凉了，长年和艺人相处，她虽然自己没上过台，对戏唱得好坏的分辨能力还是有的。送走琴师，她失望而又有些惋惜地打量着儿子，狠了狠心说："孩子，老天爷不赏饭，咱们别干这一行了，给你死去的爹留点儿名声吧！"

小楼听罢，垂手侍立，默然不语。他还能说什么呢？嗓子自打"倒仓"以来，至今没有缓过来，自己唱得确实不成样子。自己每天起早贪黑地去城外喊，回来一出戏、一出戏地吊嗓，可就是不见成效，这都瞒不过老人家。现在老人家抬出维护家庭荣誉这个理由，实际上也是心疼他，希望他别再吃苦,为他的前程着想,他还有什么道理为自己争辩呢?

可是,他终归不是几年前的那个脆弱的他了,经历过出世而又入世的一番内心的苦斗,他不再让外界的力量轻易改变自己人生的航向。表面上,他俯首帖耳地听从了母亲的安排,娶妻成家,脱离戏班子,守着祖上留下的家业过起了平静的小日子,其实心里却另有打算。

他忽然不说话了。从不再跑戏园子那天起,就闭上嘴巴哑口无言了。起先,杨老太太和媳妇以为他乍不唱戏心里苦闷,愁出了什么毛病,就多方劝慰,后来见他除了不说话以外一切正常,饮食起居、待人接物均无异样,日子长了以为他真的变成了哑巴,而这又是治不好的,只得随他去了。他每天一言不发,到非说话不可的时候,就用手比画。比如想吃饺子,就向母亲、妻子用手指做捏饺子皮的动作;要吃捞面,便张开双臂,用两手在空中比画抻面条的动作;要出门了,就朝天上划一个圆圈⋯⋯如此等等,俨然自创了一套哑语。

晚上,他不和妻子同房,自己在后院的一间小屋里居住,把门窗都遮得很严,外面看不见也听不到一点动静,谁也弄不清他在里边干什么。

昔日吹拉弹唱的杨家小院,显得冷清寂寞多了,白天只有婆媳二人简单交谈的说话声,脚步匆匆,衣裙窸窣,晚上就是一片暗暗的静寂了。或许,偶尔能听到独守空房的少妇的叹息吧!

这样的日子,过了足有三个多月的光景。盛夏的一个午后,闷热难当,忽然疾风骤起,天空阴云四合,雷声滚滚,一场暴雨铺天盖地地倾泻下来。就在瓢泼大雨洒向地面的当口,不知何方传来一声:"开山哪⋯⋯"高亢嘹亮、穿云裂帛,如闪电般地击透了满天隆隆的雷声!

"开山哪"乃京剧《水帘洞》中的台词,齐天大圣孙悟空出场前要喊上这么一句。

正在屋里和邻居老姐妹斗纸牌解闷的杨老太太听见了,没好气地骂道:"哪个缺了大德的,看我们杨家不出唱戏的了,故意跑这门口喊嗓子来!⋯⋯"俗话说:"当着矬子的面别说短话。"被触动心里的痛处,难怪杨老太太火冒三丈。

可杨老太太的骂声未落,啪唧、啪唧地踏着雨水从屋外跑进一个人来。细看此人身上淋得精湿,却满脸喜色,两眼放光。

来人扑通跪倒在地,叫道:"娘,孩儿的嗓子行了!"

来人正是杨小楼。

杨老太太半天没缓过神来,直愣愣地盯着儿子,颤声问道:"刚才那一嗓子,是你喊的?"

杨小楼连连点头:"就是孩儿……整整,整整一百天了!"

"一百天?"

"对。孩儿禁声百日,今天到了期限。刚才借着雷雨大作,斗胆喊了一声,竟真的行了!"

"啊!"杨老太太恍然大悟,"敢情你不哑,是故意禁声调养嗓子?"

杨小楼喜不自禁地连声说"是"。

"阿弥陀佛!"老人家双手合十,朝天祷告,"老天爷总算睁开眼了,也不枉杨家几代作艺,我儿一片诚心。孩儿呀,还不赶紧给你干爹报个信儿去!"

杨小楼应了,起身便往外跑。

"慢着,拿着雨伞,别浇病了身子!……"老人忙不迭地追着喊着,茫茫雨幕中哪里还有儿子的踪影。

在谭鑫培家里,杨小楼向义父陈述了禁声养嗓的经过。谭老先生听得半信半疑:戏班子里多是用喊嗓、吊嗓子来练嗓子,难道真有仅靠不出声音静养出一副好嗓子的?

老先生半躺在烟榻上,扬了扬手说:"你唱两句听听……"

小楼唱的仍是赵云那段"黑夜之间破曹阵",果然声洪气足,高低自如,不同凡响。

"好!"谭鑫培兴奋地坐起身子,"是奎派嗓儿,又是一个'杨猴子'!"

杨小楼的嗓子就这样奇迹般地好了起来。至于他怎么想到采取禁声的方法，其科学依据在哪里，不得而知。后来有人分析，戏班子里的艺人们"倒仓"以后嗓音一蹶不振，大多是疲劳过度所致。很多人嗓音越是不行越是苦练，结果越练越不行，声带反倒加剧了损伤；相比之下，适当一段时间养声（包括养身、养气），不是不唱，而是暗地里悠着劲儿、小声摸索发音的方法，倒不失为一种科学而又可行的方法。

周围的人们发现，杨小楼的嗓子好了，身上的功夫也有了很大的变化，和过去不一样了。原来，他始终没有放弃钻研表演技巧，早晨仍然悄悄地去城外荒僻处练功，下午到戏园子里"站大墙"（即靠在最后排的墙根儿底下"蹭"戏看），夜里则躲进小屋冥思苦想，琢磨名角的优长，分析自己的短处并绞尽脑汁地想办法解决。一来二去，针对自己身高腿长的体形，他摸索出一抬、二连、三趋、四颤的表演路数，在臂与腿的运用上，分别创造出自己独有的"猿臂""虎臂""鹤臂""鹰臂"和"颤步""盖步""趋步""排步""偷步"等。如此这般以巧用长，化短为长，杨小楼渐渐形成了一系列适合自身条件的表演方法，他那高大的身躯由此显出了优势，反而闪现出独特的雍容帅气的神韵。

这时的杨小楼，应该说已经较全面地具备了事业腾飞的条件，到了他脱颖而出的时候了。可是在北京这个京剧的大本营，在强手如林、元老众多、规矩森严、成见较深的环境里，一个曾经不被看好的年轻人，要以一种新的面貌闯出一片天地来，谈何容易。前门外庆乐园缺少武生，一个叫于惠的武丑演员全力推荐杨小楼补缺。头一天庆乐园门外贴上"杨小楼"的名字，观众反映冷淡，上座寥寥。于惠灵机一动，转天让杨小楼用"小杨猴子"的艺名贴演《铁笼山》，结果真有不少人因为联想到"杨猴子"而爱屋及乌前来捧场，但这并不等于大家都承认他具备子承父业的资格了。对他百般提携的义父谭鑫培骑马从庆乐园门口经过，看见写有"小杨猴子"的海报，用马鞭一指说："嘉训好大的胆子，敢贴他爸爸的外号！"

谁都知道，不是在一个闪光的名字前边加上个"小"字，就可以使人身价百倍的。杨小楼在京城戏班子里困顿落魄的时间太久了，他那立足传统而又奉行自我的创造，一时也很难被传统意识浓厚的人所理解，他这个戏曲界的幼苗想要破土而出，需要更换一块新的土壤。

命运把天津赐给了他。

<h1 style="text-align:center">三</h1>

猴摊煎饼——乱了"套"了。

用天津卫流行的这句歇后语形容当地曾冒出过的稀罕事，最恰当不过。两家戏园子，几乎相继贴出了同样内容的海报，一样的场次、一样的时间、一样的戏码，主演也居然是同一个人——当时还名不见经传的杨小楼！

结果舆论大哗。演戏不同于放映电影，放映电影能够在几家园子之间利用时间差跑片，而演戏是要由真人登台的，除非像孙猴子那样分身有术，一个演员是绝不可能同一时间在两个戏台上亮相的。可是，那海报是怎么档子事？找两家戏园子去询问，回答都说自己的海报保证没错，一准按时开演，这可真是邪了门儿了。天津卫的老少爷们儿本来就喜欢凑热闹，议论个新鲜事儿、起个哄什么的，当地话叫"惹喝"，这下有惹喝的由头了，有好戏看了。

这是 1902 年左右的事，就在杨小楼打出"小杨猴子"的旗号之后不久，起因是他同时接了两家戏园子的定银。至于他怎么会把自己许配给了两个"婆家"，一直是谜，就连和他互有交往的齐如山先生，在《谈四角》一文中忆及此事的起因，也说"我就不知道了"。从情理上分析，初出茅庐、没有什么资本的杨小楼，是不敢出于贪财或故意制造耸人听闻的噱头而脚踩两只船的。艺人和戏园子打交道，信誉最为要紧，一旦失了信用，很快就会在同行圈子里传开，谁还敢约你演戏呀？这等于把今后的生路都堵死了。事实上，杨小楼表现得非常为难，甚至有些畏缩，对两边都不敢得罪，一再借故推托，称病不出，这说明他事先并非有意惹乱子，而是其中必定出现了某种阴错阳差。后人对此众说纷纭,一种说法是他先和一家园子谈好协议,收下定银,后来这家园子因为内部临时的什么事情,未能按时来订合同,而就在这个节骨眼儿上,另一家戏园子又找上门来,而他误以为头一家之约发生变化,不成了,就与后者订了协议,等到前者再来,木已成舟,却又不肯罢休,于是形成了两园相争的局面。这当然只是猜测。如果从另外一个角度来看这件事,它可以说明天津的演艺界是有眼光的,杨小楼在北京庆乐园刚一显露头角,这一信息就同时被天津的两家戏园子嗅觉灵敏地捕捉到了,而且都不带成见,不计较资历和名气,有魄力,敢捧一个几年前还是武行班底的后生之辈。由此不能不承认,这件事体现了天津卫这个码头的特点和风格,也就莫怪梨园中人都把它当作"走红"的风水宝地。

那些日子,天津卫热闹极了。在人们以听戏为主要娱乐形式的年代,因演戏而引发的纠纷不算小事,杨小楼脚踩两只船的事很快就成了社会关注的热点。那年月干戏园子的都得有帮会势力做后台,才能在市面上站住脚,一旦较起真来,互不示弱,谁都不含糊!况且这件事,两方都有一定的理由,都不是无事生非,因此谁都不肯让步,分头在社会上造舆论、走门路、搬靠山,同时借报纸申诉各自的道理,抨击对手。小报平时想找还找不到这难得的炒作机会,乐得大肆渲染,推波助澜,趁机扩大报纸的影响和销路。事情就闹得越来越大,双方僵持不下,当事者都不肯在大庭广众之下栽跟头,吃江湖饭的最赔不起的就是面子,一旦丢了面子,今后还想不想在天津卫混饭吃?谁还拿你当回事?为此,两家戏园子的态度越来越强硬,火药味儿越来越浓,大战愈演愈烈,一方面各自召集人马,要大打出手,另一方面重金延聘知名律师,准备对簿公堂;非法与合法的阵势都摆开了,颇有剑拔弩张、一触即发之势。

这时,开始有人出头了事了。所谓"了事"(天津话读 liǎosì),指的是中间人两头疏通说合,化解纠纷,将大事化小、小事化了,最后化干戈为玉帛,争执瓦解冰消。敢于出头了事的人,往往有一定的社会地位和影响,交游广泛,头脑灵活,能说善讲,让对立双方恢复心平气和。这次先出面的是一家店铺的掌柜,他与两家戏园子都熟,原以为凭着老面子能把疙瘩解开,避免事态扩大,不料往来跑了几趟,说破了嘴皮,双方依然态度强硬。僵局还在,且有愈来愈僵的趋势,终于有一位帮会的前辈在聚合成饭庄摆局,下帖子约请两方当事者一聚。此公资深望重,门徒极多,平时凡事不出面,只要一出山,发了话,就要算数的。两家戏园子的掌柜不敢不来,虽然坐一张饭桌上吃喝满心不情愿,可也得硬着头皮承应。那位前辈一上来就劝酒三杯,扯些江湖上的闲话,然后书归正传,劝慰双方几句,就推出"了事"的方案来,无非议定先在谁家出台,后在谁家演,各演几场;占先者从经济上给予对方适当补偿,大家互相谦让,都行个方便,就不要再闹了。前辈的话不多,多了就失身份;他的话双方当事者都不敢不听,不听就是给脸不要脸,后患无穷。再者说,终归只有一个杨小楼,没有其他两全其美的办法,与其斗气、伤神、耽误生意,还不如"就坡下驴",见好就收。于是事情就这么了结了。

　　风波平息,只等着接角儿开戏了,社会舆论关注的焦点一下子都转移到了杨小楼身上。茶楼酒馆,街头巷尾,人们议论的话题都是杨小楼:这是个嘛角儿?他师父是谁?谁的儿子?愣让两家戏园子差点儿为他豁了命、上法庭打官司,准有拿手的玩艺儿,要不然他们吃饱了撑的……顺着这个逻辑推下去,越推越觉得杨小楼了不得。也由于他过去实在没有什么名气,许多人没有看过他的戏,即使看过也没有注意,就更增添了一层神秘色彩。人们强烈的好奇心被刺激起来,都急于一睹为快,很快就把戏票抢光了,眼巴巴地等着看戏。

　　观众提前进入了最佳状态,戏就好唱了,他们会怀着兴奋、期待乃至几分崇拜的心情,全身心地投入观赏,认真地看、仔细地听。只要表演者能满足他们如饥似渴的欣赏需求,印证他们事先那美好而朦胧的主观想象,就会得到远胜于平常百倍千倍的回应。杨小楼接连推出《水帘洞》《长坂坡》《艳阳楼》《挑滑车》等剧,长靠、短打、箭衣戏兼工,演出一炮而红,轰动津门。《水帘洞》中的一句"开山哪"先声夺人,戏园子炸了锅,观众在台下狂呼:"好,'小杨猴子!'……"人未出台,先认可他借用其父的外号了。连续几场演出,剧场气氛空前热烈,掌声、叫好声不绝于耳。那些天,天津卫到处都有人谈论他的戏,称赞他的扮相、嗓子、武功,津津有味、赞不绝口,更有人情不自禁、如醉如痴地摹仿他的唱、念、做。在胡同里走着,身后就备不住会有人猛不丁地来一句杨小楼在《艳阳楼》中的念白:"呔,闪开了……"吓你一跳。就连饭馆里跑堂的,端着盘子穿行于顾客中间,怕汤菜碰洒了,也学这一口,引起众人会心的大笑。

杨小楼在天津红得地动山摇,如地震了一般,震波很快传到了京城,成为各戏班子里人们热烈议论的中心话题。渐渐地,过去对杨小楼不屑一顾的领班人、戏园子掌柜终于坐不住了,说:"当是谁哪,把个天津卫搅得翻了江似的,原来就是杨嘉训哪!他的玩艺儿当真是长进了,咱们也约他唱几出吧!"于是,他人还在天津,北京"大本营"的约角人就跟上来了。当时,谭鑫培正在同刘鸿声打对台,急需加强自己的阵容实力,于是捷足先登约义子助阵。杨小楼一回北京就到他的班子里演压轴戏,以谭鑫培在艺坛的地位和声望,这一安排表明杨小楼已堪重任了。

四

北京,同庆班后台。

这天的戏码安排不寻常。往日谭鑫培的戏排在最后,唱大轴;杨小楼演倒二压轴,可是当晚调换了顺序,谭的《洪羊洞》先唱,大轴改为杨小楼的《铁笼山》。不要小看这一简单的改换位置,在一场演出中,"伶界大王"谭鑫培唱完,年轻的杨小楼还压得住场吗?后台人员都觉得意外、担心,但这是谭老板亲自吩咐的,只能照办。

头天晚上,谭鑫培就跟杨小楼说,自己明天有事,要先唱完早走,杨小楼心里虽然也有些顾虑、紧张,但义父既然发下话来,是不能推托的,只得问演什么戏,谭鑫培似乎信口答道:"你就演《铁笼山》吧!"一言九鼎,戏码就这么定了。

当晚,谭鑫培的《洪羊洞》唱罢,接下来,《铁笼山》开场了。《铁笼山》是一出大武生戏,主人公姜维在"起霸·观星"和后面的武打场子中均深见功力,功架、开打既有高难动作,又要体现人物的身份、气度。杨小楼演得情绪饱满,举手投足招招到位,十分精彩,观众随之报以阵阵掌声,场内的气氛不仅没有低落下来,反而涌起一波又一波高潮,彩声不断。

《铁笼山》担纲大轴,取得了圆满成功。此刻,后台最感欣慰的却是谭鑫培,原来他一直悄然立在台侧观看,事先提出的有事早走属于一种托词,就是要让杨小楼演这出大轴,检验他的艺术功力,提升义子在业内的地位、影响,同时看一看观众的接受程度和反应。目的都达到了,谭鑫培向同人们对戏夸赞了几句才离去。

卸装时,杨小楼听说了事情的原委,内心的感动和感激之情可想而知。他连夜赶到谭家,谭鑫培对他的演出给予了肯定和鼓励,还向他传授了原本不会的剧中"观星"一节的曲牌[八声甘州歌],从锣经到演唱、身段,一一做了示范。《铁笼山》后来成为杨小楼乃至杨派武生的重要代表作。

杨小楼在北京演上了大轴,而且是在谭鑫培的最负盛名的班子里,分量非同小可,这或许就是今天所谓的"名人效应"。两年后,他的名气传入清宫,被选为"内廷供奉",进宫为慈禧太后、光绪皇帝演戏,备受恩宠,身价倍增,成为梨园芸芸众生中屈指可数的一代名伶。

回想从天津卫"打"红到复返京城享名,那两家戏园子掌柜要命也想不到,他们那场龙争虎斗的赢家,竟是被他们当作掌中之物争来夺去的年轻艺人,或者说他们的争斗也为一颗艺坛巨星的起步腾空做出了贡献——这本身就是一出极具戏剧性的好戏。

在后来长期的艺术生涯中,杨小楼从来没有停止新的探索和勤奋进取,不断提高武生艺术的审美要求,文武兼备,博采众长,为我所用,终于成为继黄月山、俞菊笙、李春来、杨月楼等武生名家之后有重大突破，唱、念、做、打俱精的新一代武生大家。他的武功，在传统要求的冲、勇、猛、快的基础上，一方面融入各路拳术，讲究内功，丰富了原有的武打程式和套路；另一方面掌握动和静、快与慢、轻与重的辩证关系，动中有静、静中有动，疾徐有致、变化自如，寓美于勇、快中见帅，而且长靠、短打无一不精。他的做工，雍容大度，细腻传神，不温不火，一招一式具有非常明确的目的性，善于体现人物在规定情境中的思想感情；他的唱、念嘹亮淳厚、古朴爽朗、慷慨激昂、节奏鲜明，有掷地作金石声之妙，而且以情带声、声情并茂，具有极强的艺术感染力。他在"四功"上的精深造诣和全面发展，把武生表演艺术提高到了一个新的层次，做出了开创性的贡献。

杨小楼对武生表演艺术的重大发展，还在于他开创了"武戏文唱"的表演风格。在他以前的武生艺人，侧重强调勇猛，把火爆、冲快作为衡量艺术水平高低的唯一标准，不注重用各种艺术手段刻画人物个性和复杂的内心感情。谭鑫培、杨月楼虽然都有所创新，但他们后来均不以武生为主，减弱了在武生行当中的影响；而杨小楼是终身从事武生表演的，他把武打同唱、念、做和刻画人物、表现剧情紧密结合起来，坚持从塑造人物形象和戏剧情节出发，全面运用"四功"，使武生表演艺术上升到了一个新的境界，为塑造典型形象开拓了广阔的道路。他的戏路很宽，拿手戏很多，在每一出代表作中都创造了个性鲜明的艺术形象，饰演《长坂坡》中的赵云，被誉为"活赵云"；与梅兰芳合演《霸王别姬》，人称"活霸王"；在《水帘洞》《安天会》中，准确把握"猴学人"的角色特征，把一个齐天大圣演得活灵活现而又神气十足，"小杨猴子"的称号由此被世人首肯；在《恶虎村》《连环套》等剧中，他极为生动而深刻地刻画了绿林叛徒、朝廷鹰犬的黄天霸形象，获"活天霸"之赞许。他在舞台上表现人物内心感情之真切，给合作者留下了难忘的印象，梅兰芳回忆同他合演《霸王别姬》，说他饰演的霸王临近诀别时，一握虞姬的手腕，凝视悲呼："妃子呀……"饰演后者的梅兰芳的眼泪就抑制不住地涌了上来，一下子被带入了生离死别的凄切、绝望的情境中,而这一感受是与别人演出时没有过的。强烈的、难以抵御的艺术冲击力和感染力,正显示出了"武戏文唱"的优势和艺术效果。

杨小楼的表演艺术,包括他的艺术主张、艺术追求及其所形成的舞台特色和风格,构成了京剧史上影响最为深远的武生流派——杨派。

鉴于杨派武生艺术的巨大成就和影响,梅兰芳在《我心目中的杨小楼》一文中,把杨小楼与谭鑫培相提并论,认为他们的表演"显示着中国戏曲表演体系的趋于完整",谭、杨的名字就"代表着中国戏曲艺术"。

1913:梅兰芳的不眠之夜

上海,1913年的一个秋夜,正是江南气候最为宜人的季节,软风微凉,月光如水。

夜深了,喧嚣一天的繁华都市悄然入睡,从里弄深处不时传来的叫卖点心、夜宵的吆喝声,也于悠长中透着倦怠,如同白日市声的袅袅余韵,反而催人步入梦乡。此刻,在望平街平安里的一座典型的上海式样的三层楼房里,却有一位年轻人仍在辗转反侧,夜不能寐,睁着一双黑亮、秀丽的大眼睛,时而望着天花板,时而凝视地板上淌泻的月光,映着有窗外玉兰树的影子在轻轻地摇曳,变幻出一幅幅使人目光迷离的图案。

睡不着,怎么也睡不着,眼皮合上又张开,心里还不时一阵阵怦然乱跳,把好不容易才聚拢来的一点睡意又惊散了。

这对于年仅十九岁的梅兰芳来说,是很少发生的事。在北京,白天学艺、演戏,在几家园子之间赶场,紧张而又忙碌,到夜里回家才觉得又困又累,头一挨枕头就睁不开眼皮了——明天一清早,天蒙蒙亮,就得去喊嗓子了。

失眠的情况倒也不是没有过,有数的几回,都记得很清楚。最早的要算十一岁那年夏天的一个晚上吧,农历七月七,在广和楼斌庆班的灯彩戏《天河配》里串演织女,由于个子还小,是被师父吴菱仙抱着上椅子登"鹊桥"的,所谓"鹊桥"是一块绘制成桥形的景片,上面插着许多糊成喜鹊形的彩灯,里面点着蜡烛,小小的织女立在桥上,桥晃灯摇,烛光像繁星般闪烁，就真的有了置身天河飘然欲仙的感觉，就不觉得害怕，放开嗓子唱，唱得挺认真，挺兴奋……这一兴奋就收不住缰绳，散戏回家躺在床上，心情还久久平静不下来，还像在鹊桥上，那终归是第一次登台演戏呀！

最近的一回，则发生在一年前的秋天。他陪"伶界大王"谭鑫培在丹桂园唱《四郎探母》，后生晚辈和德高望重的老前辈同台，既是难得的幸运和殊荣，又担着好大风险，唯恐出一点差错，所以事先很是紧张和担心。演出的效果却出人意料，他兢兢业业地演，唱、念、做都非常圆满，得了不少彩声；谭老先生反而因为身体临时欠佳嗓子受了影响，力不从心，几乎是靠着多年的经验火候儿勉强应对下来的，台下的反应较平时冷清了许多。散戏后，老爷子神色黯然，语声低沉，周围的人都为他心头发紧。后来，他在家养精蓄锐了一个月，身体康复，再邀梅兰芳于此地重演此剧，以饱满的气力使出浑身解数，发挥出了最高水平，戏演得极为精彩，挽回了影响。但梅兰芳叹服之余，很难忘记老爷子前次受挫后的沉郁、忧虑神情，在倔强、矜持背后隐隐流露的内心深处的颓然和难过。那天夜里，他失眠了……

一方小小的戏台，历来容不得失败和挫折，这就给在上面求生和拼搏的艺人们形成了沉重的精神压力。如果说连声誉显赫的前辈名家们都不能不斤斤计较每一次得失，那么没有多少资本好赔的年轻人就更不敢掉以轻心了，一旦失常，尤其是在人地生疏的大码头，就会给一生的艺途投下阴影，把十几年含辛茹苦换来的一点名声丢光，甚至从此一蹶不振！活生生的先例还少么，戏班子里到处流传着使人痛惜、感慨的故事。

梅兰芳的心又在怦怦地乱跳了。

如银的月光撩人，也扰人。它亮得刺目，又静得使人不安，这似乎无边无沿的静寂后面，这又一个难眠的秋夜过后，带给梅兰芳的将会是什么呢？明天晚上，他将和著名汪派老生王凤卿，在张家花园的堂会上演唱《武家坡》，这是他在上海滩的第一次亮相，也是一场争出来的演出。一个月以前,上海丹桂第一台的老板许少卿到北京约角,对梅兰芳因为不了解而表现出极大的不信任,给凤二爷(王凤卿的尊称)定的包银是每月三千两百元,梅兰芳则只有一千四百元,凤二爷为之不平,《武家坡》是一出"对儿戏",生、旦并重,一再要求给梅兰芳加钱,表示如许实在不同意,就从自己的包银里扣除一部分贴补梅兰芳,许无奈,只得答应再给梅加四百元。到了上海,金融界的杨荫荪等人邀他们到他的结婚堂会上演出,许少卿又坚决反对,理由是新来的角儿不摸底,还没有在戏园子打炮,万一上堂会演砸了,传扬开去,戏园子卖不出票去,他可赔不起。这"新来的角儿"实际指的主要是梅兰芳,因为和他相比,凤二爷已经是有相当地位、声誉的前辈了。由于凤二爷已经答应了杨家,不肯失约,就和许少卿闹成了僵局。最后杨家又托人出面向许表示,如果真的出现他所说的砸锅局面,答应联络工商界的朋友们包一个星期的戏票,以保证戏园子不受损失,许少卿这才勉强点了头。但事情"将"到这个份儿上,也就把王、梅二位,特别是让人"不摸底"的梅兰芳,逼成了背水一战、只许胜不许败的艰险境地。

梅兰芳并不是对自己缺乏自信,戏更是熟戏,与凤二爷又合作过多次,但由于事关重大,就不敢对成功抱有百分之百的把握,人有失手,马有失蹄,这是难免的,同时他对自己的"玩艺儿"是否合乎上海人的口味也确实没有底,如果有个闪失,他可没有谭老爷子过一个月再翻本赚回来的本钱。可怕的只许胜、不许败啊!

嚯地,仿佛被梦里的什么东西突然惊醒,他在床上坐起身来。窗外,天空已经泛出了灰白色。

日后誉满中外的艺术大师梅兰芳,就这样度过了他第一次在上海登台前的夜晚。

关于梅兰芳成名的时间, 人们说法不一。一种意见认为是 1927 年,北京《顺天时报》发起评选京剧"四大名旦",梅兰芳荣登榜首而成名;还有一种意见认为此说是误解,提出梅兰芳的成名早于"四大名旦"的其他入选者尚小云、程砚秋和荀慧生,应该把时间向前推移到 1921 年,根据是五张崇林社在前门外西柳树井的第一舞台演出的戏单,梅与众多比他年长、技艺精湛的名演员如谭鑫培、杨小楼等人同台,戏码不是排在"倒二",就是合演大轴,由此已足见他当时的功力与影响。这两种说法都不无一定的道理,但我更为关注的是他走红——也就是成名的历程,所以一下子就想到了1913年,他的第一次上海之行。那确实是不容忽视的,梅兰芳本人在回忆录《舞台生活四十年》中特为此行单立一章,题目就叫"一个重要的关键"。

就像人的漫长而又短暂的一生,总有那么几个时期、几件事是最为重要的,影响着终身的命运一样,演员在从艺的长途跋涉中,也往往有几步是最为重要的、关键性的,不过有的人经历大起大落,风波迭起,容易发现和界定;有的人道路较为顺畅,步子安稳,不那么好捕捉、确定罢了。一般来说,梅兰芳似乎就应该属于后者,九岁学戏,十一岁登台,十四岁搭班喜连成边学边演,很早就崭露了头角,在戏园子里戏码一点点往后挪,直至和前辈名家唱大轴,声誉日增,进而取得在旦行以至整个京剧界的至尊地位,这一切就像涓涓细流在流淌过程中渐渐扩展为波澜壮阔的江河那样自然,那样清晰,使人很难看到激流险滩、悬崖瀑布,但如果细究起来,透过波平浪稳的水面看下去,你就会发现在水底也不是没有阻隔,没有旋涡,没有需要跨越的"关键"。比如,他学戏伊始就表现得不够聪明,一段普通的唱腔,学了许多遍都不会,气得启蒙老师朱先生拂袖而去,斥之为:"祖师爷没给你饭吃!"出师不利,这难道不算是一大挫折?后来与表兄王蕙芳一起学戏,梅当时的扮相和接受能力赶不上表兄,家境又差,这难道不算是坎坷?由于钟爱他的姑妈的格外关照,加上本人的用功,才渐渐有了"兰蕙齐芳"的局面,但谁又想到日后会一"兰"独芳而为旦行魁首?

艺林苍茫,完全平坦的路是没有的。路又是靠一步一步走过来的,梅兰芳的1913年南行这一步就走得有点艰难,很不容易。少小离家,缺乏经验,当地戏园老板极为露骨的轻视和不信任,都使他面临着从艺以来的最严峻的一场考验。他在京城刚有了一点小名气，那名气还像是一株稚嫩的幼芽，如果经不住外面的风雨，是很有可能夭折的。当时的京剧虽然以北京为中心，但每个外码头都如同一面回音壁，信息很快会回音般反弹到北京，而坏消息的传播速度总是更快些，倘若初战失利，他失去的将不只是上海滩……

因此，梅兰芳在花好月圆之夜的辗转难眠，绝非偶然。他终归还只有十九岁呀！

不眠之夜的第二天早晨，梅兰芳起床梳洗完毕，就上楼去见住在客堂楼上的凤二爷。

作为晚辈，他的表情显出少有的严肃和郑重，语气坚定地说："今儿晚上，我们跟上海观众第一次相见，应该聚精会神地把这出戏唱好了，让一般公正的观众们来评价，也可以让藐视我们的戏馆老板，知道我们的玩艺儿。"

凤二爷盯住他看，笑了，点头说："没错儿。老弟，不用害怕，也不要矜持，一定可以成功的。"

说完，还用手轻轻地拍了拍他的肩膀。他的心情随之变得轻松些了，有倚仗了，同时心里有点腼腆，面对凤二爷泰然自若的大将风度，自己的表情是否显得过于严重？这样一想，就有些不好意思，更想使自己的精神松弛下来，而这正是一场重要演出前所需要的正常心态。

多年以后，梅兰芳还深为感激凤二爷用那样一番言谈举止"壮"了他的"胆"。

张家花园是一家私人建造的花园，占地颇大，景物优美，春秋佳日，男女游客驾着一种叫作"亨司美"的自拉缰绳的马车游园，在当时的上海风行一时。园内有一个大厅，可作办喜庆事情的礼堂。那天贺喜的宾客蜂拥而至，男的身穿袍子马褂，女客是披风红裙，头上戴满珠花和红绒喜花，一派喜气洋洋的景象。办喜事的杨家很满意王凤卿、梅兰芳不顾许少卿的阻挠，坚持守约，特意把他们的《武家坡》排在最后一出，事先还向亲友们做了好多介绍和宣传,戏又是他们唱熟了的拿手剧目,所以一出场就受到了热烈欢迎。梅兰芳饰演的王宝钏,一掀台帘就从端庄秀丽的姿容得了个碰头好,后面的大段[西皮慢板],和凤二爷演的薛平贵的对口[快板],以及做工方面的进窑身段等,都有彩声,高潮迭起。

《武家坡》终于圆满地演下来了,梅兰芳也得到了在座观众的认可,这些人虽然只占上海京剧戏迷的极小部分,由于其身份、地位,口头宣传的威力却不可低估,回去以后一传十、十传百,戏园子还没有打炮,多少戏迷就已经翘首以待了。

头三天打炮戏,第一天的大轴是王凤卿的《取成都》,梅兰芳的《彩楼配》排在倒数第二个演出。11月4日晚间十点来钟,场上打起了小锣,检场人为梅兰芳掀开了他在上海戏园子第一次正式演出的台帘,台前的一排电灯突然齐放光明,满场观众的精神顿时一振,再看年轻的梅兰芳那娇美华贵的扮相,立刻爆响了一波叫好声。到他在台上念白和唱的时候,观众有时喝彩,有时静下来品味,剧场的气氛和效果好极了。

演完回到许家,梅兰芳坐在一把红木太师椅上,端着一杯龙井茶,眼前和耳际仍是戏园子里的景象、声音。这时,许少卿一脚迈进屋来,说:"今天观众的舆论,对你都很看好。"梅兰芳只是冲他笑笑,答道:"第一天打炮,不足为凭,等过几天看看情形再说……"

三天过后,许少卿预备了丰盛的菜肴和点心,请王凤卿、梅兰芳到客厅吃消夜,一再殷勤地给梅兰芳夹菜,嘴上还连声道着"辛苦",喜形于色地说:"吭啥话头,托你们的福,我的运气来了……"

凤二爷不紧不慢地问道:"许老板,我们没有给你唱砸了吧?"许尴尬地赔着笑脸说:"哪里,你们的玩艺儿我早就知道是好的……也有我的不得已的苦衷,其实真金不怕火烧,要不然我怎么会千里迢迢从北京把二位邀来呢!"

此时许老板的态度与之前相比判若两人了,一冷一热的变化,不仅显露出许的为人,也说明艺人在社会上的境遇主要是由台上的玩艺儿是否吃香决定的,这样就更能理解梅兰芳事先的担忧和紧张了。

就在那次谈话之后不久,梅兰芳在一场"压台戏"(即演大轴)中,推出了现学现演的《穆柯寨》,这也是他以正工青衣的身份第一次兼演扎靠开打的刀马旦,紧接着又排演了头二本《虹霓关》,唱、念、做、打文武并重,都相继得到了观众的好评。

这次在上海的演出,原定一个月,由于上座久盛不衰,应许少卿的恳求又续演了十五天。返京已经是秋末冬初了,而梅兰芳的名声已非昔日可比了。

言菊朋"下海"前后

"下海"一词,京剧界旧时泛指非职业性演员、乐师及后台人员正式加入戏班,投身演艺生涯,被称作"票友下海"。

历史上,票友下海成名成家者不乏其人,就老生行而论,"前三杰"除程长庚、余三胜科班出身之外,张二奎是票友;"后三杰"谭鑫培、汪桂芬、孙菊仙中,孙原来也是票友,后以"老乡亲"的绰号享誉菊坛。

然而,细品"下海"两个字,既然"下"到"海"里,就不同于岸上,总要尝到海水之咸,风吹浪打之艰,得以功成名就者也未能幸免。至于在"海"中浮沉的个人甘苦、得失,岸上没有的诸多感受,以至给人生带来的或喜或悲的影响,就又因人而异了。

曾名列"前四大须生"、言派艺术创始人言菊朋的"票友下海",有研究家认为是"他个人的人生悲剧……这一悲剧的直接成因,即在于'下海'"。

言菊朋,蒙古族人,生于1890年,原名锡,别号悟陶。出身于清代武官世家,从小被送入京陆军学堂,希望他接续习武致仕之路,可是他对军事类科目不感兴趣,偏重文史、书画知识,更喜欢研究音韵之学。再有就是着迷谭鑫培演的戏,由戏及人,对谭在每出戏中穿的行头乃至台下的着装如数家珍,后者甚至暗自模仿,却不能把自己的军校制服穿戴齐整,为此落下个"邋遢兵"的外号。

当时正是谭鑫培被尊为"伶界大王",京剧特别是老生行"无腔不学谭"的年代，言菊朋和几个世家子弟迷谭、看谭、学谭，不仅追着看谭的戏，每演必到，而且还有分工，那时没有录音、摄像设备，他们就边看边记，分头记唱腔、身段、台上站位以及场面、伴奏等，戏后汇总整理，遗漏不全的地方下次再补上。陆军学堂不准学员到戏园看戏，言菊朋虽被学堂监督发现，记大过一次，仍然照看不误。

陆军学堂修业期满，言菊朋进理藩部当了一名录事，薪俸不高，尚敷家用，关键是工作清闲，可以有更多的时间研学谭派。在此期间，他曾拜造诣精深、昆乱不挡的红豆馆主溥侗为师，并向原为谭鑫培配戏的名家钱金福、王长林等学习身段、把子、文武兼修。

他的对外演唱，起先是在票房唱"清音桌"，即清唱。早期登台彩唱，是在义务戏中演《奇冤报》，他饰刘世昌，配演张别古的是高庆奎之父、老丑高四保，他的唱全宗谭鑫培，高四保烘托、配合严密，掌声连连，深受好评。此后各大票房和义务戏演出相邀不断，名气越来越大，到1915年前后，言菊朋已成为京城大小堂会演戏不可或缺的名票。他和余叔岩都以学谭闻名，有时同台演出，他的戏码还要排在后面，配演更为强劲。一次某王府堂会，他演《珠帘寨》中的李克用，二皇娘、周德威、老军分别由王瑶卿、钱金福、王长林饰演，都是为谭鑫培配戏的名角，堪称票友当主演的第一流阵容。

名气由京城传到外地，汉口合记舞台到京约角，特请言菊朋以票友担纲同行。去前他原是有顾虑的，担心传扬出去影响在京的差事，还是在妻子的鼓动、劝说下告假前往。此行开了票友领衔带班的先例，报酬丰厚，十二场戏包银两千元。他在蒙藏院的月俸只有几十元，后来调到财政部，有熟人关照，提升为佥事，才增加到两百多元，仍远不能与搭班唱戏相比。初尝"禁果"，对他的心理冲击可想而知。

回京后，他继续边当着科员，边接应着堂会和各种名义的义务戏之约票戏。其间，结识了曾为谭鑫培伴奏的琴师、音乐研究家陈彦衡，对他的学谭乃至咬字行腔，以唱传情达意，深有教益。

1923年12月,他的又一次搭班唱戏的机会来了,这次相约的是菊坛正当红的梅兰芳,应上海舞台之邀南下,为加强阵容,请他和陈彦衡同行。十年前,年轻的梅兰芳就红在上海,如今更非昔日可比,每来必备受瞩目。而言、陈二位的名气,沪上也已有所闻,在演出的广告中,特意标注"著名票友、谭派须生言君菊朋""音乐大家陈君彦衡"逐日登台。在他们的姓氏后面加注"君"字,以示票友身份,与专业艺人相区别,属于惯例,但票友正式在营业戏中挂牌出演,当时的上海还未有过,也成为各界关注的焦点。

头天打炮戏,言菊朋唱压轴《空城计》,大轴为梅兰芳、王凤卿的《武家坡》。《空城计》是谭鑫培的重要代表作之一,他于1917年去世以后,人们称他的唱法为"老谭派",很长时期,仍然被尊为考量老生演唱艺术的典范。那天台下不乏看过谭鑫培戏的老观众,言菊朋的表现得到了高度评价,著名戏曲评论家、老生名票苏少卿在报上写道:"言菊朋的唱法……嗓子吃正宫调,高处有力应付裕如,全遵谭法,平正过于余叔岩,又有胡琴圣手陈彦衡氏,请他操琴驾轻就熟,如鱼得水,得唱和之妙……"

《空城计》的演出,场内气氛热烈,彩声不断。梅兰芳进入后台化装,多次从侧幕边观望台上,等到言菊朋从场上下来,率先上前祝贺:"三哥,你红了。"

言菊朋似乎还有些茫然,梅兰芳又用肯定的语气说:"是啊,你正式下海吧,已经很有把握了!"

这是第一次有人郑重其事地建议他下海从艺,而且出自梅兰芳之口,分量更不同寻常。

此前,也有人向他提过下海的建议,所以不曾真的动心,首先是鉴于自己的身世、门第,按当年的世俗偏见,宦门子弟好戏,唱唱演演无妨,可属一种风雅,但若真去当艺人,则有违家族的尊荣、体面。同时他也没有很强的功利之心,满足于一份闲差,温饱之余以戏为乐,下功夫精研细磨纯出于平生所爱,况且上司还有意提升他的职位,收入自然会随之增加,就更无意另做他图了。

但世事难料，上海之行大获成功，兴冲冲地返回北京，等待他的却是财政部的一纸"开革"的"明令"，理由是"屡屡请假唱戏，殊属不成体统"。原来上司换人了，失去了"保护伞"。这样一来，仕途断绝，失去了稳定的经济来源，养家糊口的生计问题顿时上升为头等大事，再加上梅兰芳的热诚鼓励和敦促，使他对以戏谋生进一步增强了信心，终于决定下海从艺了。

旧时票友下海，照例要先拜一位内行为师父，叫作"带道师"，本人还要在梨园公会登记，获得承认。经陈彦衡推荐，言菊朋拜的师父是孙菊仙的弟子、老艺人刘景然，不仅资历老，会的戏多，而且最初也是票友出身，下海后曾经亲历过内行排挤之苦，感同身受，会对言菊朋多有体恤、照拂。

听说言菊朋正式下海，对他一向在艺术上多有指导、辅助的名丑王长林，曾经说过几句非常耐人寻味的话："过去是给言三爷说戏，从今而后，可就是给言三说戏了……"话虽不多，内中的感慨和蕴含却意味深长。在一位老艺人口中，从"言三爷"变为"言三"，少了一个字，可以视为内行的一种承认，同时也意味着彼此的身份、地位拉平了，他不再是梨园恭而奉之的"爷"了。对于言菊朋这样一向优哉游哉的官宦子弟来说，下海不仅是职业的转换，而且是人生的一段新的历程的开始，作为久经行内风风雨雨的老先生，王长林的话语是含有某种关切或许还夹杂着叹惜的。

不过，基于之前的功力和名气积累，言菊朋下海的起点很高，开端也很顺利和红火。1924年年底，他初次以专业演员身份参加名角云集的义务戏演出，与当红的杨小楼、梅兰芳、余叔岩等并驾齐驱，个别场子的票价、上座率还略胜一筹。转过年来自行组班，票房也很好，还应上海的唱片公司之邀，一次灌录了五张唱片，推出后大受欢迎。

开局势头旺盛，并且很是延续了一段时期，后人为何还要称言菊朋的下海属于"人生悲剧"的降临呢？综合回顾、分析，应是指早期潜伏的危机，特别是中、后期的事态演变和境遇而言的。

　　主要体现在三个方面,首先是人事纠葛。票友投身于戏班,被称作"下海",从演艺界要面向社会和大众考量,确实如临大海;但或许还有另外一层含义,海的内部还有"小海",即旧戏班中的繁杂的人事关系,包括历史形成的传统习俗、名利之争、几代人从艺并相互之间结亲与师徒辈分等因素,构成了相对封闭的群体。戏班中人,习惯于把从事其他行业的人统称为"外行",就是这一群体内部的特殊心理的反映。

　　"外行"(尽管在专业上非常"内行")要适应戏班这一"内行"群体的生活环境,除去艺术水准之外,还要善于处理复杂、微妙的人与人的关系,而这恰恰是言菊朋的弱项。他将遇到的挑战,早在搭梅兰芳班社的上海之行时就有预兆。一位青年琴师,觉得他的加盟挤压了自己父辈的头牌位置,不时冷言相讥,他听出弦外之言,却不擅应对,只能暗生闷气,这也曾是他下海前的顾虑之一。接下来还有轰动一时的"大衣事件",上海友人请他和梅兰芳两对夫妇赴宴,旅馆门口上车时,梅的夫人先上,随手把大衣抛向后面,言妻高逸安恰在身后,高是大家之女,受过新式教育,性情暴烈,顿时勃然发作:这是拿我当保姆、老妈子吗?……随之二人激烈冲突,相互恶语相加,场面一时无法收拾。仔细想来,此事很有可能是一场误会,梅的夫人是演员出身,经常陪同丈夫应酬各类场合,不至于对自家特请的名票之妻如此无礼,或许因平时外出都有保姆随身伺候,才发生脱下大衣的习惯性一抛。言菊朋作为先受"辱"一方的家属,如事后能与梅兰芳沟通,弄清缘由,以梅的一向通情达理,和为贵,二人再各做夫人的思想工作,意外的冲突或能大事化了,不至留下隔阂。这当然属于局外人的主观想象,事实上,梅的表现不详,而可以肯定的是,上述解决方式,"言三爷"是做不来的。

　　类似的例子,还有下海后挑班不久,与陈彦衡的决裂分手。他们有深厚的师生之谊,陈对言菊朋的学谭大有助益,舞台上的合作也堪称珠联璧合,相得益彰。分手的直接原因是包银分配,属于戏班成员之间常有的纷争,只是在言下海后激化了,其中的孰是谁非,外人很难说得清楚。但有一点值得寻味，早先余叔岩也曾经和陈彦衡经历了从师生、合作到分手的过程，并未引发多少舆论，而言、陈决裂却闹到了报纸上，一时沸沸扬扬，由此是否也可以看出言和梨园子弟出身的余叔岩，在应对戏班人事纠葛和媒体方面的差距呢？

二是艺事经营。谭鑫培之后，"前四大须生"余（叔岩）、言（菊朋）、高（庆奎）、马（连良）都学谭，在宗谭上，余、言最受推崇，后来都有新的创造。与余相比，言走得似乎更远些，在中期更加偏重"腔由字而生、字正而腔圆"的原则，讲究"字重腔轻"，还吸收了老旦、京韵大鼓的曲调，个性特色更为鲜明。可是他又最反对被称"自成一派"，对演出广告上宣传他"谭派正宗……唱做优长，工深独到、自成一派"大为不满，认为既是谭派正宗，又哪来的自成一派？难道自己唱了这些年戏，公然不是谭派了？其实"宗"是传承，成"派"是在"宗"的基础上创造的成果，两者不是对立的，这完全符合他的艺术实践。他把宗与创截然分开，反倒助长了外界对创新的责难，你不是强调自己是"谭派正宗"么？那么就依旧用此标准严格要求，于是连热捧过他的谭派名票苏少卿也出面指责了："杜撰新腔怪腔……有的地方还好，有的地方怪得不像皮黄，也不像大鼓，听着刺耳……真要不得。"这种因意识和行动自相矛盾而形成的事实上的自我否定，在一定程度上制约了他苦心创造的"派"的流传，不能不说也带有着某种悲剧色彩。

三是家庭问题。言菊朋下海以后，家中经济收入有了保证，后来却风波不断，妻子高逸安两次出走，和言菊朋一样，都和不适应戏班生涯有关。如第一次是怀孕生产期间，言整天忙于组班、搭班，奔走各地演出，疏于照顾，高原是大家小姐，不像艺人门中的家眷能够理解承受，于是赌气出走上海。当然，矛盾产生的责任在于双方，言菊朋也不善于处理因他的职业而变化了的家庭内部的人事关系，造成积怨日深。还有父亲与儿女的冲突，他不同意儿子少朋和女儿慧珠学戏、演戏，固然不无体验内中甘苦后的疼爱之心，但这又是"悖论"，你自己从爱戏直到下海，家里往来多是梨园中人，谈的都是戏，儿女自幼深受熏陶、影响，长大以后已经形成了自己的爱好和选择，再去踩"急刹车"，谈何容易？京剧名角确实不乏改换门庭，从小让孩子进学堂攻读，后送出国门留学，着力培养成文化人的例子，如程砚秋就是一例，但那都是早有设想、规划，为子女予先铺就了成才之路，而这不是下海以后忙碌中的言菊朋所能够想到的。

反对无效，少朋兄妹还是从艺了。少朋学老生，先宗的偏偏还是马派，并非父亲的言派；妹慧珠习梅派青衣，资质出众，很快从旦角阵营脱颖而出，至于二人双双成才，还是日后的光景，此时却让老父又多了一层烦恼和牵挂。

言菊朋舞台生涯后期，嗓音发生变化，体弱多病，加上来自多方面的坎坷和压力，精神日趋消沉、颓唐，但即使如此，他仍然在下海后坚持了十七个年头，也曾几度振作、起伏。1941 年 10 月 2 日，在北京演了最后一场戏，和裘盛戎、童芷苓合作《二进宫》，在杨波、徐延昭的对唱中，还按多年不唱的老路，加上了琴棋书画、渔樵耕读、春夏秋冬的词句，恢复了一种传统唱法。

转过年来的 6 月 20 日，京剧老生行一代宗师言菊朋在家中病逝，终年五十三岁。

回顾言菊朋的一生，特别是下海后的曲折、浮沉，确实被蒙上了一层悲剧色彩，但若无后来的风风雨雨、苦辣酸甜的世间体验，他那注重抒发人物情感，跌宕起伏、抑放有致的言腔，能够饱含独具一格的苍凉滋味么？当后人听到言派代表作《卧龙吊孝》，哀惋而激昂的一句"只落得口无言心欲问天"时，还能否唤起内心深处的感应和强烈共鸣？

这或许正如人们说的，艺术家的不幸，有时恰是艺术之幸。

言菊朋早逝，言派艺术绵延不绝。"后四大须生"马、谭、杨、奚，奚啸伯就是言门弟子，后自成一家。多年来，言门后人、传人传承言派艺术，在传统和新编剧目中都显示了言派独具一格的艺术魅力，生生不息。

"薄冰"走来的郝寿臣

被西伯利亚寒流裹挟扑来的暴风雪,到后半夜减弱了势头,冰封的松花江畔的哈尔滨城,像被冻透了似地僵卧在寒冷的雪夜中,冷寂得没有一点声息。

"嚓——",火柴骤燃的微光照亮了斗室的一角,一张板床上,身材不高却很敦实的年轻人从破旧的薄被中探出头来,赤着臂膀去点燃床头木桌上的半截蜡烛,随之一团大些的火焰映到枕边的墙壁上,那里贴着的一张纸条显现出来,上面写的是"睁眼就起!"

他就起了,动作麻利地穿戴起来,热乎乎的身子乍一挨冰冷的衣服,先打了几个寒战,但他并没有停下来,转身把被褥收拾整齐,紧接着就去洗漱,在他向脸盆俯下身去时,脸盆架上又出现一张醒目的纸条"赶快遛弯!"

他就"赶快"把脸擦净,穿上棉袍,把残烛吹灭,推开房门,踏着满地冰雪向江岸"遛"去。当一抹鱼肚白色的晨曦隐隐透现天际的时候,岸边一棵披雪挂冰的松树下面,已经响起了沉郁、浑厚的嗓音:"大丈夫只有向前,哪有后退之理,待俺下马进城!……"京剧《捉放曹》中曹操的台词。调门并不高亢,有时还欠圆润,但却厚重有力,霸气十足。兴许他对自己的声音和咬字还不够满意,一段念罢,稍作停顿,很快又重复:"大丈夫只有向前……"一边念着,一边沿江岸向前"遛"去,伴随他的是脚下的积雪和雪下面薄冰的"咯吱吱"的碎裂声……

　　这一组镜头，发生在 20 世纪初的第六七个年头，当时那位年轻的京戏花脸艺人——郝寿臣，才二十岁出头。

　　光阴如箭，倏忽间岁月的脚步"遛"过了三十多年。仍是风雪交加的冬夜，在古都北京城的一套大四合院里，西屋的灯还亮着，炉子中的火却快熄了，屋里袭来了缕缕凉意。临睡前的主人，又检查了一遍朝院的门窗，然后从枕下边摸出一把铜钥匙，迈着小心翼翼的脚步走到通向北房的小门前，"巴哒"一声锁紧了，他静静地站了一会儿，像是要听门那边的动静，可能什么也没有听到，便微微摇了摇头，转过有些发福的身躯，向自己的单人床走去。

　　不大工夫，漆黑的屋里便响起了平稳而沉厚的鼾声。

　　凭着杰出的架子花脸艺术，已经独步京都艺坛十余年之久的郝寿臣睡了。睡得出世般恬然、沉实，似一尊毫无人间七情六欲烦扰的卧佛。与他一门之隔的北房里，睡着他的妻子。打唯一的儿子年满五岁起，正当如花似锦的盛年的一对夫妇就各自独眠了，每天夜里临睡以前，郝寿臣总要亲手把他们之间的小门锁牢，然后义无返顾地走向自己的小床。日复一日，年复一年，就这样一直"锁"到生命的最后一刻。

　　这和当年北国边城的风雪凌晨踏冰高歌可有什么联系么？答案是肯定的。他就是从那儿一步一步走过来的。不分寒暑，披星戴月，每天严守"睁眼就起""赶快遛弯"的律条。在天地间喊嗓、练功，常年不辍，为的是演戏；风华正茂，强使自己过苦行僧般的生活，信守传统医道"血气未定，戒之在色"的理论，终生注重"修身养气"，保持耐用、稳定、充实的嗓音，沛而不竭的元气，为的也是演戏。梨园行素有节制性欲的信条，也的确不乏因纵欲过度而气亏嗓败、断送前程的例子，为此程长庚曾喟然叹道："干咱们这一行的，得有半个老道的修行！"话虽如此，但真正能够苛求于己的梨园子弟又有多少？不管这种做法是否科学，是否过于偏激，其身体力行者为艺术牺牲的克己精神和坚强意志，却是令人震撼的。守身如玉的郝寿臣却自有他的幽默感，称他修身养气的良丹妙药就叫"独睡丸"。

在郝寿臣独居的房里常年挂着一条横幅,上书三个大字:精气神。古人云:"天有三宝日月星,地有三宝水火风,人有三宝精气神。""精气神"是人的体力、元气、精神的综合体现,又可以概括为生气与活力。黎明即起、清心寡欲的郝寿臣,在戏台上确实是虎虎有生,气势逼人,他扮演的权臣猛将和绿林人物个个如龙似虎,神完气足。有人曾把他的表演形容为一团火,一出场就把整个戏台都烘得如火如荼、热气腾腾;又像一只老虎,眈眈地盯着台上台下的每一个人,气息跃跃地表现着剧中人的每一瞬间的思想感情变化,那充溢奔突的"气"似乎把每一个空间都灌满了,激促同台的演员也不敢有丝毫懈怠。因此,合作伙伴们都反映和他一起演戏"累得慌",与他合作多年的武生宗师杨小楼曾说:"寿臣这双眼睛,恨不得盯到肉里!"著名里子老生张春彦和名丑慈瑞泉则惊呼:"郝爷这双眼球,盯得怕人!没有火候儿,就能忘了词儿……"在整场演出中目光如电,咄咄逼人,没有饱满充盈的"精气神"行么!

台上气焰万丈的郝寿臣,台下对弟子们流露的经验之谈和从艺教诲,却是非常低调的,经常嘱咐他们要向曾子学习,无论何时何地,都要"战战兢兢,如临深渊,如履薄冰",常讲"苦言能益,苦味能养,苦钱能久,苦功能恒"。在他的身上,豪放刚劲的台风和在生活中的谨修慎行形成了鲜明的反差,后者固然是为了演好戏的目标休养生息,但也和他从艺以来走过的坎坷历程有关。

郝寿臣原籍河北省香河县,出生于贫苦家庭,从小只念了一年私塾,七岁那年就弃学谋生了,走街串巷叫卖梨膏糖、牛筋儿、五香豌豆,偶然被一个唱皮影戏的艺人发现嗓音清亮,收为弟子,开始了问艺生涯。他先学铜锤花脸,不料一出师嗓子就倒仓了,又遇上"庚子之变",被德国兵营抓去干了五年苦力。虽然私下里没有中止练功,终因没有实践的机会,嗓音也未恢复过来,艺术上很难有大的长进。脱离兵营以后,搭班唱了一出《忠孝全》,反应平平,遭受了艺途上的第一次挫折。在京城难以立足,只得离家闯荡关东，一路奔波到哈尔滨才搭上长班，就有了本文开始时披星戴月、顶风冒雪苦练歌喉那一幕情景。嗓子、功夫差劲，偏练得苦，被某些同行讥笑为每天"冲着树梢儿喊洋钱——异想天开"，想成名发财想疯了。他不为嘲讽所动，继续默默地努力，渐渐博得了许多前辈艺人的同情和好感，给予他不少指点和帮助。后来，他发现自己的嗓音很难再恢复到以唱工为主的铜锤花脸所需要的条件，面对无情的事实，决心改为专攻讲究做、表的架子花脸，如饥似渴地吸收各班名艺人之长，并且尝试着融进自己学过的铜锤唱法，摸索一条"架子花脸铜锤唱"的新路子，拓宽、丰富原来重工架气势、轻视唱念的架子花脸表现手段，开始了有创新意味的艺术追求。

二十三岁那年，他重返北京搭班唱戏。当时京城里有许多著名的花脸艺人，一个刚从关外回来的后生想要出头露面是很不容易的。不久，他遭受了第二次、也是艺途上最严重的一次挫折。那是在三乐班，陪一个叫董桂笙的老生唱《捉放曹》，董的调门高，郝和他用一把胡琴伴奏，力不从心，嗓音在走高腔时"滋花"（即发劈，走调），连得了三个倒彩，他羞愧得无地自容，转天就主动辞班不干了。这一打击带来的痛苦、刺激可想而知，但他并不怨恨观众不留情面，而是惭愧自己的嗓子仍然不过硬。架子花脸主要是和别的行当配戏，对不同的调门没有很强的适应能力怎么行呢？于是他把失败的伤痛深埋心底，更加勤奋地吊嗓子，锤炼唱法，同时练念白，揣摩表演，又狠下了几年苦功。到重新复出搭班，他已经二十七岁了，嗓音坚实耐唱了，调门提上去了，念白、表演也步入了新境界，可说是"万事俱备，只欠东风"了。

有了本事，还要有被别人发现、承认的合适机会，他只能苦苦地等待。不久，机遇终于来了，一个岁数不大的女武生，要在广德楼演《连环套》，稍有些名气的花脸都不屑于给她配演窦尔墩，负责约角、组班的经励科人员碰了许多钉子，只得来找郝寿臣救急，他答应了。当时他在戏班子里仍是个处于三四牌的唱开场戏的铜锤花脸，改工的架子花脸还不被同行所看重，而窦尔墩是架子花脸的重头戏。演戏那天，台下坐着许多经励科人员，看郝寿臣演得不错。如同发现了新大陆，说："敢情他还能来'架子'啊！"他们的认可，等于给郝寿臣在北京演"架子"戏签发了"通行证"。

接着，是绰号"老乡亲"的老生名家孙菊仙唱《失·空·斩》，缺一个演马谡的演员，临时用了郝寿臣，孙的调门高，一般花脸跟他唱都很吃力，郝虽然为调门下过许多苦功，演出那天仍然不敢大意，唯恐重蹈覆辙，上场前还躲到角落里临阵磨"枪"，偷偷按孙的高调门练唱，直到嗓音能够运用自如。演到"斩谡"一场，他不像有些架子花脸艺人应付几句就完，而是使尽浑身解数，用铜锤唱法满宫满调地唱了六句，声情并茂，气力充沛，博得台下一片喝彩声，孙老先生很高兴，回到后台很是称赞了一番，从此戏班的人对他刮目相看了。后来，"伶界大王"谭鑫培唱《问樵闹府》，饰葛登云的花脸演员误场未到，管事人发现他正在台下看戏，连忙找他去救场，结果谭也很满意，评价"不是官中活儿"，即并非普普通通的大路货色，还主动提出和他再另唱一次《捉放曹》，这就又把郝寿臣的身价提高了一大步。

从此以后，郝寿臣的从艺之路才顺畅起来，相继和许多名伶配戏，渐渐地，举凡名家荟萃的高水平合作演出都少不了他，他的戏码一点一点往后排，在戏班子里的地位越来越举足轻重了。旧时在戏班子里挂头牌、二牌的都是生、旦演员，武生挂三牌，架子花脸一般只能排在四五牌的位置，由于郝寿臣技艺精进，日益被挑班的名角所倚重，加上随着京剧艺术进入一个群芳斗艳的繁荣发展时期，各班竞排新戏，多需要以念、做为主的架子花脸应工的角色，作为本行当佼佼者的郝寿臣的地位随之上升，直到开了架子花脸挂二牌的先河。他是一个不肯满足、勤于进取的人，过去只有领衔的生角或旦角排新戏，而他这个主要和生、旦演对儿戏或合作戏的架子花脸，后来竟也破天荒地排起以自己为主角的新戏来，如《打曹豹》《桃花村》《荆轲传》《飞虎梦》(又名《牛皋招亲》)等，还领班到天津演了一期。这一开拓性的壮举,为整个行当争了气,也丰富和发展了架子花脸表演艺术。

他红了。先是独占京都花脸行的鳌头,等到侯喜瑞、金少山先后崛起,又形成了"金、郝、侯"三足鼎立、各领风骚的局面。他红得很灿烂、很持久,也很曲折、很艰难。他没有进过正式科班,缺乏武功基础;身材矮胖,不是理想的大花脸体形;嗓音"倒仓"后始终不够宏亮高亢;不是梨园家庭出身,没有拜过名师,缺少硬实的背景和有力的提携……这些不利条件,注定他只能靠自己一步一步地顽强拼搏,一点一滴地积累资本。所以,他对艺术及与之相关方面不敢懈怠、放纵。他深知,要有所成必须兢兢业业。同时,他在演艺生涯中亲眼目睹许多有才华的同行,好不容易露了头角,却很快沾染上了社会上的不良风习,滥赌狂嫖,纵欲无度,糟蹋了身体和艺术,成为昙花一现的舞台过客。为此他把当时的社会看作"一个吼叫的狮子,到处吞噬可以吞吃的人",觉得每一步都"如临深渊",于是便为自己立下了"律己从严""如履薄冰"般的小心翼翼的处世原则。

成名以后,他在戏班子里又以计较包银著称,演什么戏,饰什么角色,都有明码标价,少一点也是不行的,所以约角的人都知道"侯爷(侯喜瑞)好办,郝爷不好办"。对于日常生活,他厉行节俭,全家人一天吃肉不能超过旧制十二两,不足一斤。他说:"享受不可盈,满一斤即为盈,就过分了。"每顿饭用油也有定量,香油桶就放在他会客厅的八仙桌下面,保姆做饭前提油,必须经他过目,多提一勺(如来了客人添菜)也要讲明原因,获得口准。他待客也不肯奢费,同行中间流行的歇后语是:"郝寿臣请客——吃面。"这些,固然带有某种个性色彩,但被有些人称为贪财、悭吝是不公平的,因为按劳索酬和节俭持家都没有什么错,后者更属于他人无权干涉的个人生活方式。不过今天看来,这是否也和他的成功步履维艰、来之不易有着内在联系呢?因积沙而成塔,方知锱铢必较。

郝寿臣先是为生存而从艺,后又为艺术而要求自己过着超乎常人的克己、节制的生活,这样的日子很不平凡,很充实,但常在"薄冰"上走,用现在的话讲也很"累"。

1937年，他于五十三岁的盛年激流勇退，告别舞台。20世纪50年代，郝寿臣出任北京戏曲学校校长，为培养下一代尽心尽力，偶尔还参加名家合作的演出，并有脸谱集传世。根据他本人晚年回顾，一生曾上演过二百二十个剧目，饰各色人物达一百六十八个。

从最远处走向辉煌

——马连良的抉择

在京剧史上,马连良创立的马派老生表演艺术广受赞誉,影响深远。

对马连良先生的艺术道路和艺术成就、艺术特点,一位著名剧作家将其归纳为八个"最",第一个"最"是"成名早,享名时间最长"。确实,早在20世纪20年代,年方二十多岁的马连良就已名声鹊起,到20世纪三四十年代就与大名鼎鼎的"四大名旦"分庭抗礼、独树一帜了。

然而,成名早和走红的时间长,并不意味着艺途一帆风顺、一马平川,没有迂回和曲折。仔细回顾、深究马连良的从艺历程,就会发现也有攀援艺术高峰必经的九曲十八弯,其中除了客观环境和个人条件因素造成的坎坷,他出于内心的远大志向,不走捷径,不畏艰难,主动选择迂回曲折之路,付出了更多的智慧和劳动,尤为值得回味和发人深省。

马连良,字温如,在家排行第三,乳名三赏儿,回族,生于1901年农历正月初十。祖父干勤行(饮食业)出身,父亲马西园在北京阜城门开"门马茶馆",设有"清音桌",常有京剧专业演员和业余爱好者来此喝茶,相聚聊戏和清唱。马连良幼年深受熏陶,八岁时,由于家计艰难和个人对戏的喜爱,被送入喜连成(后更名为富连成)科班学艺,从此踏上了漫长艺途……

曲线一:南下与回头路

几何学有一条原理:两点之间,直线的距离最短。这是人们不用上数学课，仅凭生活体验就能掌握的普通常识。仔细追溯马连良走过的路，你会发现一种奇异的现象，在几个重大转折关头，艺途的运行轨迹都是曲线，即使在具备直行的条件时，运动轨迹也呈曲线状态，给人以故意舍近求远、甚至走回头路的感觉。

最早一段曲线运行之路，开始于他步出科班大门那一刻。

1909 年，马连良入喜连成科班学艺。入科那天恰逢腊月隆冬，他和另外五个孩子冒着刺骨的寒风，立在院中等候考试。一会儿出来几位老师，看过孩子们的身材、相貌，听了听嗓音，当场拍板收下两个，其中就有马连良。他入科后先学小生、武生，后改老生，先后习艺于茹莱卿、叶春善、蔡荣贵、萧长华等老师。1917 年 3 月 31 日(农历二月初九)，马连良满业出科，按学员们出科后的普遍做法，凭他在科班里已经崭露头角的基础，在京城某戏班里谋求一个位置，既顺理成章又非难事，不料，他竟毫不犹豫地随三叔马昆山组建的班社，千里迢迢地南下福建，一去就是一年多。那里地处中国东南沿海，远离京剧发源地，风土人情、方言语音都和北京存在很大的差异，并且地方戏非常活跃，京剧的观众面有限，从来不是出名角的地方。这是他的第一次"舍近求远"。转过年来返回北京，他又有了出人意料的举措：要求重回富连成学艺！

科班生活是单调而清苦的，一向被比喻为"七年大狱"，出科就如同困鸟飞出牢笼，可以自由自在地翱翔了。马连良好不容易熬出了头，面对着花花世界，不去奔好角、挣大钱，反而走回头路重返科班，图的是什么呢？

那天，富连成科班在广和楼演出，他找到了戏园后台。

社长叶春善和总教习萧长华正在后台的账桌两边坐着聊天。旧年间戏园的后台，各类人员都有自己歇息的地方，不得乱坐，这张被称为"账桌"的方桌旁边，平时只能坐后台管事的，逢科班演戏就属于社长等一二把手的位置了。别看他们没事的时候喝茶、闲聊，一旦前台或后台出现什么问题，这里就变成了指挥中心，及时采取措施，相机处理，保证演出顺利进行。所以，账桌实际上是戏班里权威的象征。

见着叶、萧两位先生，马连良恭恭敬敬地行了礼，站在一旁。

叶春善含笑望着他，还是老称呼："是三赏儿啊——"话刚出口，萧长华忙说："出科唱上角儿了，小名儿叫不得啦，现在是马老板了！"叶先生听了，随之连声附和："对，对，是叫不得了……你坐，坐吧！"

马连良遵命在账桌对面的条凳上坐下。

寒暄了一会儿，他恳切地望着两位先生说："我这次回来，有一件事想求师父准许……"

"有什么为难的事，你说吧！"叶先生慨然摆了下手。

"出科以后，我觉着自己学的戏还不够瓷实，不细致，有些活儿还来不好，想回科班再学几年。"

叶先生听罢，诧异地问："咦，你如今搭班都唱上当间儿的（即主角）啦，有点名气了，还回科班儿学什么？而且你现在年轻，正是挣钱的好时候呀！"

"师父，耽误挣钱我不怕，"他用坚定的语气说，"怕的是错过了学戏的好时候，将来再想学就晚了！"

"话虽如此，可你已经会那么多戏，台上的玩艺儿也不错，到底还想学什么呢？"

"我想再学点儿以念、做为主的戏；还有，演戏只会当间儿的不行，还得能演好边儿上的（即配角）。这次回科班，就是想跟先生们多学学这路活儿，会的多了，往后就不光能唱主角儿，也能演二三路的活儿了。"

两位先生全神贯注地听完，大有深意地交换了一下眼神，都会心地点了点头。

叶先生破例答应了他的请求，不过表示：已经是出了科的学生，就不必循规蹈矩地学七年了，晚上也不必非住在科班里；年限嘛，自己什么时候觉着行了，随时可以离开。马连良则说："我听先生们的，先生什么时候看我行了，我才出科。不然就一直学下去，直到先生们点头为止……"

于是，年仅二十岁的马连良重新入科班深造，一学就是三年之久，直至叶春善发出话来，说他确实"行了"，他才第二次告别科班正式外出搭班唱戏。如果加上南下福建的一年多，马连良从艺伊始的行进足迹，就有将近五年时间是呈曲线运行的，而且后面的三年，好像是又回到起跑线上去了。这五年，又是青春年少、风华正茂的五年，对一个演员来说是何等弥足珍贵啊。他的做法，是否属于一种无谓的徘徊和浪费呢？

这要看账怎样算。倘若从尽快唱戏挣钱、改善个人和家庭生活境遇，也包括在艺坛树立自己的小名气的角度算计，确实是亏了，因为这种做法把上述的一切都搁置了五年，而人生又有多少个五年呢？但是如果以长远的眼光，从艺术上的收获估量，结果就完全不同了。离京赴闽，固然对迅速成名不利，因为远离了京剧的大本营，很难引起京剧界元老们和媒体的注意和重视，然而也正因为如此，才有了较大的自由度，可以放开胆子把自己在科班里学到的东西拿出来实践，没有约束，没有顾虑，而且小生、武生、老生都唱，老戏、新戏都演，东海之滨成了马连良尽情挥洒的试验场，这在名家前辈云集、清规戒律森严的北京是根本不可能的。一年多的时间里，他实践了所学的知识，经受了锻炼，开阔了眼界，也进行了新的探索。如不同地区方言的差异，使他发现不能仅靠唱、念去打动观众，于是他便在"做"上下功夫，用细腻逼真的眼神、动作表现人物的思想感情，对他后来把唱、念、做、打看成一个不可偏废的整体，进行全方位的锤炼、追求起到了启示作用。同时，也为他全面检验自己的功力提供了机会，行而知不足，他这才萌生了重返科班专攻配角的念头。一来艺不压身，会的东西越多，日后的路越宽；二来艺坛历来有"一台无二戏"的说法，主演只有同时通晓配角的戏，才能把握全剧和整个舞台，也才能真正把主角演好。如果这位主角不满足于主演的位置，还存有自己组班并且在艺术上独树一帜的雄心，就更非要使自己成为通才、多面手不可了。后来的事实证明，马连良正是这样一位志向远大的人物。

当然，他的选择也有极为现实的考虑，由于年龄的关系，嗓音变声还没有完全恢复过来,在力不从心的情况下仓促上阵投入竞争,和抓紧时机广学多练蓄势待发,哪一个更为明智呢?

这笔账,坐在广和楼后台账桌旁的两位阅历丰富的老先生,在听了马连良的一番表白后,肯定也已了然于胸、算计清楚了。对这位抱负不凡的弟子说出来的和没有说出来的话,他们心里像明镜儿似的,所以才交换了一下意味深长的眼神,欣然为他回科深造的请求开了绿灯。

曲线二:接近和绕开余叔岩

戏园子里黑压压地坐满了观众,大家都专注而兴奋地盯着台上。谭派名剧《定军山》正演到高潮处,饰演老将黄忠的余叔岩身披金灿灿的黄靠,手持一柄造型古拙而又精巧的金色象鼻刀,在迅疾、火爆的皮鼓丝弦伴奏声中边唱边舞。当唱完"……眼前若有诸葛亮,管叫他含羞带愧脸无光"时,他舞动大刀,走"大刀花·串腕",让刀柄从手腕上转过来,先用手向下一推,眼看刀要落地,突然借助刀柄的反弹力,以极其迅捷的动作用手抓住,然后洒脱从容地转身持刀亮相。全套动作干净利落,险中有稳,快中有美,真是漂亮极了,台下顿时爆响了满堂喝彩声……

此刻,一直立在边廊柱子后面不动声色地看戏的马连良,也忍不住鼓起掌来,心里暗暗叫好:不愧是谭门弟子啊!

一阵热闹过后,戏园子渐渐又静了下来,他也随之陷入了沉思。他凝视着"出将""入相"的舞台,像是在回味、揣摩刚才余叔岩的表演,那微皱的眉头又仿佛预示着更深一层的思考……

重回富连成以后,他白天学戏、随科班演出,晚上则利用可以不回科班住宿的便利条件,到处观摩各路名家的戏,一度为看余叔岩的戏,风雨无阻一场不落。当时一些名艺人基于艺不轻传的心理,忌讳年轻的同行在台下"偷艺",所以马连良每次都悄悄地躲在戏园子边廊柱子的后面,以不使台上的余叔岩觉察到。

在谭鑫培病逝后的很长一段时间里，他所创立的谭派艺术仍占据着京剧老生行的统治地位，后起的老生演员大都学谭派，虽然各领风骚，其中的佼佼者却都公认是余叔岩。余叔岩全面继承了谭鑫培唱、念、做、舞的艺术风格，而且结合自身条件，通过深入钻研和精雕细刻又有新的气象，日渐形成了谭、余演唱体系的又一座里程碑，故而行内和行外人士一致称赞。为此，比他晚些的青年老生又把他当作学习的楷模，马连良也曾是其中之一。马连良早年学戏走的同样是谭派的路子，在福建演出时最红的戏也正是谭派代表作《珠帘寨》，回科班参加演出在广和楼的打炮戏《八大锤》，仍完全依照谭氏的演法。他的谭派表演是很出色的，据老艺人李洪春回忆，那时曾经看过他的《定军山》，觉得太像谭老先生了，看一遍没有满足，竟暗地里让人烦他再演一次。由此足见马连良学谭派表演已达到了很高的水平。如今，他又从造诣精深的余叔岩处汲取营养，这时他从艺的"线"似乎出现了沿着谭、余的路子直行下去的趋向，这是合乎自然而又非常便捷的路线，他完全能够很快成为一个谭派或余派名角。但这条线笔直地由谭延伸向余，却在余叔岩那里拐了一个弯儿绕开，又呈曲线继续延伸了……

他终于没有成为或仅仅成为一个谭派、余派名角。他再一次主动拒绝"直行"，拒绝迅速取得成效。这是他的又一重大抉择，当然并不排除外因的影响。据说，目光敏锐的余叔岩后来发现了这个藏身于柱子后面的年轻人，曾经把他约去，直率地说："你不要只学我，应该按照你自己的条件向前摸索，再闯出一条路来！"不好确定这番话把那条"线"推出了多远，推出多大弯度，反正它真的掉头逶迤而去了。马连良不仅绕开了余叔岩，而且采取同样的先是接近后又疏离的方式，还绕开了其他同时代的老生名家及其表演风格，如谭小培、王又宸的"老谭派"，言菊朋的细腻纤巧，王凤卿的汪派风韵，时慧宝、刘景然的古朴儒雅，贾洪林的念、做优长，高庆奎的高亢激昂，特地到天津向孙菊仙学《四进士》……"接近"是为了汲取所需的营养，"脱离"则是为了融汇各家之长于自身，闯出自己的路。

这是一条极富生命力、不避路远多艰、于蜿蜒起伏中始终向前延伸的曲线。

马连良的唱，在谭、余的基础上，融汇了孙菊仙和刘景然的风格；他的念，以学老师贾洪林为主，又吸收刘景然和刘春喜之长，正如他后来自己介绍的："……即以贾先生的风格为基调。刘景然先生恪守传统，字斟句酌……我就专学他老人家这股子'苍'劲儿。刘春喜先生扎靠戏好，念白是语挟风雷，英气逼人。我演……沾点武气的戏，就更多地学刘春喜先生。"可谓转益多师，广采博取，由此逐步形成了自己俏皮多姿、舒展逼真的独特风格；他的做、表、舞，凭着俊逸潇洒的天然气质和厚实全面的基本功，由谭派出发，又接受从谭派发展而来的贾洪林的艺术，形成了潇洒漂亮与严谨凝重相结合的鲜明特色。再看他的剧目，既全面继承了谭派文武并重的代表作，又通过整理、改编、移植等方式创造了大量新戏，唱红了许多冷门戏，由此锤炼出为数众多的马派经典之作。

曲线不停地向前延伸。在其运行的路上，涓涓细流变得越来越宽阔和水量丰沛了。它没有成为某一江河的支流。它本身就将是一条大河。

一次，余叔岩和几个弟子路过庆乐戏园，他指着门口写有"马连良"三个大字的海报说："将来，你们谁也胜不过他！……"果然是慧眼识才，让他说中了。再过不到十来年的时间，马连良就和他以及高庆奎并列为老生行的"三大贤"了。

曲线三：剃掉眉毛与出让"守旧"

戏曲艺术是一个多种元素相互作用的综合体。如果把每种元素当作一个点，以演员为中心，后者只要能够达到一个点——表演艺术，具备较高的水平，就应该算是一个好演员。但他若是一位真正的艺术家、大师，就会力图把每个点都连接起来，构成一条漫长的网络式曲线，从而调动舞台的各种元素为自己服务。马连良就是这样一位艺术家。

马连良极为注重舞台的整体美，首先是艺术造型，包括梨园界常讲的"扮相"，从化装到服饰都力求精美、一丝不苟。自幼他在科班就很讲究扮相，每逢去戏园演出，一进后台，先挑选一副髯口（即老生戴的胡子）用热水烫直了，再用铁丝篦子拢平了、通顺了，藏在别人不容易发现的地方，以备自己上台时使用。科班里的戏装比较脏旧，他却事先把自己要用的护领、水袖洗净熨平，用白粉把靴底刷白，上台后做到了"三白"（自己挑班后，他以同样的标准要求其他角色，绝不迁就），这样一出场就给人以漂亮整洁的印象。他的眉毛，少年时越往上长越爱生叉，老生是要勒头吊眉的，那生叉的部位便会支楞起来，用墨笔描画也盖不住，这在台下是看不清楚的，可他硬是不肯将就，毅然请后台的理发师傅把两条眉毛都剃光了，再用油黑草纸描画，这样勒上头吊起来，就显得格外黑亮挺秀了。过去有一副对联——"为人莫负须眉，做事须凭肝胆"，可见旧年间须眉对于男子仪表的重要。马连良为塑造好舞台上的艺术形象，不惜牺牲生活中的仪容，体现出一种可贵的献身精神和追求尽善尽美的作风。这一精神和作风，一直保持到他誉满全国以后，老年时登台，他的扮相仍然是那么清爽、美观。

挑班以后，他对服饰更加讲究了，从质地到花色、图案无不严格挑选，多方寻求。有一年故宫拍卖绸缎，他赶去重金选购了许多皇家储存的衣料，以备制作行头（即戏装）使用。有时制作前，把不同的花色、图案的衣料铺在地上，吸着香烟仔细端详、比较，从中选择最佳的搭配方案。他亲自设计自己以及配角穿的行头式样，并且对传统戏装进行改良。如马褂儿，旧做法身短袖肥，显得呆板笨拙，他就把身子加长，袖子适当变瘦，顿时透着利落干练，好看多了。

还有对舞台装饰的改良和美化。1937 年，马连良与别人合资修建的新戏园开业，观众一进剧场就兴奋地议论开了，台上流行多年的绣得花花绿绿、两边挂着"出将""入相"两张门帘的守旧（即大幕）不见了，扑入眼帘的是色调柔和华美的黄色绸子大幕。这大幕为五片拼接,中间的一大幅绣着棕色的汉武梁祠图案,上挂沿幕,下垂黄色穗子,横悬五个小宫灯;舞台一侧,用纱幕把伴奏人员遮在后面,纱幕上还精心绣有蓝色云片,一改戏内、戏外不分的混杂景象。马连良设计的这套全新的"守旧",古色古香,典雅华美,又具有净化舞台的功效,观众一见都情不自禁地鼓起掌来。后来,他携带这套大幕到天津的中国大戏院演出,戏院老板喜爱得赞不绝口,几次三番恳请马连良让给他。马起先婉言拒绝,一直拖了半年,最后实在碍于情面无法再拒绝,才按原成本加价出让,对方还心满意足,庆幸不已。在旧时的戏曲艺人中间,具有马连良这样的审美意识、追求和眼光的又有几人呢?

为了保证戏的整体质量,他对配角人选的重视更是有口皆碑。他宁愿重金聘高手,也绝不图省事凑合用庸才。他的合作者都是各个行当的尖子人物,如扶风社时期,小生叶盛兰、青衣张君秋、花脸袁世海、丑角马富禄等与他长期合作,有"五虎上将"之称,强强联合,相映生辉。他不怕配角显露锋芒,鼓励他们尽展所长,说他们表演得越精彩,他的戏才越好唱。他的伴奏人员也都是一流名家,如鼓师乔玉泉,琴师杨宝忠、李慕良等,同他绿叶红花相互映衬,珠联璧合。乔玉泉去世时,马连良扶灵痛哭失声,高呼:"三哥啊,今后谁帮我啊……"这固然出自对于老友的深厚情意,但也流露出伴奏者在他心目中的地位。

戏台这个小世界,是由许许多多的"点"凝聚而成;江河湖海般的艺术流派,也是通过汇聚、融合在一起的"点"才变得波澜壮阔。不贪笔直的捷径,没有丝毫的急功近利,务求面面俱到,这就是马连良成功的秘密。

绵延不绝的曲线终于化成了一条宽广、辉煌的大道。马连良二次出科后就开始走红,并且随着时间的推移越来越红。社会上先后几次流行的关于京剧界最出类拔萃的老生演员的提法,诸如"南麒(麟童)北马""南麒北马关外唐(韵笙)""余、马、言(菊朋)、高(庆奎)""余、马、言、谭(富英)"以及较早提出的"老生三大贤",他都牢固地占据着显赫位置。直至后来位列"四大须生"(即马连良、谭富英、杨宝森、奚啸伯)之首。

　　前面提到马连良的艺术成就,被归结为八个"最",还有一个"最"是"群众面最广",也就是能够吸引不同方面、层次的广大观众,充分说明了马派艺术的巨大魅力。

侯喜瑞幸会"活曹操"

对于演员来说,有时一次成功的演出就能改变一生的命运,这样的事例屡见不鲜;那么听戏呢,是否也会有奇迹发生?

誉满梨园的一代名净侯喜瑞,始终忘不了年轻时的一次听戏经历,这可以从他暮年口述的回忆录那清晰而生动的记载中品味出来。

三庆园后台。年方二十岁出头的侯喜瑞从台上下来,正在默默地卸装。他身材不高,四方脸盘,面容消瘦,尚未擦净的花脸色块使人很难看清他的面部表情,但他的内心很苦,是那种执着而又迷惘的苦闷。他从十一岁入喜连成科班学艺,初学梆子老生,嗓子本来又冲又亮,倒仓后变得低沉沙哑了,改向科班的总教习萧长华先生学丑角,后来又学架子花脸。七年坐科期满,嗓音仍未好转,留在科班教戏,也参加演出。他一直没有中断练功、喊嗓,甚至比学艺时还要刻苦,通往城外的那条小路上,寒冬是他第一个在雪地上留下脚印,盛暑又是他的裤脚先被路边草叶的露水打湿,然而随着时光的流逝,他渐渐意识到那嘹亮的声音或许永远不再回到他的喉咙里来了,即使作为一个以做功为主的架子花脸演员,他的嗓音以及身材也是不合格的——天地很大,前面等待他的路又在哪里……

"喜瑞,后边没事了吧?"身边响起熟悉而又温和的问话声。

他抬头一看,是萧长华先生。

"没事了。"他恭敬地行礼答道。

"好,你跟我听戏去。"

说着，萧先生已经转身走了。他赶紧收拾一下东西，跟了上去。

走出三庆园，穿过京城繁华热闹的商业区大栅栏，拐进比较狭小、僻静的粮食店街，北口路西的中和戏园传来了火爆的演戏锣鼓声。师徒俩进去，台上的《取洛阳》正好刚开演，由著名的花脸老艺人黄润甫和名小生德珺如分别饰演马武、岑彭，两个人旗鼓相当，珠联璧合，戏是极精彩的，台下不时高声喝彩。侯喜瑞入神地看着，不久就把注意力集中到马武身上了，他发现功架威武、做派生动传神的黄先生，也是一条沉郁发沙的嗓子，但由于他的喷口有力，吐字清晰，能够清楚地把每一句台词送到听者耳中，而且在抑扬顿挫间别具一种独特的韵味，给人以粗犷、苍凉的美，观众照样听得如醉如痴，他的心被触动了……接下来，他又有了惊人的新发现，散戏后随萧先生去后台拜望，只见在台上和德珺如个头不分上下的黄润甫，竟比前者矮着半头，是个矮胖子，演戏时站在一块儿却显不出来，这是怎么回事？

侯喜瑞既吃惊又好奇，一边悄悄打量，一边在心里琢磨，几乎没有注意萧、黄两位在寒暄时说了些什么，只有黄先生呵呵的笑声不时飘入耳中。黄为人风趣，爱讲笑话，在同行中人缘很好，大家都称他为"三大爷"，观众则亲切地直呼"黄三"，对他的演出总是报以热烈的彩声。

从中和园回来的路上，侯喜瑞满脑子都是舞台上下的"黄三"形象，而萧先生却仍旧寡言少语，两手揣在马褂儿的长袖口里从容地走着，既没有议论"黄三"什么，更不带出询问侯喜瑞听戏后的感受的意思，似乎就是很随意、很平常地领学生看了一出戏，完了。这样一来，喜瑞尽管有许多话想跟先生叨念，也只好憋回肚子里去了。

从此，侯喜瑞迷上了黄润甫的戏，只要听说老先生贴出戏码来，不论路途远近，不分刮风下雨，他一定赶去看。一边看，一边在脑子里学、记，回来就一字一腔、一招一式地模仿老先生的唱、念、做、打，如同走火入魔一般。从黄老先生身上，他看到了自己艺途上的一线曙光，老先生的嗓音和身材条件也不好，却能够成为一代名家，自己为什么不行？事在人为，而黄老先生就是现成的榜样！——可惜的是不能向他请教，因为黄润甫从来不收徒弟，梨园行的人都知道他有这条规矩。

日久天长，功夫不负苦心人，侯喜瑞在表演上颇有些黄派的味道了。至于矮胖的黄先生上台"长个儿"的原因，他动的脑筋最多，时而若有所悟，时而又觉得仍没有抓住要领，就这么一阵明白一阵糊涂，凭着一股不弄清楚不罢休的犟劲，硬要把自己也变成舞台上威风凛凛的"巨人"。

那天，他又参加科班的演出，演的是《东昌府》的郝世宏，回到后台洗脸的时候，背后传来了熟悉的呵呵笑声——咦，这不是黄三爷吗！他连忙抹去眼睛上的水一看，果真是满面含笑的黄老先生，旁边还站着萧先生。

"呵呵，嗯，身上、嘴里都不错，不错……"黄老先生乐呵呵地点头称赞。

"不行，"他慌忙躬身施礼，"不对的地方，您给我说说……"

这时，一直不动声色的萧先生开腔了："怎么样，三爷，像你不像？"

黄三笑了，连声答应："像！有点儿意思……"

"真像？"萧先生又追问一句，见黄三又高兴地答应，紧跟着说道："看在这孩子下的这份苦功夫上，你就开一次山门，收下这个徒弟吧！"

萧先生的建议来得太突然了，侯喜瑞不禁看看他，又紧张地望着黄三爷，后者正在兴头上，怔了一下，竟破例地点了点头，侯喜瑞喜出望外，忙扑身在地先给师父磕起头来。

黄润甫言而有信，收为弟子就倾囊相授，而侯喜瑞有了前一段摸索的基础，学起来也领悟得很快。他终于掌握了"长个儿"的技术，原来在台上是通过苦练神长、气长、腰长和缩小肚子、缩臀部肌肉这"三长两缩"来使形体增高和增大的。

在学艺中，他对师父演戏中注重刻画人物也有了越来越深切的体会。黄老先生饰演的角色不仅个性鲜明，同样是架子花脸应工的人物各有不同，而且在一个人物的不同时期也各有不同的处理，如他擅演曹操，但对《捉放曹》《战宛城》《阳平关》三出戏的曹操，根据年龄、身份和处境的变化均有区别,故而总能形神兼备,栩栩如生,具有很强的感染力,被观众誉为"活曹操"。据说,他有一次演《逍遥津》中的曹操,把一个仗势欺君的奸雄演得残暴凶狠、入木三分,更显得汉献帝凄惨、可怜,令观者义愤填膺,转天去一家熟识的店铺买茶叶,竟遭到掌柜的严词拒绝,说他头天在台上"太可气了"!他分辩那是演戏呀,掌柜的怒气不休地回答:"演戏也不行……"原来是看戏的气愤未消,带到生活中来了,弄得他哭笑不得。侯喜瑞后来继承、发扬了他"装龙像龙,装虎像虎"的创作原则,并且总结出"发于内而形于外"的讲究心理刻画的表演要点,成功地塑造了许多令人难忘的艺术形象,继黄师之后也赢得了"活曹操"之称。

天赋条件存在严重缺憾的侯喜瑞终于闯出了自己的路,与声若洪钟的金少山、势如雷电的郝寿臣鼎足而立,并称"花脸三杰",创立了魅力独具、深受广大观众喜爱的侯派表演艺术。他走过的是一条艰苦卓绝的路,为弥补条件上的缺陷,并且把有缺陷的条件转化为独特的风格,要做到这一点,没有极高的悟性不行,没有顽强的意志和锲而不舍的恒心也不行。这样就不难理解萧先生领他"听戏"的良苦用心了,俗话说"师父领进门,修行在个人",让他看黄润甫的戏,是"领"到了"门"口,他若有悟性,自会心有所想身有所行;若到了"门"口仍不能心有灵犀,也就不必多费口舌,连这点悟性和决心都没有,还能克己之短追人之长吗?那不是庸才能走的路。也就不必再叮嘱勤学苦练,因为那也不是懒汉所能追求的目标!

回顾侯喜瑞独具匠心的艺术创造,让我想起 20 世纪 60 年代初,在天津中国大戏院看戏的深切感受。一出戏是《牛皋下书》,侯喜瑞饰演岳飞帐下的猛将牛皋,出场时武将装扮,先念上下句,声调平稳、沉实,却字字清楚有力,到下句"腰中宝剑似秋霜"的"霜"字,以特有的沙音重落、迂回,再归鼻音徐徐送出,不仅气韵饱满,而且一下子把人物的威猛、自负显现出来,台下掌声四起。接下来,领命去敌营下战书,冲锋临阵的大将改任信使,换上文官的袍服、纱帽,不但对深入虎穴毫无惧色,反倒对自己新的打扮觉得新鲜、有趣,模仿文诌诌的神态,此处有个"一掸、两掸"

的身段，左右轮换着翻动水袖，上遮脑后，下掸靴子，微晃着身子自我欣赏，整套动作洒脱、优美，漂亮极了，关键是人物出使前仍然葆有的轻松、幽默感被表现得淋漓尽致，顿时赢得满场喝彩。后来，再也没有看到别人能演到这样的效果。另一出戏是多年来少见于舞台的《普球山》，侯喜瑞饰演绿林老英雄蔡庆，名丑詹世辅饰妻子窦氏，前者豪放、老成，后者爽直、泼辣，蔡庆离家多日回山，老夫妻久别重逢，在亲热的问候中夹带着调侃逗趣，随之相扶仰面开心大笑，这一笑爽朗、自然，好不快活，用现在的话讲有温度、接地气，感染力极强，引得台下观众也笑了，笑得由衷并伴随着动情的掌声。

上述两出戏，均不是多有评述的侯派重要代表作，几处细节也似乎没有什么高难度技艺，却让人几十年后记忆犹新。细微之处见精神，更见功力，当时年届古稀的侯喜瑞老先生，经过大半生的孜孜以求，艺术已步入了炉火纯青的化境。

几年后，"文革"期间，侯喜瑞和多位老艺术家、作家受到冲击，他从卡车上跌落下来，摔伤了腰部。我和一位多年的戏友去他北京的家中看望，时逢年末隆冬的傍晚，寒风凛冽，院里和房间的光线都很暗，到处堆积着家具、被褥等杂物，想是动荡过后还没有来得及清理。侯喜瑞不在家，遛弯儿去了。这么冷的天，偌大年纪，又有伤，还去遛弯儿？家人说是多少年雷打不动的老习惯了。

过了一会儿，老先生回来了，腰果然弯着，走路缓慢，步子倒还平稳。他引我们到北面的堂屋，桌上已摆着一壶酒，几碟小菜，他常吃的老几样，几片酱牛肉、京糕条和花生米之类。他用一只高腰的小酒杯，细饮慢品，边吃边聊。说来说去就说到戏上，触景生情，我的脑中浮现出他过去在舞台上叱咤风云、雄健灵动的身影，不禁问道："您……以后还演戏吗？"话一出口，便觉唐突，按当时的环境和他的年岁、身体状况，都很不合时宜。谁知，他的反应非常平静，只微微一笑，点了下头说："白脸儿的还行……"

那一刻，老人云淡风轻的神态，波澜不惊而又悠然自许的语气，给我的印象极深，多年后的今天，仍清晰如在眼前。

"白脸儿的"指的是他拿手的曹操戏，因曹操在戏里勾画白色脸谱而得名，表演以念、做为主，不用什么武功。

一句"白脸儿的"，说明他心里还在想着戏，在遭受重创以后的逆境中，对今后的舞台生涯自有盘算。同时，作为阅尽沧桑的老人，对眼下难以预料的一切可能的变化、前景，又泰然处之，仍然按自己的老习惯遛弯儿，品味小酒和老几样小菜，依然故我。在"文革"那段特殊的日子里，能够保持这样一份豁然、平和的心态，就应属于人生的一种境界了。

特殊的年月终于过去了，神州春回，京剧艺术复苏。我未能看到侯喜瑞再演"白脸儿的"，倒是在报上经常得知他出席艺术活动和收徒传艺的消息。舞台上的侯派戏，多是由公认学他最好、最像的弟子袁国林露演。20世纪 80 年代初，侯喜瑞再临津门，还是中国大戏院，为新收的弟子、名净李荣威饰演曹操的《战宛城》把场，高盛麟、陈永玲、尚长春等众多名家合作，高潮迭起。戏台侧幕边，金鼓声中，不时可见他伫立观望的身影……

1983 年，侯喜瑞先生仙逝，享年九十一岁。

高庆奎"三不争"

　　一个初登艺途的青年演员，能够和有名气、有影响的艺术家合作，不拘角色大小，都是非常难得的幸运和机遇。如果他确有潜力，也善于学习，博采众长，执着进取，总会为自己打开成功之路。

　　京剧高派艺术创始人，曾经和余叔岩、马连良并称老生行"三大贤"的高庆奎，就走过了这样一条曲折但富有成效的从艺历程。

　　1890年，高庆奎出生于北京的贫寒艺人家庭，父亲高四保是个丑角演员。为了改换门庭，高庆奎幼时曾被送进私塾读书，后因生计难以维持，中途辍学，只好也入科班学艺。他从小嗓音又高又亮，又肯于刻苦练功，十二岁就登台演戏了。但十六岁时"倒仓"，变声期较长，到出科时仍然没有完全恢复。

　　当时正逢京剧兴盛时期，各行当英才辈出，好角如林，这既为后学提供了观摩、学习的宝贵机会，又使初涉菊坛的新人面临着搭班就业的激烈竞争。而高庆奎却似有天助，出科不久就广受欢迎，当一些远比他资历深的同行为搭不上班发愁时，他却从来没有"待业"过，许多班社的管事人都乐意约他去演戏，后来又有多位当红的名家愿意引他为自己配戏，甚至在他的嗓音初见起色时，让他在前面垫戏，直到破格提携，合作"对儿戏"，一时令众多与他处境相近的同行称羡不已！

　　究其原因，固然离不开在科班勤奋用功，文、武两方面都打下了扎实的根基，又得到曾经与"伶界大王"谭鑫培合作过的贾丽川、贾洪林等名师的传授,确实具备了一定的自身条件。然而当时出色特别是一般的老生演员太多了,再者,在比较保守的梨园界,不知名的年轻人被行内承认,往往要经过一个相当艰辛而漫长的过程,再掺杂同行相轻、亲戚关照、人事纷争,情形就更复杂了。

那么,高庆奎是如何把这一过程大为缩短,化纷繁复杂的环境为有利于自己发展的一路畅通呢?

作为初出茅庐的新人,他为自己规定的目标是"观摩先进,培养观众",即重在虚心学习,开阔眼界,吸取名家之长,增长本领,同时逐步让观众熟悉自己,通过尽可能的登台演出增加与观众见面的机会,渐渐形成自己的观众队伍。为了实现这一既定目标,他的具体做法是从业搭班"三不争":不争主角、配角,不争戏码前后,不争戏份多少。

"三不争"的原则一付诸实施就不得了,因为高庆奎明确"不争"的东西,恰恰是演员一般最为计较的,各个戏班的管事人在约角的时候,每天就为主角配角、戏码前后、包银多少同演员们讨价还价,有时会争得不可开交,伤了和气,此时忽然冒出来一个"三不争"的年轻人,并且业务条件还可以,能不喜出望外、争着约他去演戏吗!

那些年,高庆奎先后搭过谭鑫培、杨小楼、王瑶卿、田际云、周瑞安、梅兰芳、尚小云、俞振庭、时慧宝等名角领衔的戏社,几乎北京城里有名的班社他都曾经搭过,什么样的配角都演,甚至肯于在双庆班为刘(鸿声)派青年须生王斌芬演的《斩黄袍》中配演高怀德,为王凤卿演的《朱砂痣》中配演"病鬼"吴惠泉。他确实是不争,于是各班社就来争他了,有时还要在几个班社之间赶场。一天下午,他先在吉祥园唱完"倒第五"的《上天台》,紧接着赶往三庆园,与瑞庆社的尚小云合演《战蒲关》,京城的老生演员那么多,他竟在一个下午兼顾两大班社,可见生意多么兴隆了。

由于"三不争",容易交往合作,取得了许多班社和名角的好感,也促成了后者对他的提携和扶持。如武生出身的班主俞振庭,是位既能把角捧红,弄不好也能将其"棒杀"的铁腕人物,却对高庆奎情有独钟,梅兰芳在他的双庆社挂头牌,大为走红,他就让高庆奎给梅垫戏、配戏,当高的嗓音有所好转时,还劝梅也来捧高。梅兰芳后来回忆:"那时,高庆奎在俞振庭的双庆社里,还是二路老生,贾洪林逝世后⋯⋯都归他接活。但俞振庭很提拔他,常常在中轴派他唱、做并重的老生戏,像《空城计》《洪羊洞》《打棍出箱》等。有一次,振庭和我商量,打算派高庆奎唱《辕门斩子》,要我在他前面唱《穆柯寨》《抢挑穆天王》(《斩子》的穆桂英照例换人)。我表示赞成,以后就渐渐红起来,成为头路老生了。"这期间,杨小楼对高庆奎也热心扶持,先是让他在自己的大戏里担任重要配角,以张声势,后来又在名家、老角荟萃的新排剧目《头本宏碧缘》中,别出心裁地安排他"反串"老旦,显示多才多艺,观众果然反响十分强烈,称赞他是"万能老生"。

能够在梅兰芳后面唱大轴,在引人注目的杨小楼新戏中"反串",想不"红"也难。当然,重要的是本人必须具有相当的水平和实力,足以支撑降临的机遇。在广搭各班的几年中,高庆奎嗓音逐渐恢复,而且比原来更好,高、亮、宽兼备,刚劲、耐唱,气力充沛,多么高难的腔都能满宫满调地一气呵成。有人形容他的嗓子能"化装",在演唱中能够运用音色、强弱的变化,表达不同人物的情感起伏,适应多个行当的演唱要求,老生是本工,但武生、红生、花脸、老旦都能唱,并且很到位。与此同时,通过与众多名家同台合作,近距离"观摩先进",广收博采,汲取了丰厚的艺术营养。在老生唱法上,先学谭鑫培,打下了艺术根基,后又学和自己声音条件接近的刘(鸿声)派,展激越、高亢之长,从而为日后高派演唱风格的形成奠定了基础。他师从贾洪林学习身段做工技巧,吸收南北文、武各路名家的表演方法,唱、念、做、打并进,全面发展,戏路宽广,传统老戏、新编戏的大、小角色都拿得起来,会的多,演的多,积累了极为丰富的舞台经验。

1918年5月和9月,高庆奎两度随梅兰芳到天津演出,这是他到外埠演出较早的两次,初开眼界,又有新的收获,给戏曲大码头天津卫的观众留下了好印象。1919年四五月间,梅兰芳首次赴日本演出,只选了九个演员陪同,就选上了高庆奎,可见对他的重视和信任。

1920年，高庆奎在上海与周信芳合作演出一期返京，再搭双庆社，俞振庭认为他羽翼已成，就让他挂头牌，二牌是尚小云。在领衔主演期间，演出了《斩黄袍》《奇冤报》《空城计》《胭粉计》等老生戏，还曾"反串"老旦戏《钓金龟》、花脸戏《草桥关》，均取得了良好的剧场效果。转过年来的1921年4月，他就自己组班庆兴社了。二牌旦角是年轻的程艳秋。

高庆奎从出科搭班，演一些次要的小角色，到演有分量的配角、唱"对儿戏"，再到演主角、挂头牌直至自组班社，走的是一条力求多演、逐步积累、由低到高的渐进之路。其中固然和个人条件、勤奋努力有关，但和他起步阶段树立的宗旨和做法也是分不开的，套用商业上的术语，叫作薄利多销，打开市场，积聚资本。"三不争"实际上是不争之争，不争人之所必争，争人之所不争，反而为自己争来了广阔天地，争来了条条通畅的大路。

"三不争"对于后人，特别是寻求发展的年轻人的启示是很深的。常听有人抱怨世间缺少伯乐，苦于得不到出头、施展的机会，除去往往确实存在的客观上的不利因素，有时也应该自审一下，是否善于审时度势、知己知彼？是否具有为适应环境而付出某些牺牲的胸怀、耐心和毅力？

高庆奎走红以后仍然虚心进取，演戏全力以赴，编演了许多新戏，在梨园界内外的口碑和人缘很好。不幸的是1934年冬天，他的嗓音突然发生变化，暗哑失声。行内议论，应和过于劳累有关，唱工繁重的《四郎探母》，别人一唱就觉得累，而他曾经一天连唱三出，用嗓过度，伤了。北京著名的戏班管事人、华乐戏院（今大众剧场）经理万子和，始终不肯让他的包银低于班社中的其他主演，还陪同他到天津寻一位德国医生诊治，想了许多办法。

在嗓败期间，以"三不争"闻名的高庆奎倒是"争"了一次。那是1940年，在上海黄金大戏院，他为女婿、著名老生李盛藻的班社把场，演出期满，戏院经理慕名请他在大合作戏《大八蜡庙》中演老英雄褚彪的一个"追过儿"，即不用唱、念，也没有什么身段，就是凭他嗓子好时走红的名气和影响,上场亮个相儿追下,院方酬谢千元。他婉转谢绝了,说:"我不能为了钱演一场哑剧,砸了我几十年的高派牌子!"这也是"争",但"争"的是艺术的尊严!

两年后,他试图恢复演出,端午节在华乐贴演拿手戏《浔阳楼》,众多名家助演,轰动京城,戏院爆满。据当年在场的著名文学评论家、作家冯牧回忆:"那天他一出台,观众就给了个迎头彩声。高庆奎精神极佳,身段表演都很干净。不料到唱腔时,他开口一唱,嗓子突然失音了,台下一点也听不到,这一下使观众大失所望,但是当看到高庆奎在台上难过得落泪时……戏园里异常肃静,没有一个人叫倒好、乱说话的,也没有一个人起堂离席的。结果这场戏就像哑剧一样演下来了。散戏后,很多观众不走,都拥到后台门那里,要看看高庆奎先生……"

观众这样的深情谅解、关爱,不是任何一个走红的名角儿都能"争"来的。

高庆奎后来到中华戏曲专科学校任教,依然尽职尽责,他的学生李和曾后来成为著名的高派传人,传承、弘扬高派艺术,多有建树。

金少山
——奇才的崛起与陨落

1937 年春天的一个下午,北京前门楼子东侧的老火车站门前,呈现出少见的热闹景象,一辆辆小轿车、马车及人力拉的私用包月车从四面八方驶来,很快就挤满了站前的广场。从车上款步走下来的人,或长袍马褂儿,或西服革履,无不服饰考究,气度雍容,吸引了许多过往行人驻足围观,他们像发现新大陆似的用手指戳点不已,叨念出一串在京城知名度很高的名字来:谭小培、尚小云、高庆奎、奚啸伯、周瑞安、杨宝森——噢,那位是尚小云班的管事、梨园公会副会长赵砚奎……

今儿个来的是什么人物,竟惊动了这么多的梨园名角赶来接站?

列车由南向北徐徐驶进站台,停下了。

翘首以待的京城梨园名宿、报社记者齐拥向一节车厢,车门启处,现出一位高大魁伟的中年汉子的身影,把原本就窄小的门口空间一下子遮得风雨不透。他头戴烟色呢子礼帽,身着宝蓝色团花绸子夹袍,广额丰颐,鼻高颧隆,眉骨下面的一对虎虎有生气的大眼,先越过人头簇拥的站台向四下张望,后来停留在不远处那古老而仍巍然耸立的前门城楼上,眼睛微微眯缝起来,仿佛在说:前门楼子呀,我又回来了!当年赤条条落魄而去,大丈夫"十年河东,十年河西",我又回来啦!……但这凝眉远视中的沉吟,只是一瞬间的工夫,他旋即向迎候的人群露出满面春风的的笑容,一边步下车厢,一边向众人抱拳致意,记者手中的闪光灯顿时"啪啪"地闪个不停,随着人群的缓缓移动,整个站台都回响起中年汉子那异常洪亮的笑声……

当天晚上,京城各家晚报都在显眼位置上刊登了"金霸王北上"的消息。

金霸王者,京剧花脸演员金少山也。在上海,他因和梅兰芳合演《霸王别姬》,饰剧中的西楚霸王项羽,获得"金霸王"的美誉;又因陪一代宗师杨小楼演出《连环套》,饰绰号"铁罗汉"的绿林英雄窦尔敦,被观众称为"铁罗汉"。如今,他重返阔别多年的京城献艺了。

一

从金少山到北京的那天起,报纸、电台关于他的报道就没有停止过,而且越来越多,越来越热。起先是介绍他的身世,他的扮相如何雄伟,嗓子如何洪亮,在上海以及整个江南如何红透了半边天,进而预测他将在北京拿什么戏打炮,配角是谁,在哪家戏园子,等等。然而一天过去了,两天过去了,眼看快一个星期了,却没有正式演出的具体消息,似乎金少山本人并不急于在京城戏院的舞台上亮相,更像是在南方唱累了,来这里悠然自得休养的。这样一来,反给报界以及热盼一睹"霸王"风采的戏迷们加了温,舆论越发沸沸扬扬,尽是记者追踪报道金少山上午去哪儿遛弯了,见的什么人,晚上又去了哪儿,在家里如何养花、养狗、养猴,逛琉璃厂买了一个清官里传出来的鼻烟壶,价值连城,金老板出手就是上千块钱,连眼皮都没有眨一下……而市民在街头巷尾、茶楼酒馆谈论的,也都是这位大花脸的奇闻逸事,且越传越奇,越传越神,"炮"尚未打,古都已然是一片"金少山热"了。

一位戏班子里的老艺人说:角儿,越"闷"越红。从调动人们的好奇心理、煽情的角度讲,此话可谓经验之谈。金少山正在"闷"着,看来他是深谙此道的。

当然,对于古都戏班子里的同行和老资格的戏迷来说,金少山这个人并不陌生，但即使是他们，也并非不想先睹为快，因为他已离开北京多年，境遇、声望今非昔比，眼见为实，谁都想看看他到底出息成个什么样子！

金少山生于1890年，他父亲金秀山原是饭馆的厨师，爱唱铜锤花脸，先在票房里学艺，后拜名净何桂山为师，下海演戏，一举成名。他在家行三，名义，少山是艺名。幼年跟随师祖何桂山学铜锤、架子花脸，同时向韩乐卿学武花脸，不久就随父亲搭班演戏，虽然演不上什么重要角色，却每天耳濡目染，吸取了众多名家的艺术营养。十八岁那年"倒仓"以后，不能登台演出了，一度无所事事，游手好闲，整天摔跤、养鸟、驯狗、熬鹰以至赌博，父亲气急交加，直到愤然断绝他的经济来源，方激起了他自立图强的壮志，只身离京去张家口一带闯天下。由于嗓音没有恢复，经常搭不上班子，为了糊口，有时摆摔跤场子卖"大力丸"，有时装扮成蒙古人卖皮袄筒子，尝受了混迹江湖的酸甜苦辣，也对社会底层形形色色的众生相增加了了解。

几年后，经同行友人的介绍，他又去东北和烟台等地重操旧业。此时他经过一段时间的闯荡，清楚唱戏才是自己求生的一技之长和最现实的出路，知道上进了，却因为嗓音仍无大的起色，渐渐觉得前途渺茫，心灰意冷，一次独自在烟台的海岸边徘徊，望着波涛汹涌的大海，曾经萌出了轻生的念头。至于他为何最终没有葬身大海，反而从那以后不久嗓子奇迹般好转起来，戏班子和社会上曾有过许多传说，其中一种说法是在他要跳海时，被一位须发如银、仙风道骨的崂山道士拦住，念他向艺心诚，惠赠一小袋药丸，他回去吃过以后只觉丹田涌动，似有清风直贯喉间，再张口嗓子就如同铁打钢铸了，人称"神医其嗓"。很难确定这个笼罩着神话色彩的故事的真实性如何，也不知道它是来自金少山本人之口，还是因为他后来嗓音实在是惊人的响亮而被人们凭想像杜撰出来的，只听和他熟悉的老艺人们讲，他当时在艰苦的生活条件下，求艺练功是非常勤奋的，那个年代的剧场都有汽灯，前台两个，后台两个，以便停电时应急，晚上散戏以后，他就睡在后台的一间小屋里，由于衣被单薄，不能抵御夜寒,就把四个汽灯挂在小屋的四个角落,靠灯的热量取暖。每天早晨天不亮就去海边喊嗓、练功,回来在街头吃些烧饼、油条之类的早点,然后去澡堂洗个热水澡,也为了能有个舒服些的地方睡上一觉,醒了又要回戏班子演出或练功了。

在关东等地的几年,是金少山的艺途峰回路转、带有转折意义的一步,但他真要踏上走红之路,还得到一个更大的天地去经受磨炼和考验,于是来到了上海滩。由于他扮相魁梧,台风大气,戏路宽,恢复后的嗓音宽亮过人,一炮打响,许多著名演员如周信芳、李桂春、林树森、高庆奎等都喜欢用他配戏,在台上则博得了各层观众的欢迎,从名流士绅、贵妇淑女到车夫小贩、舞女交际花,都看上了这位大花脸,只要他肯于卖力气,把大嗓门儿亮开,戏园子里就会炸窝,鼓掌、叫好声响成一片。在上海不足半年,他在大舞台长期住班的包银就由一月二百元涨到六百元。生活境遇改善了,和众多名家合作、排演新戏也使他开阔了眼界,丰富了艺术素养,同梅兰芳、杨小楼的同台演出,更使他提高了在江南以及全国的知名度。尤其是《霸王别姬》这出戏,梅兰芳与杨小楼的合作被认为一时绝响,杨息影舞台以后,梅再演此剧无人能接杨留下的霸王这个角,经北京梨园名宿王瑶卿推荐,梅兰芳选中了金少山,两个人珠联璧合,金的花脸演法与杨的武生路数各有千秋,威风八面,从而在上海滩赢得了"金霸王"的美誉。应该说,此时的金少山已经开始走红了,但距成为全国顶尖的净角演员还有一段路,一来他还只是生角或旦角的硬实配角,没有挂头牌组班;二来作为一个京剧演员,他必须得到京剧大本营——北京的承认,才能确立在京剧界的精英地位。这也就是他在1937年毅然北上的原因和目标。

二

"闷"着的金少山终于打破了沉默。

他到北京的大约十几天以后，"四大名旦"之一尚小云任会长的梨园公会在丰泽园饭庄设宴为他接风。在酒席上，金少山举杯与各界名流、前辈、同行应酬了一番，就要求尚小云为他引荐北京最著名的经励科管事、华乐戏院经理万子和。

"哟，大哥！"一见面先抱拳作揖，尊重而且透着亲热的一声称呼，"久仰您的大名，早想着拜望了，我这次回来唱戏，还得请您多提携，多关照！"

身材本来不矮，和金少山站到一块儿就显得瘦削、单薄的万子和，连忙还礼、谦让。他原听说金少山在上海艺高气盛，性情桀骜不驯，敢和大青红帮头子黄金荣顶撞，谁知见面对自己竟暖如春风，执礼甚恭，心里不禁暗暗赞道：不愧是久闯码头的老手，够"江湖"的啊！

所谓"江湖"，指的是熟谙江湖艺人的礼仪、规矩，精明老练，善于交际。金少山肯于屈尊同一家戏院经理拉关系，称兄道弟，对他在北京演戏打开局面大有好处，显示出了他的通晓世故。而万子和周旋于戏班多年，以办事圆熟练达、左右逢源著称，绰号"万事亨通"，自然也不示弱，两个人着实客套了一番。言来语去之间，他看出金有要唱戏的意思，却反而不经意似地说道："离开北京多年了，这回可算衣锦荣归，您就好好歇歇，各处走走，散散心！"

金圆睁一双大眼听完，朗声大笑："哈哈，再歇就过了，散架了，干咱们这一行的，不唱戏，喝西北风啊！"

万子和也笑了，说："可也是，这北京九城的内外行，都憋足了劲等着瞧您哪……"

金少山仍盯着他看，下面的话音却没有了，完了，便有点失望，把目光转向尚小云，后者心领神会，忙插上来说："子和，金老板是想请你好好捧捧他呢！"

"哎哟，可别这么说，不敢当，不敢当，只要有用得着我的地方……"万子和连连拱手，谦逊。

"地方现成,就是你的华乐!"

尚小云把话挑明,金索性单刀直入:"'打炮'哪儿我也不去,就在您的宝地华乐,您可得托着我点儿!"

万子和听罢,顿时露出欣喜的样子:"瞧您说的,'金霸王'在华乐亮相,是华乐的福分,求还求不到呢……"

尚小云又快人快语地说:"得,你们二位也都别谦虚了,事情就这么定了,抓紧谈公事吧!"说完,他向两个人笑笑,踱开去了。

万子和自然满心高兴,这是一笔炙手可热的好生意,哪家戏院不想抢个鲜儿呢。他的心里一直跟明镜儿似的,金少山如果不想在华乐唱,紧跟他客气什么?但基于经验,他知道对金这样呼声正高的名角,不能操之过急,要等对方主动找上门来,事情会好商量得多。从周旋的招数上论,他的兜圈子同样有先"闷"一下的欲擒故纵的味道。

果然,他们的"公事"谈得很顺利,票房收入的分成比例敲定了,很快转入了对演出的具体安排。

"配角班底的人选,您有什么想法吗?"万子和问。

"我就用郝寿臣的班底。"金少山不假思索地回答。

"包银……"

"加一倍!"

万子和听了心里一动,不由地看了金少山一眼,后者也正望着他,表情很平静,一副不显山、不露水的样子,他也就不多说什么,点头应了。在心里,则对眼前这位人高马大、瓮声瓮气的大花脸,又有了更深一层的了解。郝寿臣原是北京首屈一指的净行魁首,久在华乐演出,并且刚刚演过不久,金少山点名要用给他配戏的原班人马,并且报酬从优,这不是明显的要取而代之么?看来金的胃口不止于在北京一炮打响、唱红,还要在声势和影响上压倒前人,进而独占鳌头。看得出,他是经过深思熟虑的。这真是"霸王"本色,咄咄逼人呀!万子和虽然觉得他这一招棋"狠"了一点,但对艺坛的竞争见得多了,越是名角越争得凶,往往就超出了舞台的局限,台上比玩艺儿,台下比手段——或称经营之道,两者相辅相成才能分出上下输赢,谁让头名只能有一个呢。这对戏院老板又是大好事,名角争来争去,才有好戏连台,戏院自然随之生意兴隆,财源滚滚而来。

接风宴席未散,金、万二人又敲定了打炮的日期、戏码,余下的细节由金的管事孙焕如转天再到戏院商量,金本人则举着酒杯又和客人们应酬去了,他是海量,酒还没有喝足呢。

几天过后,位于鲜鱼口里边的华乐戏院,贴出由金少山挑班的松竹社首演的海报,各家报纸也刊发了广告,头天打炮大轴是《连环套》,第二天是头、二本《草桥关》,第三天、第四天分别为《清风寨》《刺王僚》双出和《断太后·打龙袍》。售票口顿时排起了长龙,几场戏票被"闷"得早已望眼欲穿的观众一抢而空。

"金霸王""铁罗汉"终于亮相了。华乐戏院楼上、楼下座无虚席,连两旁的廊子和舞台迎台的楼下墙跟"站票区"也围得水泄不通。头天演出的盛况,当年曾亲眼目睹的花脸名家袁世海,有过一段生动的描述:"那时候还兴挑(台)帘出场,好家伙,当金饰的窦尔敦在台帘后出现时,给人的感觉真是'满堂满馅'——金那个个头儿和块头儿,连同盔头、额子,竟把整个台帘(撩起后的空间)给塞满了。窦尔敦戴的翎子,出台帘时只出来一半!俗话说'先声夺人',金可好,这个相儿一出来就夺人了。等他后来一张嘴,我们才知道'声震屋瓦'没有夸张……"窦尔敦出场先唱曲牌[点绛唇],由于伴奏乐器唢呐音量大,调门高,一般花脸演员或不把词唱全,或在高腔处低八度应付,以免费力和显出声竭力嘶,金少山却不然,从第一句"膂力魁元"起,就以得天独厚的宏大而高亢的嗓音压着唢呐唱,震得整个剧场四壁回声,嗡嗡作响,接下来的"结义山岗。习拳棒,盖世无双,绿(哇)林,俺为——上!"句句满宫满调,如雷贯耳。观众听呆了,他们虽然久闻金少山扮相、嗓音出众,有一定的思想准备,谁料现实竟又远胜于事前的想象,就有那么一会儿反应不过来,然后才骤然卷起惊喜过望的喝彩狂涛!

那天,金少山也真是铆足了力气,"坐寨"的大段唱腔"将酒宴摆至在分金亭上",[西皮倒板][原板]转[流水],唱得神完气足,一丝不苟,痛快淋漓,势如长江大河,滚滚而来,一泻千里,就搅惹得满场观众兴奋若狂,场内好似开了锅似的沸腾不已……

在喝彩的狂涛热浪中,只有一个人处乱不惊,戴着口罩,在楼上一根柱子后面默默地注视着台上,他就是一代名净郝寿臣。立于楼上另一面几乎和他处于平行位置上的万子和,据老先生多年后对笔者讲,从眼角发现了老相识,却没有过去打搅他。到"坐寨"一场唱完,郝寿臣才悄然离开。回到家,他又打开收音机收听实况转播,当时已演到窦尔敦盗得御马"扬扬得意"地纵骑回山,铜锣皮鼓敲打得疾如暴雨,作为一位同样以此剧闻名的同行,听其声思其形,眼前很容易就浮现出金少山在台上边唱边舞的精彩场面,心中虽有万千感慨,终究不愧是真正的艺术大家,惺惺相惜,喟然赞道:"这才是窦尔敦呢……"

《盗御马·连环套》是一出文武并重的戏,主人公窦尔敦是占山为王的绿林好汉,剧中的唱、念、做、舞都很吃功夫,饰演者既要有全面的表演功力,又要有一条过硬的嗓子,才能达到尽善尽美的境界。郝寿臣和另一位名净侯喜瑞,均以此剧为代表作,表演上各有独到之处,有些地方甚至比金少山更为细腻入微,但由于扮相、嗓音远不如金少山,相形而言,就少了些叱咤风云的气势和收纵自如的豪放,人工总难尽补天然,这就是摆在郝寿臣面前而他又勇于正视的现实。

金少山一连推出的几场戏,铜锤为主,架子兼工,唱、做并重,全面展示了他的过人天赋和文武不挡的深厚功力,几天唱下来风靡京华,声震九城,梨园名宿交口称赞,庆幸本行又出了一位盖世奇才,各家报纸赞誉备至,称其为"十全大净"——即十全十美、无所不能的大花脸!

三

在北京大获全胜,转过年来,金少山移师转战北方第二个举足轻重的戏曲、曲艺码头——天津。打炮地点是当时公认为在江北设施最先进、演唱效果最佳的剧场中国大戏院。

这次他把头、二本《草桥关》放到头场，以示其铜锤大面的本色，他扮演的伴驾王姚期一出场，黑白两色的十字门脸谱，挂雪色白满长髯，一袭素雅高洁的白蟒袍，那伟岸的身躯被装饰得一白到底，肃穆凝重，先树起了一位忠正凛然而又忧心忡忡的朝廷重臣形象。他又会弄噱头，开口念"引子"，头一句"终朝边塞"不用力，几乎让人听不清楚，观众就有些疑惑：不都说金少山是大嗓门嘛，怎么声儿这么小……人们交头接耳的议论话音未落，突然，他在第二句"镇胡奴"三个字上拔高调门儿放开了嗓音，这一下不得了，如同半空中炸开了一个响雷，晴天霹雳，直震得一至三楼的观众耳鼓嗡嗡作响，心肺发颤，半天缓不过劲儿来，然后剧场里的反应、气氛，不用描述也就可想而知了。多年后，据一位曾经在场的老观众回忆，前排有的婴儿被吓哭了，有的女士抽身往后排走去掉换座位，一个爱咋呼的老天津卫还扯着嗓子喊了一声："好家伙的，吓了我一大跳！"从此，金少山在天津多了一个谑称——"吓一跳"。

说对了，就为了吓你一跳，让你一辈子也忘不了，多少年以后提起来仍然惊心动魄，眉飞色舞。

京、津两地相继告捷，金少山实际上已经实现了北上的预定目标。不久，载誉返沪，景象又大不同于以往，上海的戏迷是很讲究名气、档次的，过去他们喜欢金少山，是把他当成本地名角来捧，此番声震江北，凯旋而归，在戏迷眼中的地位又高了一大截，仿佛学术界人士出国留学得了什么洋博士镀金归来，连家乡父老也跟着感受到一份荣光，自然备加欢迎，趋之若鹜，戏迷们争相再睹"霸王"风采，致使戏院连关了三个月"铁门"（上海剧场把客满停止售票叫作"关铁门"），极一时之盛。

此后，金少山虽然还不时应邀赴上海演出，却把根据地转到了北京，在京剧的大本营安营扎寨，确立了全国第一大花脸的声誉，与当时各行的走红名角如"四大名旦""四大须生"等分庭抗礼、并驾齐驱，开始了其艺术生涯最红火、鼎盛的一章。

他红了,红得必然,让人心服口服,不容置疑。从他的天赋条件看,确实没有不红的理由,单以人们至今津津乐道的嗓子而论,不仅前无古人,而且截至距离他去世近半个世纪的现在,仍可说是后无来者,没有一个人能够和他相比。一位健在的老戏院经理,也是他当年的故交、酒友,亲口对笔者说,他有一次去北京看望金少山,后者告诉他:"我今天嗓子格外痛快,晚上请你看《铡美案》!"当晚,他坐在华乐戏院第三排中间的座位上,金少山饰演的包拯一句[西皮倒板]"包龙图打坐开封府",高亢洪亮,雷霆万钧,他的胸口都被震疼了,两只耳朵老半天听不见别的声音。散了戏,他问金少山怎么嗓子这样好,金笑笑说:"这不算稀罕。我每天早晨去中山公园后门喊嗓儿,赶上没风的天气,我张嘴一喊,眼前和两旁的树叶都簌簌簌地颤悠……"

声音能够形成气流摇撼树丛的枝叶,可见其声带振动时的频率之高,构成的冲击波之大。金少山的嗓音不只是宏大,他在音色、音质、音域上都具有得天独厚的优势,所谓"十字音"兼备,花脸演唱由"龙""虎""风""雷"四音组成,"龙"音指立度,"虎"音指厚度,"风"音属横回之韵,"雷"音是平拔之声,高、下、拔、沉各占一角,唱时才能得心应口,运用自如。金少山天赋过人,又不仅仅是依赖先天条件,他自幼学戏,家学渊源,艺途坎坷,千锤百炼,在唱工及做、表、舞上都打下了坚实的基础。他对前人有继承也有发展,在唱工上继父亲金秀山之后创立了"新金派";做工,善于体现剧情,刻画人物,眼神有时如闪电飙,被称为"目有鬼光";舞姿则受师祖何桂山真传,有《钟馗嫁妹》《醉打山门》的根底,演起一般身段的戏来举重若轻,身材高大却丝毫不显得笨重,如《黄鹤楼》带"水战"中的张飞,撕着黑髯,一手撩起袍襟,蹲身下腰走矮步,亚似鹭伏鹤行,从容轻巧,威猛中透着俏媚,正是行家所要求的"旦起净落"、刚柔相济的境界。他还擅演狠戏,《红逼宫》中的司马师,《审李七》中的江洋大盗李七,凶光煞气,栩栩如生,足令观者激灵而战……以上种种,不一而足,先天和后天的条件齐备于一身，他怎么能不大红大紫呢！

他红得很辉煌，很适时。他崛起于 20 世纪 30 年代，是京剧的兴盛时期，铜锤花脸的人才却正匮乏，自从他的父亲金秀山以及裘桂仙等前辈去世，花脸行一直鲜见洪钟大吕，他的出现犹如久旱后的甘霖，沉寂中的一声春雷，他又是全才，青出于蓝而胜于蓝，人们怎么能不惊喜过望、叹为天赐呢。当时的戏迷观众，耳必听金少山，口必谈金少山，花脸戏非看他不能过瘾。过去的花脸行，主要为生、旦配戏，在戏班子里处于三、四牌的位置，从郝寿臣凭借实力挂了头牌，与生、旦并列前茅，还组班到天津演过几场自己的新编戏，把花脸行的地位、影响提高了一大步，到金少山则正式开了花脸挑班的先例，他独挑大梁的松竹社，让其他行当的演员为自己配戏，众星捧月，使净行登上了前所未有的至尊高位。同时一些不显眼的小戏、开场戏或不以花脸为主角的戏，经他一唱便大放异彩，成为花脸行的大轴戏、代表剧目，真可谓点石成金，占尽风流，为花脸行当在京剧史上留下了光辉灿烂的一页。

他红得又仍嫌不足，红得过于短暂。透过他艺术巅峰时期的轰轰烈烈，动地惊天，回顾他一生的艺术成就，你会意外地发现在开拓、创新上并没有尽展其才，未留下多少自己首演独创的剧目，1937 年进京以后只上演过一出新戏《碰碴山》(饰张飞)，还没有立住，未能流传下来。相比之下，当时号称全国三大名净"金、郝、侯(喜瑞)"，排名在他后面的郝、侯两位，天赋条件都比他差得很远，某些方面的造诣及可供后人借鉴的东西(包括剧目、精到细致的表演艺术)却超过了他，艺术生命也远比他长。如果把 1937 年进京演出大获成功，作为金少山真正誉满全国的里程碑，那么再往后的如火如荼的走红之路并没有延伸多远，只有不到十年光景，当他纵情驰骋艺坛所向披靡的时候，已经隐隐露出了走下坡路的不祥预兆……这难道仅仅是出于人们常说的盛极必衰的自然轮回吗？

四

"三爷起床喽……"

"三爷洗脸喽……"

"三爷动身喽……"

半个多世纪前的北京城，到夜里九十点钟，胡同就路静人稀了，从金家门洞及一路传出的一声声吆喝显得分外清晰。喊话人并没有放开喉咙，语气中还透着小心、殷勤，那声音便传得很远，立在胡同口灰蒙蒙的路灯下面的一个人听到了，就扭转头朝着马路前方重复，远处大约隔着同样距离的人听到了，再次重复，这样每隔五百米左右就有一个人呼应，依次传递，一直把来自金宅门洞里的一声声吆喝接力棒般地传进戏院的后台……

这种依靠人的喉咙及时传送消息的方式，很可能是受皇宫大殿里传差的启示，竟用到里巷街头戏园子来了，是从金三爷在北京演戏才出现的梨园景观。

当吆喝声在空中被一站一站地传递时，戏院后台的管事往往像热锅上的蚂蚁似的急得团团转。随着消息的陆续到来，他时而如释重负地长出一口气，时而又急又气顿足捶胸，时而强自镇静或无奈地摇头叹息……只有等到金少山魁梧的身影姗姗来迟地出现在后台门口，吆喝声和管事近乎神经质的躁动不安才算结束，而前场观众早已经等得不耐烦了，乱哄哄地喝起倒彩来……

这一切都是因为金少山那个著名的毛病——误场，即演出时迟到，不按时间要求进后台。这毛病在他刚到北京闯天下时还好一些，后来随着声誉日隆愈演愈烈，到得越来越晚，管事不得不一再让前台的演员"马后"（拖延时间）或临时垫戏，日久天长才挤对出了这么一个主意：每逢金老板演戏，事先放出十几个人去，从金家一直排到后台门口，随时传递报告金老板的动静，以便相机处理，应付局面。在所有梨园名伶中，享受这种排场、待遇的，怕只有金少山一人。

金少山后来还有一个不大不小的毛病，就是有时不肯卖力气。嗓子虽好，吊着观众的胃口唱，往往一出戏里的有些场子敷衍应付，指不定在什么地方来了精神，铆足气力来两句，才让台下过一过戏瘾。观众都知道了他这个毛病，眼看着他在台上泡汤怠工也不敢发作，只怕把金老板惹恼了，一句精彩的也不给听，这一晚上的戏票钱就算白花了。他的票价比马连良、尚小云还要贵两毛呢。还有他的懒散，一次在新戏院演《二进宫》，照例老生杨波唱[二黄原板]到"千岁爷进寒宫学生不往"处，花脸徐延昭应该插问："怕者何来？"这是一般观众都熟悉的，可是那天金少山就是懒得张口，竟没有念，老生犹豫了一下，只得接着往下唱，这时台下一位老戏迷忍不住了，站起来替金补喊了一句"怕者何来"！惹得满场观众轰堂大笑，失职的徐延昭在台上好不尴尬。

关于自己的一些做法，金少山曾经向他所尊重的戏曲剧作家翁偶虹先生说过一番心里话："我从小在戏班里滚，称得是菜里虫、菜里烂。我恨透了经励科（约角组班的戏蠹），他们手里拿把剃头刀，嘴里没有准舌头，对我们唱戏的大耍花手心儿……喝演员的血……我之所以常常误场，就是故意要要他们，叫他们也知道金少山的血不是那么容易喝的！还有上海的资本家，拿咱们唱戏的搞一本万利，更可恶！我斗不了他们，可我有个傻主意……"他的"傻主意"之一就是针锋相对，误场怠工。如他在上海大舞台当班底的时候，大流氓头子黄金荣手下的戏院老板，硬派他在星期日白天加演《连环套》，戏票早卖光了，他却到跑马厅看赛马去了，戏院一次次派人来催，他就是不动窝，最后干脆说："今天我不唱了，退票！"眼看满场观众喧腾不已，气得黄金荣啪地把手枪摔在桌子上，大骂："娘的！不要他！不要他！"事后有人出面打圆场，又派金少山在下个星期日还演《连环套》补上，这次他仿佛换了一个人，规规矩矩地按时到后台扮戏，上场[点绛唇]的一句"膂力魁元"气足声洪，观众发狂般叫好、吹哨子，坐在包厢里看戏的黄金荣哭笑不得,跺着脚喊:"娘的,还得是他,还得是他呀……"结果,不但没有辞退他,还给长了二百块包银。还有一次是在南京国际剧场,大恶霸常玉卿逼他和一个有权有势的票友演《连环套》,他表面上答应了,郑重其事地演了前面由窦尔敦独挑的头场"坐寨",等到把观众爱听的"饮罢了杯中酒换衣前往"一句唱完,忽然身子一歪溜倒在了台上,后台的人都慌了,急忙送往医院抢救,戏自然无法再演下去,只可怜那位装扮齐整等候登场的票友黄天霸,连个出场的机会都没有捞到。

他就是这样同他们"耍"的。面对欺压盘剥艺人的恶势力,他愤世嫉俗,不肯俯首帖耳而又无法扭转力量对比悬殊的卑微处境,只能出以偏师消极对抗,这并没有错,他做了一般艺人不敢做的事,为他们出了气,也被世人传为美谈。可是如果这种做法成了习惯,在平日的演出中经常误场,就扩大了其中消极的成分,因为演员这种特殊的职业,终归是为广大观众服务的,在任何时候观众都是无辜的,不应该忽视他们的感受。一般来说,观众对于他们拥戴、珍爱的名角总是宽厚而娇宠的,甚至爱屋及乌不分是非,把名角的一些习气、毛病也当作什么不凡之处加以夸耀、传播,然而这种宽容和宠惯终归是有限度的,日子长了,一次又一次地使他们失望,感觉被捉弄,他们的热情和耐性也会消减乃至消失,特别是当偶像在实力上减弱——金后期的嗓子就有时"不在家"(即不能保持最佳状态)——的时候,距离"蜜月"结束的日子就不远了。

1947 年 3 月,一个春寒料峭的夜晚,位于北京西单的长安大戏院门前,贴着由金少山和著名老生奚啸伯、青年旦角杨荣环合演《法门寺(带大审)》的海报。约到十点来钟,金少山才在黑冷的夜色中走下包月车,急匆匆奔进后台,这时的舞台上,他饰的大太监刘瑾已经"迟到"近半个钟头了。人们拥上来帮他换衣服。外衣脱了,里面的上衣却解不开,扣子被怀表的链子缠住了,有人伸手要解,他忙拦住:"别,别……"然后自己小心翼翼地托起表链,一点一点地弄开,大家这才发现表链上悬坠着一个金灿灿的东西,只有掌心大小,做工极为精致考究,小巧玲珑,细看竟是一把小手枪！他托着笑了："嘿嘿，别看它小，可是真的，能打五发子弹，子弹就像留声机的唱针那么大，嘿嘿，难得人家怎么做出来的——花了我六百块大洋呢……"有人就吃惊地吐舌头，六百块呀！这恰恰也是金少山当年在上海大舞台一个月工资的数目。人们围着看稀罕物，金的管事孙焕如着急了："得了，我的爷，别摆弄了，台下可都要炸窝子啦！"这才算告一段落，金把小手枪收好，对着镜子勾脸。由于经常赶时间，他勾脸的速度极快，抄起笔来，三下五除二就草画出了大致模样，此时戏装已由别人帮着穿戴齐整，他便丢下笔往前台走，等这一场下来再仔细加工，如果时间还来不及，就等下一场完事再增补润色，往往到他的脸谱真正大功告成，戏也就快结束了。

刘瑾出场了。金扮演的这位恃宠骄纵的大太监九千岁，红脸黑纹，腮下无须，咧着两片被夸张描绘出的厚嘴唇，一身红蟒袍，手托玉带，威风凛凛，趾高气扬，每次亮相都能得一个碰头彩。然而这天，据当年同台的杨荣环回忆，台下传来的响动却和往日不一样，气氛也似乎不对头，他走到台口，该念[引子]了，那乱哄哄的声音越发大了，拍椅子，跺脚，许多人"噢——噢——"地叫，这是在起哄叫倒好啊！他几次试图张嘴念白，都被潮水般卷来的噪音闷了回来，久闯江湖的"金霸王"也有点慌了，不禁回头求援地往后台看，迎接他的是一对对惊悸不安的目光……起哄声还在整个剧场大厅回响，没有办法，他只得退回了后台。舞台前方换成了管事孙焕如，他频频朝台下各个方向鞠躬、作揖，待下面稍微静了一些，才赔着笑脸喊道："诸位先生，诸位女士，老爷、太太、少爷、小姐，听我说一句，金老板今儿个真的遇上急事，来晚了，让大家久等，实在对不起！对不起！求您给我个面子，让金老板把戏唱下去，好好卖卖力气，行不？我这给大家行礼了！"

经过孙焕如一番苦苦央告，抗议声渐渐平息，演出又重新开始。处境难堪的金少山的二次出场，不敢再掉以轻心，很想"卖卖力气"挽回面子，嗓子偏又不争气，"不在家"，加上来时仓促没有吃东西，气力不足，该要好儿的地方要不下来,台下反应很冷淡。这样坚持到"佛堂"一场,从西餐馆叫的红菜汤、面包送来了,他才打"背工"(脸朝后台,背向观众),由宫女、龙套们遮挡着偷偷地吞吃起来。

时而散漫的演出态度,不规律的生活方式,也消蚀着他的巨大声誉,危害着他的雄健体魄。他兴趣广泛,养花、养鸟、养狗、养猴,甚至还养过老虎,一方面凭着极高的悟性从自然万物中汲取艺术营养,如他的化装曾受过花的启示,声腔曾化入鸟鸣的旋律,所谓"取象于花,择音于鸟",另一方面又为所好消耗了大量精力和时光。他最喜欢新奇玩艺儿,凡古董玉器、西洋摆设等各类赏玩之物,看上眼即买,一掷千金,直弄得高消费超过高收入,入不敷出。他的挥霍,表面看是在挥霍金钱,实际上也是在挥霍自己的艺术资本,上天赐予他的和他自己通过艰辛努力争取来的财富本来很多,很丰厚,令他的同行们望尘莫及、艳羡不已,可惜他太任性挥霍了。就在演那场不平静的《法门寺》的一年多以后,他病倒了。

1948年8月13日,"十全大净"金少山病逝。

梨园仗义,金少山生前人缘又好,众多同行募捐、唱义务戏集资,将他安葬在松柏庵义地。

巨星殒落,四海痛惜。一位百年不遇的旷世奇才仅活了五十九岁,真正在全国走红的时间不过十年左右。回首当年他以《连环套》在故土打炮,是何等大气磅礴、威风八面啊,谁曾想去得又何其匆匆!对于此,后人的文章多归咎于畸形、腐朽而恶浊的世道,这自然很有道理,不过也不能不看到其中包含的性格因素,因为当时的名伶很多,终归并不都是一样的人生轨迹。

就在金少山去世的第二天晚上,忽来徐徐轻风送来早秋的微微凉意。一位高大魁梧的中年人,领着一个四五岁的孩子往前门楼子的方向走,途中忽然自言自语似地说:"知道吗?金少山死了!……"孩子仰头看着大人的脸,显然感受到了话语中的感伤与无奈的意味,却不知道应该回答什么,便茫然地去望夜空,繁星点点,他发现天上正对着他的那颗星很大，很亮……

告诉我这件往事的朋友说，他就在那个时候记住了金少山的名字。

也许，当时还有许多人正想着和那位中年人一样的心事，怀有一样的想要倾诉点什么的心境，也就有许多孩子将永远记着那个名字——这应属老天给予金少山的最后一份恩赐吧。

绚烂与平淡:杨荣环的京剧人生

这是一篇写迟了的文章。近一年来,我断断续续地一直在写一部关于有代表性的京剧表演艺术家的书稿,力求从不同的角度展示他们的艺术追求、甘苦和各具特色的成功奥秘,部分章节已经陆续在报刊上发表。荣环先生是计划中的人物之一,也曾多次交谈过,只因为同在天津,经常往还,总觉得不着忙动笔,孰料他竟因心脏病突发,于1994年7月13日猝然病逝,连我为一本辞典撰写的关于他的介绍文字都没有看到。

人生常常留下许多的遗憾,包括生时和逝时。荣环先生是抱憾而去的,当然不在于一两篇文稿,而是出自他那未竟的事业追求。

病重期间,他曾向守护在病榻旁边的儿子倾吐心声:"我这个人,一辈子平平淡淡,没有太大的红火……"又说:"我最惦记着的,是自己的这身玩艺儿……"言语间既流露出不尽的感叹,又于无奈中透出了自信和不甘。对于这样一位艺兼梅尚,卓有建树,在当今菊坛正愈来愈具影响力的老艺术家,人们可能会不同意他对自己一生的评价,却不能不承认如果不是被病魔在不到六十七岁时夺去了生命,他本来可以为毕生从事的京剧艺术做更多的事,取得更辉煌的成就。

他的话,触动了我许多新的回忆和思考,于是要写的文章也和原来的构想不同了,我只能顺乎自然,去追思他人生的"平淡"和"红火"……

一

我认识荣环先生好多年了。那是在北京的一套四合院里，我还是个小孩子的时候，他在来我家里串门的青年京剧演员中，是显得最文静儒雅的一位，像个大学生。这个印象我保持了几十年，尽管后来知道他因为家贫，只上过五年小学就进科班学艺了。也是在后来，我听说科班的一位老艺人对他的最初印象和我一样，而那年他才只有九岁。

杨荣环原籍北京通县，1927年生于河南安阳，祖父和父亲都是铁路工人。他从小就常随父亲去铁路上的京剧票房听戏，日久天长，对京剧产生了兴趣，还学会了几段老生唱腔。不久，"七七事变"爆发，时局动荡，父亲失业，本来就入不敷出的家计更加难以维持，恰逢尚小云创办的荣春社科班招收学员，父亲就托老艺人宋遇春引荐，送他进了荣春社。

1937年深秋的一天上午，宋遇春领着杨荣环来到尚宅。尚小云打量了他一眼，就说："这孩子小模样儿不错，挺白净的，把他交给贾班儿吧！"所谓"贾班儿"，指的是由著名丑角贾多才负责教授的班，以花旦戏为主。等到见着贾多才，后者抽着玉石嘴儿的烟袋，对他上下端详，见他留着分头，一身中山装，脚上还穿着一双底子已经开裂的皮鞋，老先生笑模悠儿地撇了下嘴："呦嗬，狗长犄角——洋式的啊！"宋遇春忙说他原来上过学的，贾多才听了便点头："嗯，我说怎么像个小书生呢！""小书生"和大学生，指的都是他身上的那股书卷气，看来这是他从小就有的气质了。

这样带几分文弱的秉性，乍进科班是要吃亏的。第一天在暖棚底下吃饭，就被一个调皮、霸道的学生借口占了他的"地方"，从台子旁边推开了，幸亏被宋遇春发现了及时干预，才没有饿肚子。接下来就是学戏、练功，每天总是天还没亮，看功的老师就顺着大通铺，用藤子棍儿敲脑袋，称作"叫起"，学生们困得睁不开眼，也不敢怠慢，忙爬起来穿衣叠被，蹬鞋下炕。这时学花旦、武旦的为表现古代女性的婀娜多姿，要往脚上绑木跷，一种木头制作的小脚，用布带捆在脚掌的最前部，然后一天不到晚上睡觉就不能解下来了。于是，走路、吃饭、练功、学戏乃至上厕所，都只能绑着跷，用脚趾头走动，时间长了，全身的重量都压在几个脚趾上，充血胀肿，疼得钻心，两腿打颤，难免屈背、哈腰、弯膝盖，看功老师见谁一出现这"三道弯儿"，马上用板子上下敲打，迫使你把身形直过来。这就叫耗跷——科班里最苦的一门功夫。

杨荣环性格老实，练功不敢偷懒；脑子聪明，学戏领悟得快，因此很少挨打。可是，他那内向、恬静的性格，实在不适合学演俏皮、泼辣的花旦角色，功夫练得再好也成不了角儿，如果不是他文弱气质的倔强一面起了作用，怕是真的要一生平淡甚或平庸了。他先是想学老生，被父亲一番劝说打消了念头，在科班里怎么能想学什么就学什么呢？这当然是不现实的。但他还是不肯学和自己性情相悖的花旦，不想再绑跷，于是悄悄瞄上了同属旦行，却在唱、念、做上讲究沉稳端庄的青衣，这时，一位人们通常所说的命中的"贵人"出现了，就是荣春社教青衣的老先生胡长泰。

一提起杨荣环的师承，人们很快会想到"四大名旦"中的尚小云、梅兰芳两位大师，还有他也曾问过艺的"筱派"创始人于连泉（筱翠花）等名家，他们确实对他的艺术成长起到了举足轻重的作用，可是这位默默无闻的胡老先生却也不能不提，因为正是他首先为杨荣环的重大抉择打开了方便之门，使日后的"红火"有了可能。胡老先生年过半百，有点口吃，大个头儿，长脸，高鼻大眼，无论春、夏、秋季都穿一件破旧的黑大褂，冬天则是黑棉袍、旧帽头。家中两口人靠他教戏维持生活，衣食不保，晚上还要去戏院跑宫女，满脸皱折，搽上脂粉往下掉面儿，散戏后，学生们常见他偷偷地在池座的地下捡烟头抽，其穷困潦倒之状可想而知。但这位老科班长兴社出身的不走红的艺人，教的东西规矩、地道，性情也极善良温和，见杨荣环常悄悄地看他教戏，喜欢青衣，不仅不赶他走，而且让他试唱了两段，认为他有嗓子，扮相也好，就慨然答应了暗地里教他。这是冒了点风险的，一旦传出去，"贾班儿"会认为抢了自己的学生，科班也要因乱了规矩而问罪，弄不好会砸了饭碗，但爱才、惜才的胡老先生却将严重后果置之度外了。杨荣环先后向他学了《朱砂痣》《探寒窑》《大保国》《二进宫》《孝义节》《孝感天》等剧，比自己的花旦"正课"进展还快，只是由于脚上还帮着木跷，没法练青衣脚步。他曾想让胡老先生把跷卸下来，老先生起先不敢，尚小云是有名的火爆脾气，没有尚老板的话，谁敢随便往下卸啊！经不住荣环再三恳求，老先生动了恻隐之心，答应有合适的机会跟尚老板说一声。

一天，胡长泰正给学生排戏，尚小云走了过来，看脸色心情挺好，胡长泰特意指着杨荣环试探地说："这孩子嗓子挺好，学戏也快，您看是不是先给他把跷卸了，让他练练青衣脚步？"这话说的巧妙，没提荣环是学花旦、武旦的。尚小云是个爽快人，当即不假思索地回答："行啊，学青衣不会走脚步怎么成，把跷卸了吧！"说罢，也没细看这个孩子是哪个班的，就踱开去了。胡先生如闻大赦，忙欢喜地给杨荣环卸跷，师徒二人还交换了一个会心的笑容。那一刻，杨荣环是何等高兴，又何等感激忠厚、热心的胡老先生啊！从此，不但不必整天忍受绑跷之苦了，而且连学青衣戏也不用偷偷摸摸了。学青衣、卸跷，在杨荣环学艺途中是意义重大的转折和解脱，这当中有着胡老先生的重大功劳，是一份忘记不了的深情厚谊，杨荣环在已享盛名的晚年提起来，仍尊重地称胡长泰先生为"蒙师"，并说老人在他上五年级时去南方投靠闺女了，事先好像提过，走时却不辞而别，也不知道去了以后日子过得怎么样。

二

北京，前门外大栅栏中和戏院，荣春社科班学生演出日场。

这天下午，一辆黑色轿车在戏院门口停下，尚小云下车，步入戏院前厅，里面台上正演着《探寒窑》，青衣王宝钏在唱"老娘亲"的"哭头"，嗓音清亮，韵味醇正，激起了一片喝彩声。著名旦角、当时有"第五名旦"之誉的徐碧云兴冲冲地迎上来，对尚小云说："您听听，这个杨荣环，是个好苗子！"尚小云进去，站在后排听完了一出戏，来到后台，亲手在小黑板上写下"赏钱四十吊（铜子）"。杨荣环听说了，顾不上卸装，忙跑过来谢赏，尚小云称赞他的嗓子不错，勉励他好好学，多学几出打基础的青衣戏。杨荣环兴奋地答应了，忙捧着钱去找胡先生，要全部送给他，老先生起先说什么也不肯收，后来实在推辞不掉，才含着热泪收下了弟子的一片诚意。

以这次演出为契机，杨荣环的学艺进入了一个新的阶段，除去继续向胡先生问艺，尚小云先生也亲自教他了，第一出是《女起解》，随后又传授了《玉堂春》《抗金兵》《御碑亭》《福寿镜》《汉明妃》《峨嵋剑》《绿衣女侠》《林四娘》《渔家女》等尚派代表剧目。尚小云是通过变卖自己的家产兴办科班的，一心为京剧培养人才，教戏不遗余力，要求也极为严格，对儿子、爱徒更是恨铁不成钢，不肯有一点放松。杨荣环学演《朱痕记》，有一个数九寒冬牧羊的细节，需表现人物赵锦棠衣裙单薄，在旷野荒郊的寒风中瑟瑟颤抖的样子，他在排演中怎么也哆嗦不起来，尚小云先生火了："把棉袄、棉裤脱了，站院子里冻一小时，这样你就知道挨冻是什么滋味了！"杨荣环照吩咐办了，当时正是滴水成冰的三九天，不到半小时便被冻得脸色发白，嘴唇青紫，浑身树叶般抖颤不已，后来还是尚夫人看见了出面讲情，才提前结束了这场"生活体验"。当然，他也就由此找到了冻得打哆嗦的"感觉"。还有《渔家女》的"跪步"跑场，距离长，要凭两个膝盖跪着跑舞台的对角线，没有过硬的功夫是顶不下来的，科班的院子里没有地毯，杨荣环只能在砖地上练，把两个膝盖磨得皮开肉绽，鲜血直流，连骨头都露出来了，疼得实在难忍，尚先生才答应休养几天。可是几天后再练，刚结痂的伤口又磨破了，一来二去感染化脓，两条腿都肿了，疼得杨荣环失声痛哭，哭完还得接着练，就这样反复练了几个月，终于掌握了"跪步"的技巧。他的两个膝盖，留下了伴随终生的伤痕，他也记住了尚先生的一番发自肺腑的严词教诲："腿疼也得练！唱戏这一行是草字头加'古'字，就是苦行。现在吃不了苦，不练能耐，将来谁管你饭吃？"道理就是这么无情而又简单，吃不得苦，是端不起京剧演员这碗饭的。然而苦则苦矣，一生受益，杨荣环后来到花甲之年，演新排本的《宇宙锋》走"跪步"，仍能优美轻盈，从容自如，令内外行赞赏不已。

在科班期间，他还曾经向于连泉先生学了《得意缘》《贵妃醉酒》《杀惜》《活捉》等"筱派"拿手的花旦戏，筱派素以技巧丰富、刻画人物细腻、生动、传神著称，对杨荣环全面掌握旦行的表演艺术大有裨益。

台下含辛茹苦，换来了台上的绚烂、红火，杨荣环的戏越演越好了，到四五年级就博得了"小尚小云"的美誉。尚小云先生扶才心切，曾在杨荣环演《四郎探母》时，临时助演萧太后，名师为学生配戏，一时传为轰动京城的美谈。他还让杨荣环参加自己剧团的演出，师徒同台，如《儿女英雄传》，与杨荣环分别饰演何玉凤、张金凤，而《王宝钏》演到"大登殿"一折，他把主角王宝钏让给杨荣环，自己演代战公主，为弟子创造了同台锻炼、学习的机会，而且以自己的盛名提高了后者的知名度，可谓用心良苦。

凭借自身的天赋、刻苦努力和老师们的教授提携，杨荣环在科班里已经小有名气，因此一出科就有了一个较高的起点，跨入了名角的层次。这可以从他出科不久的演出情况看得出来：1946年农历腊月二十八日，他挑班到天津中国大戏院，接替当时已经十分走红的张君秋，班中有贯盛习、裘盛戎、李多奎、魏莲芳、刘连荣、钟鸣岐等名角儿，相继上演了《龙凤呈祥》《福寿镜》《大·探·二》《霸王别姬》《玉堂春》等剧，一炮打响，好评如潮，誉之有"大家风范""唱做俱佳"。同年，戏曲文学家、对梅派艺术的形成做出了重要贡献的齐如山先生，亲自为杨荣环排演新戏《桃花扇》，出演于北京华乐戏院(今大众剧场)，合作者有贯大元、侯喜瑞等，并请徐兰沅操琴，当晚为之垫戏的是马德成、于连泉(《翠屏山》)、尚和玉(《四平山》)等名家。1947年，应邀代替尚小云先生到天津北洋戏院(今延安影剧院)，与迟世恭、郭元汾合作，首场唱《大·探·二》，门口和台上摆满了各界赠送的花篮，电台转播实况，形成了在津门的第二次高潮。接着，又和名老生李宗义并挂头牌，与王泉奎、江世玉、李金泉、肖盛萱等二番出演于中国大戏院，再次获得成功，从此奠定了在京剧大本营北京和重要码头天津的基础。

1948 年春天，杨荣环携齐如山的亲笔信飞赴上海，拜正在那里天蟾舞台演出的梅兰芳为师，学习梅派表演艺术，眼界大开，步入了一个新的艺术境界。转益多师，艺事精进，当"四小名旦"之一、梅兰芳的得意高徒李世芳因飞机失事不幸夭折时，杨荣环成为各界舆论呼声最高的替代者。这一时期，杨荣环曾与许多大师、名家合作演出，如"四大须生"马连良、谭富英、杨宝森、奚啸伯，被誉为"南麒""关外唐"的周信芳和唐韵笙，花脸行的金少山、侯喜瑞、裘盛戎，武生行的尚和玉、马德成、孙毓堃等，几乎都是各行中自成体系的顶尖人物，同台献艺，相辅相成，使年仅二十岁左右的杨荣环既得到了施展才华的机会，又于艺术的撞击、交流中汲取了多方面的营养，开阔了视野，受到了启迪，对今后的艺术实践及艺术思想、风格的形成，都产生了重大的影响。

三

从 20 世纪 40 年代初到 50 年代中期，是杨荣环艺术生涯中的辉煌阶段，声誉日隆，确立了在全国京剧界的地位。那么，他为什么认为自己"没有过太大的红火"呢？也许是觉得比起人生的漫长岁月来，那段时间还显得有些短暂吧。从那以后，他离开了北京，先在河北省京剧院担任领衔主演，又于 1958 年到天津戏曲学校出任副校长，当时年仅三十一岁。尽管他的转移有着种种原因和考虑，在新的岗位也做出了许多成绩，如在河北省京剧院创排《金水桥》，他所设计的老生唱腔，很多年后还为省戏校的师生传唱，而在天津任教期间，也培养了许多人才，如今已成为京剧舞台的骨干力量，但他终归偏离了适于他艺事进一步发展的舞台，后来又过早地中断了个人的演出活动，对于一个演员来说，这至关重要的一步的冲击是会波及终生的。所以，在他生命的最后几年，我常常听到他反思年轻气盛时的举措,感慨万端。

到20世纪60年代中期,杨荣环曾经一度参加过天津建华京剧团的演出,除传统戏之外,还创编过现代戏《农奴》,排演了《黛诺》,惜为时不长,"文革"开始了,他被戴上"反动权威"的帽子送到农村劳动,一去多年。当他在"文革"结束后返回天津,应市京剧团之邀重登舞台,已经年过半百了。

他不再年轻了,岁月给他的身心留下了不可磨灭的痕迹。然而,当粉墨登场时,人们惊喜地发现他没有丝毫的生疏和拘谨,反倒在艺术上更加自如和成熟了,更加有光彩。这首先得益于他在停止演出的很长时间里,一刻也没有放弃对戏的研究,基本功的训练。她的大女儿杨娜在一篇题目叫作"父亲"的散文中,这样写道:"深夜的梦是恬适的……然而时常吵醒我的往往不是妹妹,而是嚓嚓的跑圆场声,练跪步膝盖撞击地板声,水袖的翻动声,琵琶的独奏声,别着筷子的胡琴的嗞啦声,录音机的反复开关声……睁眼看去,昏暗的灯光照着父亲不知疲倦的身影,影子忽而长,忽而短,忽而上,忽而下,皮影戏一样映在墙壁和天花板上。"这女儿记忆中深夜的一幕幕情景,有声有色地描绘了杨荣环在息影舞台期间的生存方式。即使在特殊时期,"恐怖的现实像一捆粗糙的绳子,紧紧地捆住了他,欲飞不能,欲动不得,他只能在心里默默地唱他该唱的,想唱的,只有我才能发现他的嘴在不停地叨念着。夜静人稀仍然坚持着基本功的锻炼……"几乎不用再补充更多的细节,这就足以解释报纸给他的"功夫不减当年"的评价后面的秘密了。

然而,复出的他又不是当年的简单重复,台下长期的、不间断的研究和思考,使他能够冷静而深入地重新认识早年学到的东西,和自己的艺术实践经验联系起来思索,从而对京剧艺术的基本规律有了新的理解,从中悟出了艺术创造的途径和方法。这是认识上的质的飞跃,作为在艺术风格上有着鲜明差别的尚、梅两派的传人,他认为不能机械地、割裂地生搬硬套两家的东西,只进行简单的拼接组合,应该从自身条件和对剧情、人物的理解出发,从时代出发,对师辈的技艺融会贯通,有糅合,有取舍,有丰富,有突破,提炼出带有个性特征的风格和特色来。于是,20世纪80年代重新呈现在观众面前的杨荣环的表演艺术,兼有梅派的雍荣华丽,尚派的刚健婀娜,梅中有尚,尚中有梅,形成了既得前人精粹,又具个人建树的挺秀华美的艺术风格。这种个性的凸显使他在纪念两位大师的多次演出中,既遭受了一些传人的非议,又获得了众多知音的热情认可,道理很简单,在功力、条件成熟之年发扬前辈的探索、创新精神,不正是对他们最好的纪念吗!

全面而扎实的唱、念、做、打功夫,对不同流派演法的了解和掌握,为杨荣环的舞台创造提供了得心应手的充足条件。如在《福寿镜》的"失子惊疯"一折中,他以精湛的造诣,充分调动了戏曲的表现手段,用眼神、手势、水袖、步履和纷复多变的身段,细致地刻画了在封建社会中连遭厄运的妇女形象,为了表现人物寻子的急切心情和精神癫狂,有所变化丰富地运用了一系列高难度的水袖动作,上下翻飞,挥洒抛抖,令人目不暇接;注意狂与呆的交替变化,在尚派演法的基础上,加了一个双手合十"三起三落"的身段造型,活灵活现地展示出一个疯妇的精神状态,使观众在心灵受到震撼的同时,又饱览了京剧艺术的精彩技艺。他极为注重刻画人物的心理活动,发于内而形于外,以形绘心,以声传情,如他饰演的《宇宙锋》中的赵艳容,既有权门贵女的娇柔婉约,又有已婚少妇奋力抗争的刚烈不屈,根据塑造人物的需要,在表演中给这出梅派名作注入了些许尚派的阳刚之气,运用唱、念和身段、水袖等多种技巧,生动逼真地描绘出"装疯"的外在神态,准确而优美地表现出人物激愤、痛苦、紧张、跌宕的复杂的内心世界及瞬息变化,达到了很高的艺术境界,为内外行所折服。

杨荣环主张艺术要随着时代的发展而发展,不能一成不变,复出后所上演的传统剧目,他从剧本到表演都进行了精心的革新整理,有精练,也有增润,加快了节奏,丰富了表现力,使老戏焕发出了新的光彩。如《霸王别姬》是尚、梅两家都演过的戏,后来成为梅派的经典之作,杨荣环凭借熟谙两派特色的优势,在基本宗梅的基础上,根据场子压缩后的需要,把虞姬出场的四句唱,由梅派[摇板]改为尚派的[慢板],完整的唱词内容,徐缓而起伏有致的唱腔,不仅清晰点明了事件发生的背景和人物关系,而且充分地表现了虞姬因长年随军征战所特有的思想情绪,同时由于[慢板]拖腔富于感染力,在艺术上也收到了先声夺人的效果。"舞剑"一场,他兼用梅、尚两家之长,边唱边舞,刚柔相济,达到了形神兼备、炉火纯青的境地,每演必激起台下不绝的彩声。再如在《昭君出塞》一剧中,为了更完美地塑造人物形象,开创了在台上自弹琵琶、边弹边唱的先例,所唱的"南调"是他借鉴广东音乐、评弹的音乐旋律创编的,推出后轰动剧坛,备受赞誉。1987年5月,他发扬尚师提携后学的优良传统,为徒弟主演的《四郎探母》助演萧太后,根据自己对人物的理解,对唱词、表演做了许多新的处理,突出了萧太后既是母亲、岳母、外婆,又是统帅三军的女君主的多重身份,如把"番儿摆驾银安殿,看是何人把驾参"这样的水词改为"天门大阵殊死战,兴辽灭宋统中原",下场前的"养老宫中乐安然"改为"且把兵书仔细观",在表现故事发生的背景和人物的性格、状态上,都比原来准确、贴切,还有那洒脱、豪放的台步,凝重而且颇有男子风的举止,手中添加的道具——兵书,塑造了一位大战前夕运筹帷幄的女王形象,使看惯了婆婆妈妈的老太后的观众耳目一新。这个焕然一新的萧太后,体现了杨荣环老戏新演的创造思路,在表演上很见功力,很有光彩。

20世纪80年代,杨荣环给自己立下了一条原则,每推出一出传统戏之前,都要重新审视,进行必要的加工整理,对乐队伴奏、舞台调度以及舞台美术等也精心设计安排,于是从整体上形成了独家特色。他是个多才多艺的艺术家,能编、能导、能演、能拉、能弹、能打,"六场通透",对旦角之外的其他行当也非常熟悉。1989年1月,赴京参加奚派研究会成立祝贺演出及迎春联谊大反串,先以《御碑亭》等青衣本工戏备受注目,荀派名家孙毓敏曾在《北京晚报》撰文介绍他在"御"剧里表现雨中赶路的身段,深表钦佩;后他又在《汉津口》一剧中反串关羽而轰动京城,被称为旦角演"老爷戏"的"第一人"。事后他请我看过录相,气势威严,工架凝重,不瘟不火,刀花、脚步一丝不苟,如果事先不知道底细,根本看不出是一位旦角演员反串的,真是难得。我当时就想,有这样文武兼备的深厚功力,该是有更大作为的!

然而,难遂人愿,随着当时京剧演出的场次减少,他登台的机会也越来越少。岁数不饶人,后来又患上心脏病,久治不愈,时轻时重,连台湾地区邀请他去演出、讲课都只能一拖再拖,无法成行,大陆近年的一些重大纪念演出也难以参加,直到被病魔夺去了生命。这对于艺途曲折、厚积而薄发、好不容易步入了又一个辉煌时期的杨荣环来说,时不我待,终于未能尽展其才,不能不说是一个悲剧,由此也就不难理解他缠绵病榻时,回顾一生所流露的遗憾和无奈心境了。

大约在两年前,杨荣环先生曾私下里问过我:"你看,我能不能称'派'?"我当时没有思想准备,回答得比较含糊,现在想来,按他的造诣、功力,在每出戏中形成的鲜明特色,日益增多的专业和业余的追随者,完全具备了自立一家旗号的风格、实力,然而他中断舞台演出的时间又太长了,两度辉煌也嫌过短些,特别是后期,受主、客观条件的制约,很难构成和再现称"派"的环境和机遇,这实际上也是其他有抱负、有实力、有独特创造的艺术家们所面临的现实。

但是,时代发展到了今天,称不称"派"或许已经不那么重要,只要是富于魅力的、有鲜明个性的艺术创造,就是有长久生命力的,就会不派而派,久立于艺术之林。杨荣环先生的令人惋惜,在于他还可以为京剧艺术做许多的事,而京剧艺术也正需要他这样造诣精深、经验丰富的全才,起承上启下的作用。多年来,他一直没有停止课徒授艺,许多学生现在成了剧团的主力,近年又隔代传艺,教授戏校十一二岁的学员,并于1993年夏天举行了教学成果汇报演出,深受好评。在病中,他编写完成了剧本

《嫦娥》《悦来店》等；针对青年演员在发声中遇到的问题，总结自己的心得体会，向有关专家咨询，撰写出如何正确掌握发音部位和发声方法的论文；为使戏曲的舞台调度和排演更加科学化，进行了表演区域的准确性问题的研究，写成了论文并附有"戏曲舞台新型调度图"，均具有一定的学术价值和实践意义。在他最后一次住进医院之前，我约他写了一篇"我看京剧"的稿件，他在电话里回答："就写继承和革新的关系吧，这个问题不处理好可不行……"那时盛暑难熬，他还带病教着学生，离他去世只有半个来月的时间。

他是以戏为生、以生为戏的。可以不演戏，却从来不可离开戏，在生活上，饮食、起居始终严守着演员职业需要的戒律。女儿说"不懈地钻研京剧艺术是父亲生活的全部，也是他生命的全部"，并不夸张。以他的执着、刻苦和在艺术上已经达到的高度，确实应有更丰厚的、更显赫的收获，这使我想起张大千先生关于中国画家的一段话："作为一个中国画家，一定要'有名、有年'……如以陈寅恪之兄陈衡恪为例，衡恪字师曾，才气纵横，一出道就光芒四射……可惜天不假年，如流星一闪即逝，终未能成为一代大家。这就是因为他没有'年'。而齐白石则刚刚相反，齐白石是在听了陈师曾的建议之后……才愈来愈出名。齐白石若死于六十岁以前，那么终其一生，也只是一个没有什么名气的乡下画家，然而他活了九十六岁……他的声誉就大不同，乃更隆了。"（见《张大千画语录》一书第三百六十一页）和前人相比，杨荣环不算早逝，而且已堪称"一代大家"，如果身体强健，天假以寿，在珍视京剧艺术越来越成为举国上下的共识的大背景下，岂不可以尽偿夙愿，燃一团更大的"红火"？

当然，这只是知者的痛惜和奢望，如果从另外一个角度看，孜孜追求着的一生，则无论如何都不应归之为"平淡"——杨荣环的京剧人生，也是如此。

厉慧良:自己创造自己的历史

　　20世纪90年代初某个初夏的上午，一位老者健步走进天津某家市级文艺团体的办公室。他中等身材，颏下蓄着雪白的长髯，上身穿着鲜艳的大红T恤，年迈而又时髦，精神矍铄。

　　"我叫厉慧良，来送简历的。"他说。

　　这里正在编一册具有全国知名度艺术家的画册。负责人把老者的材料接过去，大致浏览了一遍，见上面所写的自幼问艺的老师有十几位之多，不由含笑问道："厉先生，这些位老师都要写上吗？"

　　"都写。"老者郑重地说道。

　　"可是，画册的篇幅有限……再说，这上面的名字，一般都没听说过，您能不能再筛选一下，只留下几位有名气的老师？"负责人用委婉、试探的语气问。

　　"我没有名气大的老师，就是这些没名气的老师们教的我，所以都应该写上。"

　　听罢，在场的人都诧异地睁大了眼睛，面面相觑。大名鼎鼎的厉慧良，堂堂的"武生泰斗"，竟然没有一位有点名望的师父，是被一群默默无闻的艺人们教出来的？不可思议！

　　后来，他们是否依照老者的要求，把所有的名字都保留在画册简短的说明文字里，不得而知。但老者所提供的材料，却是千真万确的事实，他这个"泰斗"的确没有拜过一位值得炫耀的名师，甚至无缘一睹几位最具影响的武生前辈的舞台风采，而他却成为继他们之后，近几十年来享誉大江南北的一家新武生流派——厉派的创始人。这在京剧红角中是极少见的，他构成了一种独特的艺术现象。

京剧界历来有重师承的传统，由于京剧表演的技艺性强，加之多年沿袭下来的口传心授的传艺方式，投拜名师就成了不甘平庸的后生们取得高人真传的必经之路，从"国剧宗师"谭鑫培到后来的"四大名旦""四大须生"，还有诸多的名净、名丑，他们或原系名伶子弟，或师出名门，至少也受到过名师的亲传、点拨，无不印证着"名师出高徒"这一权威性的说法。厉慧良却没有这份机缘，对于他主要宗法的、受其影响最深的一代"武生宗师"杨小楼，早年他也只在报纸上看到过人家演出的海报。还有一点与众不同的，北京作为京剧的诞生地和大本营，差不多所有红角都在那里受过艺术上的洗礼，就连称霸江南、公认的"海派"艺术大师周信芳，少时也曾在京城的富连成科班带艺进修，边学边演，观摩过包括谭鑫培在内的许多京城名伶的演出，而厉慧良却无此经历，青少年期间始终在远离京师的长江以南闯荡，20世纪50年代进京时已是一路诸侯，去收获他应得的承认和赞许了。

这一切，该做如何解释呢？

一位世界哲人说过："人们自己创造自己的历史，但是他们并不是随心所欲地创造，而是在直接碰到的、既定的、过去承传下来的条件下创造。"厉慧良早期从艺的条件也不是"自己选定的"，但后来坚定不移地选择了"创造"，在"既定"条件下的创造，那条件既对他的创造构成了压力和挑战，也带来了意想不到的机遇，于是就使他的艺术道路闪现出异于同代人的鲜明的个性色彩。

一、"厉家神童"和"西南小霸王"

时光退回到六十多年前，20世纪30年代的初期。在上海、江苏、浙江、湖南一带,活跃着一个娃娃班社,领班人叫厉彦芝,小演员主要是他的六个儿女,别看最大的才只有十几岁,却生、旦、净、丑行当齐全,约角的点什么戏码都敢应,文戏、武戏都演得有声有色,因此很受各地的欢迎。这个娃娃班就是后来颇有名气的"厉家班"的雏形,当家老生是厉彦芝的二儿子,取名慧良。

厉慧良1923年生于江苏海门。厉家原是北京城里的旗人,慧良的祖父当过清朝的什么小官,大概级别极低,官俸微薄,所以在一座小四合院里只占了半壁江山。父亲厉彦芝上学时就喜欢听戏,能唱老旦,还会拉京胡,到大清朝倒了,俸禄随之消失,家里没了经济来源,他就凭着会六出半戏(六出老旦戏外加一出玩笑戏《拾黄金》)去天津卫搭班,挣钱养家。后来嗓子"倒仓"不能唱了,又操琴给人家吊嗓子,每月两处才给六块钱,不敷家用,无奈才远离故土下了江南。在上海,他为一位汪(笑侬)派女老生拉琴,女老生文武兼备,武戏能演《落马湖》,两人都二十多岁,合作中产生了感情,结为了夫妇。厉彦芝原有一位妻子,患精神病,为他生过一个儿子,即慧良的大哥慧斌。慧良乃二母所生。后来二母的妹妹(并非亲姐妹,两个人都是从小被卖给人家的)也嫁给了厉彦芝,也是艺人,三个人都在一个叫周晓卿开的三星戏院(曾改名更新舞台,现为中国戏院)搭班,孩子们便在班子里练功、跑龙套,慧良七八岁就在连台本戏《西游记》中演云童、小猴一类配角了,每月能挣七块钱,比他父亲当年在天津拉琴的收入还多一块钱。大人、孩子都不白吃饭,生活本来是富裕而安定的,不料1932年1月28日,侵驻上海的日本军队突然向中国军队发动袭击,震惊中外的"一·二八事变"爆发了!

从此,九岁的厉慧良就随父兄开始了东奔西走的江湖艺人生涯。

(一)

苏州,开明大戏院。台下座无虚席,男女老少仰着脖颈,兴致盎然地望着台上演出的《捉放曹》,脸上不时浮现出赏识的笑容。剧中人陈宫、曹操和吕伯奢的扮演者都是孩子,那小陈宫挂着三绺胡须,身穿一袭青褶子,举手投足从容不迫,一句"听他言吓得我心惊胆怕"高亮有味儿,扮相清秀的脸上当真浮现出了惊恐、愕然的表情,台下顿时响起了热烈的掌声。

"演陈宫的小老生是哪个?"

"听说叫厉慧良,只有十岁大,那个曹操还是他的哥哥!"

"年纪蛮小的嘛,硬是会做戏。"

"哎哟,能文能武,一点也不慌,将来怕是要红的哦!"

……这是厉慧良第二次到苏州演戏了,已经成为当地戏迷关注的童伶。

"一·二八事变"以后,上海被卷入了战乱,戏演不成了,厉彦芝一家躲到"外国地"(当时的租界)避难。艺人的功夫是一天也不能撂下的,就请了演武戏的刘晓香继续给孩子们练功,刘晓香在艺术上水平一般,人性很好,心慈面善,不打孩子。待市面稍安定了些,他每天早晨带慧良去三星戏院练功,回来路上还给学生买脆枣吃,怕他练功消耗体力,肚子里没食。后来成人的戏班恢复了演出,赶上星期天日、夜两场戏,刘晓香中午就领他去吃鸡鸭血汤、烧饼,然后回到戏院看戏,看完日场看晚场,就在那时看了著名海派艺人赵如泉的《欧阳德》、杜文林的《胜官保》等。这一时期,慧良在家里还向父亲学了《空城计》等老生戏里的唱段。不久,周晓卿重新把班子组织起来,去苏州、无锡演出,一轮半年,每处三个月,给小主演都请了随班的老师,厉慧良文戏老师是二路老生孟宏垣,唱上并不讲究,但身段、台步都不错;武戏老师张福通,原来是打下把的武行,功夫扎实,教的东西规矩,就是脾气暴躁,打学生太狠。一年的时间,慧良向张福通学了《杀四门》《挑滑车》,向孟宏垣学了《捉放曹》,后者到苏州一演就受到了好评。转过年来,班子到南京演出,恰逢农历七月初七,按例演应节戏《牛郎织女》,其中有"戏中戏",神女为牛郎变东西,天冷了变来衣服,饿了变来饭菜,想看戏就变出小戏台。郑重其事地演一出《黄鹤楼》,桌椅道具和演员都是小的,厉慧良在里面饰演赵云,妹妹演周瑜,还有一位苗大妈的女儿演刘备,一演就红了,上座连日不衰。后来"戏中戏"又改为《二进宫》,厉慧良演小杨波,观众见这个十岁的男孩洒脱大方,武戏、文戏都能演,大为欢迎。老板自然心花怒放,又让他们排了《法门寺》《忠孝全》《双帝剑》《天霸拜山》《四郎探母》《八蜡庙》等戏,接连推出,一下子成了气候,连日满堂。剧场的业务红火,厉家的日子却并不宽裕,一来老板扣下的收入多,二来给厉彦芝安上一个后台经理的职务,他处处照顾别人,先人后己,一笔包银分完了,自己就所剩无几了。孩子们的生活条件也很艰苦,南京的夏天骄阳似火,暑热难熬,还要练功、演戏,晚上六个人住一间小屋,如卧蒸笼,还有咬牙、说梦话和打鼾的,居然还能睡的着,也许是太累了吧。厉慧良至今回忆起那段日子还颇为感慨:现在有电扇、空调还怕热,当初是怎么熬过来的呢?

不过,正是那段炎热、繁忙、紧张的日子,成为他艺途上的重要起点,担任了娃娃戏的挑梁主演,在观众中间开始有了小名气,故而后来他称自己是"南京起家"。当然也不是一切都很顺利,这里还有一段花絮:一次无锡约娃娃戏,除了厉家,还有李桂春(艺名小达子)、李少春父子,这样无意中创造了两位日后京剧界最出色的文武老生少时相聚的机会。可惜那晚他们的戏运都不佳,厉慧良在开场戏《坐宫》中演杨四郎,唱词中有感叹身世、处境的四句"我好比",他一连唱了六句,怎么也"比"不完了,而年长他两岁的李少春在后面演《八大锤》中的陆文龙,开打中把枪掉了两次,很有失八面威风,观众对喜爱的童伶出差错,往往是很宽容的,甚至反觉得有趣,于是频频报之以开心的大笑。两位当事者却惨了,"杨四郎"回到后台就挨了张老师的狠揍,"陆文龙"则因"达子大爷"的大将风度,回到南京才被绳之以法,自然也逃不掉一顿皮肉之苦。

还有一件事很值得一提,南京国民政府成立励志社,召集艺人唱堂会,演《古城会》《岳母刺字》等"夫子戏",厉慧良演"刺字"中的岳飞是跟"达子大爷"学的。戏罢,顺着二楼的廊子往外走,忽听场内掌声如雷,一问才知道是梅兰芳演《生死恨》,可惜他当时年龄太小,没有细看,张望了几眼也看不懂高明之处，但总算平生第一次亲睹了大师风采。

厉彦芝统帅的娃娃戏越来越有名气了，由于主演大多是他的子女，社会上开始有了"厉家小班""厉家神班""厉家神童"的叫法。这期间他又收了六名学生，孩子班进一步初具规模，1934 年返回上海更新舞台演出，与成人班同台，戏院门口开始挂"特别牌"，即成人名角，如高雪樵、高百岁、杜文林等人的名字在上边，底下是孩子主演，厉慧良作为孩子班的大梁，三个大字位居显要。班子里又为他请了赵瑞春、产保福两位老师，分别教了《甘露寺》《清官册》《打登州》《战太平》《白蟒台》《汾河湾》和武戏《长坂坡》《闹天宫》等，他还向孟宏垣老师学了《群英会·借东风·华容道》，参加大班的演出，饰"对火字""借东风"两折的孔明，高百岁饰前鲁肃后关羽，这一来越发名声大噪，不仅报纸赞赏有加，而且唱片公司还给他灌了唱片，这对于一个十二三岁的孩子来说很不寻常，也就是厉慧良自己所说的继"南京起家"之后的"上海扬名"。

（二）

"彦芝，你还要不要慧良了？"

"要不要……怎么，出什么事了吗？"

"你没见张福通打孩子多凶，这样下去打废了怎么办？"

"张先生是爱打孩子，连我看着也心疼，可人家不是为着咱孩子学玩艺儿嘛，教戏自古以来就……唉！"

这是厉彦芝私下里和一位朋友的对话。他没有说出来的话是，教戏从来就叫"打戏"，不打不成才，他这个当爹的也不好干预呀。不过，张先生的"打戏"也太粗暴了，一句唱学慢了，一下把子没跟上，扬手就是一个嘴巴，有时还抄起家伙打，枪杆、刀坯子有什么算什么，弄得孩子身上青一块、紫一块的伤，母亲见了不敢阻拦，难过得背后抹眼泪。厉彦芝犹豫了好多天，后来也是怕张先生哪天失了手，真的把孩子打成了残疾，一辈子就算毁了，才给慧良换了一位叫潘奎祥的老师。潘奎祥曾在《西游记》

中饰演沙僧,对南派的戏会得多,教戏的时候也打人,却不像他的前任那么凶了。

旧年间学艺,挨打这一关是逃不脱的,差别只在轻重、多少而已。尽管如此,比起同年龄的其他孩子来,厉慧良觉得自己还是幸运的,因为有专门的老师教,这些老师虽然都没有多大的名气,教的东西却很规矩,一招一式,一板一眼,基本上是正规的京派路数,要求又非常严格,这样就给他打下了很好的基础。如同练习书法的描红,不见得一上来就写名家字帖,只要字形、结构和运笔的方法是正确的,描久了就能够掌握写字的基本功,这一点对于初学者是非常重要的,避免了把路子走歪,才有日后的提高和飞跃。所以厉慧良后来总是强调,早期学戏不必非找名师,却一定要投明师,即能教而且善教的明白人。同时他根据自己的亲身体验,也很推崇南方先教功、后说戏的教戏方法,即先让孩子们掌握基本功和技巧,然后再教戏,在教戏的过程中又贯穿着练功和运用技巧,这样反复锤炼,功夫就深了,技巧也就精熟了。但戏包括功架、表演等方面,还是要走北方京派的路子,大气、细腻、讲究,是南派所比不了的,这也就是他后来所总结的成功经验之一——"南功北戏"。

厉彦芝带着孩子们在更新舞台演了一段时间,宁波的一位周老板来上海约角,慧良的义父、原来演武旦的李寿仙向他推荐孩子戏,他起先不以为然,连看都不肯看,等到被李寿仙拖到剧场亲眼看了一场,喜出望外,当场定下约十几个孩子去演戏,每月包银共付七千块,报酬应属相当优厚了。孩子们到宁波一炮而红,剧场连日爆满,喜得周老板合不拢嘴,最叫他称心的是孩子班有求必应,一般京角跑码头,越是拿手好戏越不肯轻易露演,偶尔答应一次也得另加包银,厉彦芝是票友出身,没有这种习气,也透着点"外行",竟然主动问人家要什么戏,人家点的自然都是硬戏、叫座的重头戏,他丝毫不讲条件,一概照办,剧场的业务就红火了。周老板高兴得经常给孩子班送鱼、送肉,还领孩子们去庙里游玩,主客相处得十分融洽。不过在演出过程中,也暴露出了一个问题,就是孩子们和当地的大班合演,人手生疏,总得排戏,而且换一个班子就要重排一遍,浪费了许多时间、精力,就有朋友向厉彦芝建议,干脆再招点儿孩子,自己组个正式的班子吧! 厉彦芝觉得有理,就又收了一批同行、朋友的子弟,经过一番细致的筹备,于1936年在宁波正式成立了"厉家班",当时厉慧良十四岁。

厉家班立帜后,到汉口、南京、无锡、芜湖等地巡回演出,一路甚受欢迎,在汉口上演由厉慧良挑梁的全本《珠帘寨》,文武兼备,阵容齐整,一时大出风头,名声大振。当年,上海出版的《艺术生活》用整整两版的篇幅,刊登了系统介绍厉家班的文章和照片,其中厉慧良分别饰演赵云、乔玄、杨延辉等角色的剧照,或扎靠,或穿蟒,或着箭衣马褂儿,虽然个子不高,脸上仍带着稚气,却无不身段舒展大方,表情生动自然,而且已经隐隐透出了一股帅劲儿,一点儿俏皮,显露了他在这方面潜在的天赋气质。

十三四岁这两年,是厉慧良在孩子班里最为风光的时期,戏学得多,演得也多,而且演一处红一处,发表了剧照,灌制了唱片,真可谓少年得志、春风得意了。但艺途往往不是一帆风顺的,特别是对于学戏的男孩子来说,未成年时走红远远不能保证终身受用,昙花一现者比比皆是,前面还有着艰险的关隘,更严峻的考验。

1937年,"七七事变"爆发,日本全面加快了侵华步骤。转年日军飞机骚扰武汉,轰炸、扫射。正在汉口演出的厉家班,参加了在汉口大舞台举行的宣传抗日的各剧种联合公演,推出了由厉慧敏、厉慧良、邢慧山主演的进步剧目《抗金兵》,激励人们维护民族尊严的斗争精神。戏结束时,世界学联的代表们上台祝贺演出成功,并且在厉慧敏的银扇上签名留念。时局越来越紧张,厉彦芝决定带班撤向大后方重庆。一路乘轮船入川,满船都是逃难的人们,到处人满为患,晚上舱里挤不下,有的人就在甲板上铺块油毡睡觉,厉家班的孩子们亲身体验了战乱给人们带来的苦难。

好容易到了重庆,在章华戏院安顿下来,又赶上日军飞机扔炸弹,一时硝烟弥漫、火光冲天,路人奔跑躲藏,孩子们躲在戏院的栅栏门里惊恐地望着，街上一片混乱和呼叫声，不少人被挤倒踩伤，还有的被烧死，景象惨不忍睹……

就在到重庆的第二年，一场个人的磨难降临到了厉慧良的头上——他"倒仓"了。

戏班子所说的"倒仓"，就是人们一般都知道的青春期变声。这本来属于生长发育中正常的生理变化，然而对于靠嗓子吃饭的艺人来说非同小可，几乎是性命攸关的一件大事。高亢洪亮的嗓音忽然变得喑哑了，不能随心所欲地歌唱了，而且谁也不知道下一步能不能变好，一旦不能恢复，就意味着终生的缺憾，影响到艺术生命的延续，要不怎么比喻为倾"倒"了粮"仓"呢！

厉慧良的嗓子唱不了大戏了，出于对戏班业务的考虑，厉彦芝忍痛提出撤换主演，摘下爱子的"头牌"。可是老师们不同意，说他的嗓子虽然暂时不行了，份儿（实力和影响）还在，文戏不行，攻武的嘛，此议暂时搁置。赵瑞春老师私下找到了厉慧良，告诉他要换主演的事，还说：想给你排大武生戏《铁笼山》，你爹说你唱不了……慧良听罢，倔强地一梗脖子：我唱得了！赵老师目光灼灼地望着他，点了点头：好，小子，那你可得苦练！

（三）

夜，漆黑的夜，铺开浓稠的无边的睡意，覆盖着沉寂的剧场，鸦雀无声。后台，晚上演出时最为忙乱、嘈杂的地方，此刻作为艺人们的栖身之所，也静下来了，睡得正香，悄无声息……

忽然，在一间隔开的小屋里，响起了一串清脆的闹钟的铃声，在静夜里显得分外急促。响罢，稍静了一瞬，重又响起……再停，然后紧接着又是一串铃声……

一连三次铃声大作，终于把床上的睡者拖出了梦乡，驱散了他的最后一丝困意，迫使他穿衣下地，从床下取出脸盆和洗漱用具，跑着去刷牙、洗脸，又跑着回来，把床上的铺盖一卷，夹着走上舞台，铺在台板上，再披上武生穿的硬靠，开始练功——这时，已经哑然无声的三只闹钟，指针齐指着凌晨三点。这是厉慧良给自己规定的练功时间，两点三刻起床，一刻钟准备，三点准时开练。为了防止睡不醒，提前对好了三只闹钟，接力般爆响，当他睡意正酣的时候，那三阵急如星火的铃声活赛三道皮鞭，无情地先后朝身上抽打下来……

把自己逼得没有了退路，没有了一丝拖延和怠惰。每天要一气"拉"两三出大武戏，就是把每出戏的身段、技巧走一遍，再在铺盖上练翻摔，如吊毛、倒扎虎、正反抢背等，这些都练完了，天刚刚发亮，他也该去喊嗓子了。

他清醒地知道，不这样拼命不行，别的路是没有的。截至"倒仓"以前，他的路一直很顺，娃娃主演，走红童伶，现在不行了，变声如同在一马平川的大路上横现出一条大河，上面没有现成的桥，只能靠自己的努力渡过去。过去以文戏为主，武戏为辅，如今把位置颠倒过来，可不是一两句话的事情，原来的那点武功基础，唱大武生远不够用。一次演《八蜡庙》里的黄天霸，回到后台，帮着打把子的侯六叔问他："厉老板，刚才'四击头'打完了，你走的是什么身段呀？"他如实回答："抢背。"侯六叔乐了，恍然大悟似地拉着长声："噢，那是抢背呀，我还以为是抖铺盖卷儿呢！"说完，扭头走了，丢下他立在那儿发怔，半天才闹明白人家在说损话，挖苦他的抢背摔得不成样子，跟卷铺盖卷一样！话虽然难听，却难怪人家嘲讽，一个唱武生的，连抢背都摔不好还行？从那天夜里起，他把铺盖摊在没有地毯的台板上，一遍又一遍地往上摔，非练成不可。几天后再演，他在台上翻了个又高又脆的硬抢背，侯六叔又笑模悠儿地问他："练了吧？"他点头不语。侯六叔拍了下他的肩膀："好小子，有心胸，有个斗劲儿！"

他的跟头功，原来也不过关。小时候演《泗洲城》里的小猴，四个小猴挨着个儿翻跟头上场，他是最后一个，怕前边的同学翻的难度太大，或者把他唯一会翻的"蹿子小翻"给刨了，他就没的可翻了，总得事先央求人家手下留情，答应散了戏请客，尽管这样，调皮的小伙伴在台下应了，上去仍然故意出难题,弄得他无可奈何。后来他向老师提出学跟头,老师怕出事,一直不肯教。演《水帘洞》,他扮演的孙悟空应该翻着上,老师对他的跟头不放心,也不让翻,他不甘心,开戏前在台上练"出场前扑",怎么也找不到范儿,一次又一次地挨摔,把肛门都蹾破了,老师受了感动,才辅导他练跟头,终于练得能够连翻四个"前扑",掌握了"小翻蛮子""小翻镲子""提筋前扑"等各种难度大的翻跌技巧。

在重庆,日军飞机一度常来轰炸,有的朋友说城里太危险,资助他们在农村盖了五间草屋安身。后山有一家外国学校,人员都撤光了,慧良就叫上一个拉琴的师兄,利用空闲的操场练功。赶上城里有戏,开演以前就在台上练。他有一件小时候的旧丝棉袍,短了,天冷了穿上练功,大半天折腾下来,棉袍硬是让汗水浸透了,像从水里捞出来的一样。他练得太狠了,激励过他的赵瑞春看着又有点害怕,跑去告诉厉彦芝,说这孩子照这么玩儿命,晚上还要演出,日子长了,身体非垮不可!当爹的自然更为担心,问那怎么办呢?赵瑞春想了想说,不练不行,练垮了也不行,让孩子下几顿饭馆,吃点好东西补补吧。厉彦芝同意了,赵瑞春领着他去解馋,让他随便点,可惜小孩子缺乏经验,挑来拣去点的不过是鸡蛋炒饭而已。吃完饭出来,赵老师又给他买了一大堆花生、瓜子,把棉袄的四个口袋都装满了,去后台的路上边走边吃,到戏院看乐队打通,嘴里还吃个不停——身体的消耗太大了!有时,他也跟着敲打,快开戏了才去化装,这样一来二去,又学会了打响器。

旧时,戏班子的艺人们讲究练私功,不让别人特别是同行看见,这大概是沿袭了"要想人前显贵,就得背后受罪"的古训。谁有什么绝活,提前也不让人知道,一切"台上见"。这天,一位姓戴的先生给班子排《凤还巢》,厉慧良饰演配角元帅洪功,台词、身段都不多,戏快上演了,他却提出词没背下来,戴先生问还得背多长时间,他想了想说一周吧。戴先生勉强同意了。一周后,戏如期上演,他事先找到鼓佬,要求把一个"四击头"的锣鼓打慢些,鼓佬说行啊,你走什么身段?他诡异地一笑:保密。到了台上，元帅洪功发兵迎敌，手持钢鞭耀武扬威，乐队一打出"四击头"，他突然把鞭高高地抛向空中，然后身子不慌不忙地稍微一侧，那鞭横着落下，不偏不斜地正落在后背的四根靠旗中间，被旗杆架住，又稳又准，仿佛那鞭原来就是横担在那里的！这突如其来的一手，太漂亮了，台上、台下的人都看呆了，随之报以满场喝彩声。

"嘿，你这一下，是跟谁学的？"下了台，戴先生惊喜地问。

"跟您呀。"他坦然答道。

"胡说，我什么时候教过你？"

"真是跟您学的。"

"你再胡说，我——揍你！"先生的脸沉了下来。

"那天晚上散了戏，您跟几位先生聊天，不是念叨过去有位老先生演《龙虎斗》的时候，有一手'撇挑'的绝活，用靠旗杆接鞭吗？我听了，就……"

"就给用在这儿了？"先生这才明白，却又问，"可你什么时候练会的呢？这不是三天两后晌能成的，也没见你练过呀！"

他不答，只摸着头顶笑。

"你呀、你呀，真有个斗劲儿……"先生无奈，也笑了。他心里对这个学生的心计和钻劲，一定又加深了一层印象，却不知道学生的头顶还肿着大包，摸上去隐隐作痛。为了这一手，厉慧良在一周多的时间里，每天半夜偷着练，起先接不准，鞭频频掉在脑袋上，砸起了好几个肿包，后来灵机一动，戴上一个旧时保温用的茶壶套练，即使砸上也只嘭嘭作响不伤及皮肉了……

终于练成了。以后再使这一手，几乎鞭无虚发。事隔十多年后，他和著名须生杨宝森在北京合演《杨家将》，饰杨七郎，开戏前上台悄悄比画了几下，照旧秘而不宣，等到大战金沙滩，杨七郎挥鞭舞枪，打得番兵落花流水，他突然又亮出这手绝活，轻松自如，准确无误，猝不及防的观众立马炸了窝。第二天，京朝派武戏元老钱宝森见了他，头一句话就是："听说,你昨儿个又上绝的啦？"听了他的介绍,又说:"这一手,我也只是听人说过,没见过……"

物以稀为贵,才叫"绝"。

他苦练近乎失传的绝技,大胆、贴切地运用到自己的戏里,使之增辉,给戏打上了独家的印记,在"创造自己"的过程中,也已经迈开了艺术创造的步子。

（四）

下午的阳光从窗户斜射进来,直照到迎面的墙上,给一方玻璃镜框涂上了耀眼的金黄。框子里镶的是一幅《通天犀》里青面虎的剧照,绿脸、红髯,头角峥嵘,虎虎有生。他的饰演者就侧卧在剧照下面的炕上抽烟,悄无声息,也像一只慵倦的老虎。

这是在昆明,名净刘奎官先生的家里。

"慧良啊,坐,喝茶……"刘奎官欠起身来招呼,"有事啊？"

"我来看看您。也想,请您给我说说《通天犀》。"厉慧良恭敬地答道。

"成啊……"刘先生放下烟枪,起来教给他身段动作,伴之以念白、神情,讲了约二十来分钟,说:"就到这儿吧,我得歇会儿了,你喝点茶再走……"

刘先生倒回炕上,呼噜呼噜地吸吐一阵,合上了眼睛。屋子里一时很静,隐隐能够听见外面街上的叫卖声。

不知过了多长时间,刘先生睁开了惺忪睡眼,意外地问:"咦,你没走哇？"

"我,喝茶呢……"慧良赔笑答道。

望了望他,刘先生打起精神说:"那,我就再给你说会儿吧！……"他就起来,又比画着教了一会儿,然后一挥手:"我累了,你走吧！给你爹带好……"又躺下抽烟,迷糊过去。等到睡上一个小觉醒来,发现慧良还没有离去,仍在"喝茶",就又起来说戏,说了十几分钟倦了,又挥手让慧良走,而后者毕恭毕敬地应了,身子仍不动弹,等着他再次醒来……一个下午如此循环往复多次,善于磨蹭而又脑子机灵的厉慧良,已经把刘奎官的拿手戏《通天犀》学到了手,回到重庆就推上了舞台。

刻苦练功,转益多师,厉慧良的武戏实力越来越厚实了。边练边学,边学边演,通过在实践过程中的思索和比较,他也开始显示出了一定的鉴赏和分辨能力,体现了带有某种主观意向的艺术追求,如一次去贵阳演出,遇上盖派武生周志斌,此人身高体壮,善打“出手”,由于眼睛高度近视,在台上走一些险难的技巧全凭感觉和经验,功夫是很深的。厉慧良登门求教,向他学了《雅观楼》,采用了京派所没有的“打出手”,但对于一些过于花哨的、与戏和人物有些脱节的“耍令旗”等技巧,却没有照搬,保持了原剧的整体格调。从中,也可以开始看出他后来主张的“南功北戏”的端倪。他曾经这样总结说:“我的武戏,基本上是宗杨(小楼)的。”“多年来,我的艺术道路就是按照‘南功北戏’学着走下来的。比如《长坂坡》中我有‘扔枪’‘倒扎虎’等,这些玩艺儿都是取自南方,而戏路子我是走北方的,尤其在工架上我绝不斜腰扭胯,我取北方工架的大方、漂亮。我的戏大都是这样的‘南北合’。”

20世纪40年代初,在重庆及西南各地时,他的“南北合”还处于初步探索阶段,却已经被内行的观众所瞩目了。一次,在重庆的章华戏院演完《挑滑车》,后台没有厕所,他去前厅方便,遇见一位人称姜四爷的票友,主动跟他搭讪,问他是否跟杨小楼学过戏,听他回答没有,而且连杨的戏都没看过,不禁大为诧异:咦,那你怎么这样像杨小楼呢?姜四爷回去,就向老生名票罗孝可推荐,称他为“杨小楼再生”。罗孝可曾在北京经商多年,见多识广,起初不肯相信,嗤为笑谈,被姜四爷拖来看了场戏,也承认他确有些杨派的意思,不由大为赏识,一下子就交了朋友。罗孝可在京城初迷马连良,学会了许多马派戏,后来听说谭派的唱、做更讲究,又改为学谭,特地把谭在世时的琴师、精于谭腔的陈彦衡接回家乡重庆供养,借机学到不少谭派的真传,这时厉慧良的嗓音已经逐步好转,又能唱文戏了,就向他学了许多谭派戏。原来,慧良曾一度以为自己从小就唱老生,底子很厚,一次在昆明向余派名票敖伯言请教,人家教他唱余派《碰碑》的[二黄导板],开头的"金乌坠"三个字,他学了十几遍竟然还张不开嘴,就是唱不好,这才知道过去学的东西属于"大路"(流行的普通唱法),在吐字、发音和行腔上还很不细致,很不讲究,必须寻求高人的指点,进一步加工、锤炼。

厉慧良武戏的实力越来越强,文戏也不断有新的提高。那些年,厉家班的演出活动非常活跃,不仅继续上演传统戏,而且相继推出了许多新编剧目,如《混天球》《大红袍》《三点秋香》(慧良饰唐伯虎,大嗓小生)、《十三妹》(初饰安学海,后改安公子)、警世戏《沈万山》等,特别是配合抗日救国的形势,连续编演了一批爱国主义的新戏,如《荀灌娘》《花木兰》《戚继光歼倭记》、头二本《吴越春秋》等,敖伯言特地为厉慧良编写了《班超》,号召人们投笔从戎,抗战救亡。在贵阳,厉家班排演了《生死恨》和欧阳予倩编写的全本《梁红玉》,后者厉慧良饰韩世忠,其兄厉慧斌饰演金兀术,弟厉慧森饰王智,与著名旦角金素琴(饰梁红玉)珠联璧合,相映生辉。1944 年 11 月,日军占领桂林、柳州,贵阳随之吃紧,厉家班一百多人历尽艰辛,辗转返回重庆,在一川大戏院排演了头、二本《岳飞》,年仅二十二岁的厉慧良担任导演,在头本中前饰韩世忠,后演周侗,和分饰梁红玉、岳母的两位妹妹厉慧敏、厉慧兰均有精彩的表演,报纸给予了高度评价,誉为"田汉、欧阳予倩倡导的改良京剧的范例之一",鼓舞了人们抗击侵略的顽强斗志,具有强烈的感染力。

厉家班和厉慧良兄妹的影响越来越大,受到了后方文化界的重视和赞赏。著名画家徐悲鸿看了厉家班的戏十分高兴,画了几幅画分赠给厉彦芝、厉慧斌、厉慧良等,还收厉慧兰为弟子习画。一家戏院老板和张大千是滚凉席的好友,介绍他来看厉慧良练功、演出,张大千非常喜欢,给厉慧良及其父、弟每人画了一张画。厉慧良珍藏的那幅,后来虽然在"文革"的中遗失了,但给他的表演艺术留下了重要的启示。他演《钟馗嫁妹》

的几个下场,在音乐伴奏声中悠哉游哉地飘然而去,就取自画中秀才倒背着手,悠然自得地行走,帽子上的两根飘带被微风吹起飘在脑后,那股潇洒、飘逸、清高的形态和神韵,出神入化。他说:"大千先生那传神之笔给我的印象太深刻了。对我塑造钟馗形象,加强他的文人气质起了极大的作用。"

武戏为主,文戏为辅,边练边演边学,厉慧良终于又在舞台上站稳了脚跟,被观众誉为"西南小霸王"(著名文武老生赵如泉曾有"西南霸王"之称)。

二、五次为毛泽东演戏

世界上,有两种人所从事的事业,是要经常面向成千上万公众的,那就是政治家和艺术家。政治家离不开他组织和领导的民众(包括艺术家),艺术家也离不开他要吸引和感动的观众(包括政治家)。他们之间,又和普通人一样,结成了一定的双向联系,领导和被领导、演员与观众,这种联系如果体现在作为领袖的政治家和有名气的演员身上,往往会产生引人注目而且值得一写的故事。

厉慧良曾经五次给毛泽东演戏。在中国,给毛泽东演出的演员大有人在,但像他那样同时为毛泽东、蒋介石两个人演过戏的,却属于凤毛麟角,并不多见。此外,五次难得的际遇,还曾促使他艺途思变,开拓新的境界,由此出现了始料不及的转折,这也是颇为独特的……

(一)

1945年夏秋之交,山城重庆沉浸在抗日战争取得伟大胜利的喜悦中,大街小巷一派欢欣鼓舞的节日气氛。到10月份,又传出新的佳音,中共中央主席毛泽东应国民党政府总统蒋介石的邀请,到重庆进行寻求和平的国共谈判,国内局势进一步出现了好的转机,受到了民众的普遍关注和欢迎。

就是这次中国近代史上两位最高领袖的历史性会面,给年轻的厉慧良带来了同时拥有两位不同寻常的观众的机会。

那天,厉家班忽然接到有关方面的通知:复兴关有戏。

厉家班当时又叫"斌良国剧社","斌"指班主厉彦芝的长子、花脸演员厉慧斌;"良"则取自次子厉慧良的名字。班社中的成员多为厉家兄妹和他们的师兄弟。厉家班在抗战期间演过许多鼓舞抗敌斗志的好戏,就在不久前的 8 月 14 日晚上,在重庆一川大戏院演出全本《十三太保》的时候,忽然传来日本帝国主义无条件投降的喜讯,当场加演《得胜回朝》以示庆祝,厉慧斌在台上念引子,话剧、电影演员阳华抑制不住激奋的心情,领着观众一起唱了起来,台上台下同声高歌,场面好不激动人心,一时传为美谈。

复兴关是重庆的一个地名,国民党的一个高级党校的所在地。校内有一座礼堂,国民党上层人物每次看厉家班的戏,往往采取包场的方式,把他们召去,厉慧良从 1944 年第一次为蒋介石演戏,先后十几次都是在那里演的。

去的次数多了,视为例行公事,也就不觉得新奇。那天下午五点来钟,照例开来两辆大卡车,演员们七手八脚地装上戏箱、道具,上车出发。车开到大门口,岗哨林立,警卫人员和厉家班熟识了,没有做任何检查,痛痛快快地放行。一切仿佛都和往日一样,直到装台的时候,厉慧良往台下张望,才发现景象有些不同,原来这座礼堂的设施比较简陋,还赶不上后来城里一般水平的剧场,座位是一色的长条板凳,逢蒋介石来看戏,只给他在第一排摆放一个单人沙发,如果他的夫人宋美龄也来了,就摆两个,其余所有陪同看戏的高级官员,一律在板凳就座。那天却布置得大有变化,除去一排中间的两个单人沙发之外,两旁和后面又摆了几十个三人沙发,到中排往后才是长条板凳。这是过去从来没见过的,兴许要来什么特殊的贵宾?厉慧良和伙伴们议论了几句,不得要领,便又忙着装台了。他当时年仅二十三岁，整天光知道练功、唱戏，对谁来看戏，对政界的事，很少在意。装完台，就和几个师兄弟跑到操场上去踢足球了。他一直很喜好踢球，又正是贪玩儿的年龄，年轻力壮，一会儿踢中锋，一会儿踢后卫或守大门，浑身有使不完的力气。那次不知道是"一赶二"还是"一赶三"，反正一踢起来就什么都忘了，和平时一样真杀实砍极卖力气，直到老师在场边招呼，才恋恋不舍地收兵回营。

该扮戏了。洗脸的时候，听后台的警卫人员念叨：今天晚上是蒋先生招待共产党的毛泽东主席看戏。不大工夫，蒋介石、宋美龄夫妇先来了，进场后照例先进后台的休息室接见演员。像每次一样，厉彦芝和老师领着厉慧良等七八个主演，共计十来个人，一进休息室，老师高喊："鞠躬！"学生们便鞠躬，然后站立着听蒋介石问话。问一些关于他们学戏和生活方面的情况，由厉彦芝一一回答。问到"有什么困难没有"，厉答"没有困难"；说"你们辛苦了"，答"不辛苦"，蒋介石含笑望了望学生们，点了下头就走了。这样的接见，厉慧良参加过十几次，都是站在一边听，没有说过一句话。

接见回来，大家继续扮戏。后来听见传来鼓掌的声音，有人说是毛泽东来了！厉慧良忙跑到台上，撩开幕布往下看，只见一个身穿灰色制服的人，身材很高，留着挺长的分头，稳步走到第一排左侧的一个三人沙发，坐下了。这是他第一次见到毛泽东，台下的人很多，光线也暗，看不清楚面容，只觉得毛泽东比较瘦。

接着，蒋介石夫妇入场，人们纷纷起立，高呼："蒋委员长万岁！"厉慧良注意到，毛泽东并没有随众人一同站起来，等到蒋介石从右往左，边走边与人们握手，快走到他坐的沙发跟前了，他才起身和蒋介石相握，两个人好像寒暄了几句，蒋介石转身走回中间的座位坐下，众人随之落座，就开戏了。

后来在演出过程中，厉慧良就顾不上往台下张望了，由于年轻，也不大懂得留意观众的反应。散戏以后，当时不讲究谢幕，也没有人讲话，演员们就都忙着卸装了。过了两天,张治中将军又招待毛泽东看厉家班的戏,厉慧敏主演的《十三妹》,这次不是包场,厉慧良忙于剧场的日常业务演出,没有参加。晚上回来听妻子薛慧萍(老旦演员,在《十三妹》中反串安公子)说,毛泽东在开戏前发表讲话了,他问讲的什么,妻子说是关于希望和平、国家统一的内容,还提起毛泽东咳嗽得挺厉害,讲几句话就要咳一阵。他就这样知道了毛泽东的一些情形。

复兴关的那场演出,对于一个演员来说,应该说是一段千载难逢的经历,毛泽东、蒋介石这两位决定中国命运和前途的大人物,几乎对立、斗争了一辈子,有几次能够相聚和坐在一起看戏呢?同时拥有这样的两位观众,实在是太难得了。但当时厉慧良还很年轻,意识不到它的分量,脑子里也没有“政治任务”的观念,加上演出非常频繁,戏码又多,后来连自己给他们演的是什么戏都记不清了。直到 20 世纪 50 年代,在一次国宴上遇见中央统战部部长徐冰,在重庆谈判期间担任过毛泽东的警卫人员,问厉慧良还记得那次在复兴关演的什么戏吗?厉慧良摇头,说不记得了。徐冰告诉他是《林冲夜奔》。过后回到重庆,和班社的师兄弟们提起来,他们又大多说是《群英会·借东风·华容道》,他演前鲁肃、后关羽。而1990 年 11 月出版的《中国京剧史》(中卷),在二百七十七页到二百八十八页则记载:“抗战胜利后,厉家班仍留在重庆,1945 年 10 月为国共重庆谈判演出了《法门寺》与《十三妹》,蒋介石陪同毛泽东观看了演出。”除去《十三妹》之外,《法门寺》显然不在人们的上述记忆之内,到底演的是哪一出呢?如今连厉慧良本人也不敢肯定了。

(二)

厉慧良第二次给毛泽东演戏,是相隔十二年以后的事了。

应该介绍的是,这段时间正是他在表演艺术上突飞猛进、走向成熟进而形成风格的时期。就在 1945 年冬季,那次具有纪念意义的演出过后不久,随着战争的结束,前后方交通的恢复,厉慧良渴望走出山城乃至西南地区去开阔眼界,增长见识,向父亲提出了赴上海看戏的要求。当时班社正在演出三十余本的《西游记》,恰逢演到孙悟空被压在五行山下,他是歇工,父亲准了半个月假,路费由他自己筹备,他向朋友求援,又从导演组经费中借了一些,就买机票动身了。途经武汉,不知是飞机出了故障还是天气不好,需停留一天,他不肯虚度,向报社的朋友打听到李少春正在那里演出,当晚就去看戏了。李少春在他的心目中是有特殊地位的,两个人年龄相近,都走文武老生的路子,既是从小结识的艺友,又是艺术竞争的对手,前些年他在重庆听说李少春拜了余叔岩为师,文戏、武戏并进,红遍了大江南北,曾亲笔写下了"李少春"三个大字,挂在蚊帐里面,每天晚上睡觉前都要看一看,以此激励自己奋起直追。这次好容易碰上观摩的机会,焉肯放过? 到了后台,见李少春已然是名角气派,四个人簇拥着伺候,案子上摆着一长溜靴子,他好奇地问:"二哥,干嘛要这么多靴子?"李少春答:"方便呀,爱穿哪双就穿哪双。"他又问:"怎么没贴《挑滑车》呀?"少春说:"打大爷(指父亲李桂春)不管了,我就把大枪一戳,不演了!""哟,这不对呀,你的长靠戏好哇!"少春感慨地摇了摇头:"唉,你哪知道,一拨人跟着我吃饭,我得考虑赚钱、有收入,不多唱点猴儿戏不行啊!"这也就是挑班的难处,不得不承受经济上的压力。他一连看了少春的戏,分别是《打渔杀家》《定军山》和三本《铁公鸡》,把飞机都耽误了。

第四天,改乘轮船走水路。路经南京,听说李仲林在那里演《金钱豹》,又留下来观摩,还看了上海武生王少楼的连台本戏。再赴上海,恰遇梅兰芳、程砚秋两位大师均在沪献艺,两家名角云集,阵容和戏码均很硬,他便左右兼顾,这边看了杨盛春的《战滁州》、杨宝森的《洪羊洞》、梅兰芳的《三拉·写状》,那边看高盛麟的《闹天宫》、谭富英和叶盛兰的《摘缨会》、程砚秋的《锁麟囊》,这是他头一次看到这么多京角的戏。还看了陈慧燕、刘慧峰两位的《火烧红莲寺》,以及以把子、出手闻名的武生郭玉昆的戏。

这一路走走停停,如步花坛,似入宝山,目不暇接,左撷右取,南北名家、京海两派的戏都看，眼界大开，收获极丰。李少春嗓音宽厚而有韵味，唱功十分讲究，俨然余派风范，靠把老生、短打戏和边式都很漂亮，非他人所能及，与之相比，厉慧良确定了你有的，我不如你的，我不动；你没有的，能和你相比的，我动的打法，决定日后重点在长靠、勾脸和做功戏上下功夫。饱览京、海两派名家的戏，使他更坚定了"南功北戏"的路子，"北戏"为体，"南功"为用，追求既规矩、大方，又火炽、精彩的艺术效果。他学了李仲林在《金钱豹》中的飞脚过桌子、跳椅子("一张半"桌子，跳到椅子背上，再翻下来)，回到重庆让郭三增老师扶着练了几天，就在台上用了。还学了王少楼、郭玉昆的把子、出手。广泛吸收各家的艺术营养，取长补短，使他在表演技巧、手段的运用上，更加得心应手了。

　　三年后，他又赶赴昆明看马连良的戏。《九更天》《甘露寺》和《群英会》三出，马连良每出唱两天，他就穿插着看关肃霜的《大英杰烈》《十八扯》和《泗洲城》，一周打来回，六天看了五场戏。回到重庆找了一本戏考，就排《九更天》，罗孝可先生看后说，这出戏好哇，你跟谁学的？他说自己弄的。唱腔和身段呢？学马连良的。有的地方，用您教我的谭派唱腔，替换了马派的唱法。罗孝可吃了一惊，咦，我怎么没有听出来？……化而用之，这就是他的创造了。他还把武花脸戏《收关胜》的东西，用在《戚继光》的老生身上；把秦琼《三挡》的技巧用于《班超》，再往大处说，把短打戏的技巧嫁接到箭衣、长靠戏上，水乳交融，不露痕迹，显示了能学善创的功力和追求。多年来的博采众长，反复锤炼，这时他的武戏和文戏均已步入成熟，特别是武戏，形成了富于个性的一批拿手剧目；表演坚持从人物和剧情出发，武戏文唱；做、打于勇中求美，注重处理快与慢、动与静、大与小的辩证关系，张弛有度，清晰流畅；每出戏都有自己的绝活，极具观赏性，如《长坂坡》的扔枪、倒扎虎，《铁笼山》的"跳椅子"，《状元印》的"飞脚过桌子"，《闹天宫》的"跟头过桌子空中转体"，《艳阳楼》的"醉打"，《一箭仇》的"厚底走旋子"，《钟馗嫁妹》的"横岔"，等等，大放异彩，不一而足，构成了他雄浑、飘逸、帅美的多姿多彩的表演风格。

1950年,厉慧良赴京参加戏曲工作者会议,演出《挑滑车》,得到梅兰芳的高度赞许。此后的几年,他走出山城,先后在汉口、上海、天津、北京等地演出。1956年,与杨宝森共同领衔组成了天津市京剧团。转年的4月,他正率团在内蒙古、河北巡回演出,接到了文化部调他进京演出的电报。

对于当时的厉慧良和全团来说,这份电报可谓及时雨。他们所到的包头正流行病毒性感冒,发病率很高,市区之间实行隔离防治,人们想看戏也来不了,剧团陷入了困境。此电一来,局势顿时柳暗花明,电文写的是"速调你团厉慧良来京参加演出",他们全体六十余人都兴冲冲地开进了北京。到了文化部才知道,原来只调厉慧良一个人,中国共产党和中国政府要招待苏联最高苏维埃主席团主席伏罗希洛夫(当时尊称"伏老"),观看京剧《野猪林》,饰演林冲的李少春嗓音失润,调他来顶替。一个人引来一个团,文化部只好采取应急措施,把剧团安排在中和戏院演出。厉慧良白天参加《野猪林》的排练,晚上还要顾本团的业务,两边兼顾,自然很紧张,但解了剧团的燃眉之急,参加的是如此重大的演出,顶替的又是常挂在心头的"二哥"李少春,也就不觉得累了。

《野猪林》的排练很顺利,除厉慧良外,演员全是中国京剧院团的原班人马,袁世海饰演鲁智深,杜近芳饰演林娘子。几天后在政协礼堂彩排,周恩来审查完了到后台接见演员,表示"不错,可以演出了"。当时,周恩来还兴致很高地问厉慧良:"听说你的赵云也演得不错?"厉慧良忙谦逊地回答:"不行,一般……"周恩来接着感慨:"现在,能演好赵云的演员不多了!"还说:"赵云要是活到现在,一定是个优秀的共产党员,他的组织纪律性很强啊!"在场的人们听着都笑了。5月1日下午,厉慧良在中和戏院演出《艳阳楼》,剧场接到周恩来来看戏的电话,后来因为节假日的路上人多,前门大栅栏一带堵车,中途又返回了。

5月2日晚上,《野猪林》在政协礼堂正式演出,毛泽东等中国党政领导人陪同伏罗希洛夫观看。厉慧良饰的林冲基本上和李少春的路子一样,只是在气质和某些技巧的运用上有些不同,经过排练,与同台者的合作已经非常默契,效果很成功。这时散戏后就有谢幕和上台接见了,毛泽东走到厉慧良跟前握手,厉慧良发现毛泽东比在重庆时胖了,头发也剪短了。毛泽东对厉慧良还说了一句话,可惜带有很浓的湖南口音没能听清。全体合影时,厉慧良往后边站,毛泽东伸手把他拉到了前面,站在伏老的身边,就这样留下了一张极具纪念意义的照片。

从这次演出开始,厉慧良懂得了有的演出属于"政治任务",同平时的业务性演出是不一样的。有了这种观念,以后对凡是这类演出的经过和细节就记得比较清楚了。

当然,这场《野猪林》对他个人来说,意义绝非仅限于此。特殊的观众,决定了演出必然产生不同一般的影响,加上在京剧的大本营,与国家级剧院的一流艺术家合作,顶替的又是大名鼎鼎的李少春,就成了一次艺术上的考验,也展示了他多年的艺术创造,进而取得更高层次、更大范围承认的机会。从此,全国京剧界对这位来自西南山城的、并非师出名门的青年武生,都不得不刮目相看了。

(三)

两年多以后,即 1959 年 9 月下旬,中华人民共和国成立十周年前夕,毛泽东到天津视察,第三次看了厉慧良的戏。

那天下午,厉慧良正在人民礼堂(现为科学会堂)排练十年大庆的献礼剧目,那些日子剧团排戏的任务很重,仅他主演的就有新编历史剧《关汉卿》《乐羊怒啜中山羹》《火烧望海楼》等。剧团的书记找到他,兴奋地说:"毛主席来了,要看你的戏!"他马上问:"看什么戏?在哪儿演?"书记说:"主席要看《挑滑车》,今天晚上在干部俱乐部(现天津俱乐部)演出,有问题吗?"他回答:"没问题。就是得排一下,然后你提前用车把我送到剧场,找个地方先睡一觉。"书记说:"好,现在就改排《挑滑车》,晚上演出的事暂时保密,只你我两个人知道。"排完戏,书记把车找来,就和他提前去了。

厉慧良那年三十六岁，风华正茂，身体强健，睡了一觉，白天排戏的疲劳感都消失了，再吃碗鸡蛋炒饭，就更觉精力十足。《挑滑车》是他经常上演的拿手戏，对主人公高宠有自己的独特理解，作为一个"可爱的民族英雄""一位很了不起的孤胆英雄"来塑造，从"起霸"到"挑车"都有勇猛、精彩的表演。这出戏又是他每天练功的必修课，他曾以此戏为例，强调"只有在练功时能练出两遍三遍不休息的功夫，舞台表演时才能做到游刃有余，也只有每出戏的每个动作都非常熟练，才能更好地用程式来塑造人物"。基于这样充足、厚实的艺术准备，《挑滑车》成了他的代表作，当年梅兰芳看过以后，曾表示好多年没有看过这样精彩的《挑滑车》了！给毛泽东演的这场，他演得得心应手，挥洒自如，既从容不迫又冲勇火爆，高潮迭起，被他认为是自己艺术鼎盛时期的一次成功之作。台下的反映很热烈，不断响起掌声，毛泽东也和大家一起拍手。演出结束谢幕时，毛泽东起身再次鼓掌，表示对戏很满意。事后，天津的李耕涛市长告诉厉慧良，毛泽东看戏时询问了他的情况，很关心的。李市长勉励他在思想和业务上继续努力，还纳闷地说："你的动作有时跟别人一样，属于同一个动作，怎么就这么好看呢？得好好研究一下！"

这次演出，毛泽东没有上台接见，也许是有关部门没有安排吧。通过平日的了解，厉慧良知道领导人在公开场合的活动，一般都是事先周密地安排好的。

不过，他当时却没有想到，正是这种一旦定下来就很难变动的"安排"，日后造成了一场不如人意的演出，并且由此引出了一连串性质不同，对他却又都堪称事关重大的后果来。

仍是《挑滑车》。1961年春天，他带队去北京进行业务演出。在过去一年多的时间里，他的身体先伤后病，前者是在一次演出中"摔岔"，不慎把大腿韧带撕伤，治疗后仍留下了隐疾；后者是患急性肝炎，虽然经过及时医治痊愈了，体质在短时间内却很难完全恢复。这样，一些带有激烈、高难动作的武戏就暂时不能动了。一天，剧团的一位负责人告诉他，毛主席办公室来电话了，主席又要看他的戏。他说好啊，看什么戏？负责人讲，对方说主席没有点戏，征求剧团意见演什么好，他想了想回答，主席看过厉慧良的《挑滑车》，对方听了，说那就还演《挑滑车》吧！然后便把电话撂了。厉慧良一听就着急起来，问道："你不是知道我现在的身体状况吗？最近一直没演《挑滑车》了，体力不行。""那，你别使劲演还不行？""废话，不使劲演行吗！"负责人大概也发觉自己的主意不妥，半天没有吱声。厉慧良又说："主席过去看过我这出戏，如果这次演的不如上次，会怎么想？眼下又正在三年困难时期，主席发现我的体力不如以前了，难免想到：你看，吃不饱饭，把厉慧良饿坏了，这不是会增加他的思想负担吗……赶紧跟主席办公室再通个电话，讲明原因，换一出戏，《长坂坡·汉津口》《艳阳楼》《钟馗嫁妹》《一箭仇》啊，都行！"

那位同志听了面露难色，支支吾吾，一直不肯答应。后来厉慧良又多次催他打电话，他一个劲儿地说："那怎么行呢，那怎么行呢……"就是不去打。厉慧良不明白，和人家讲一讲情况，换一出戏，怎么就不行呢？过后才渐渐弄懂，他是不敢去打。尽管毛泽东未必愿意再看一次《挑滑车》，也不是他老人家的办公室主动点的，可一旦定下来，就不敢再去商议改动了。事情本来不大，一涉及毛主席和毛主席办公室，在他心里就非同小可，就问题严重。作为一个当年的基层干部，这也是可以想象的吧。

但这样一来，厉慧良就没有退路了，只能硬撑着上。前几场戏还能应付下来，演到"大战"时就觉得力不从心，用内行常说的话叫"拉胯了"，后头的"挑车"更是勉为其难，也就不精彩、距正常水平相差甚远。到结尾处，他扮演的高宠是别着两腿，仰面倒在台上，刚拉大幕的时候，台下还有掌声，等到别人把他搀起来，掌声就听不见了，他也就没有让人再把幕拉开。

回到后台，他抑制不住心头的懊悔，一通埋怨、发火——可又有什么用呢？

一次不成功的演出。如果问题仅限于此，倒无关紧要，舞台上也没有常胜将军。然而这终归是一场性质较为特殊的演出，所留下的后果也随之很不寻常。具体到厉慧良来讲，其影响涉及两个方面，一是在政治上，时隔不久，外面就有了传言，说他给毛主席演戏"泡汤"，不卖力气，还公然不肯谢幕云云。这在当时足以构成政治问题，但起先只是传言而已，转过年来，即 1962 年夏天，厉慧良还在北戴河又为毛泽东主持召开的中央会议演出了《长坂坡·汉津口》，这是毛泽东第五次，也是最后一次看他的戏。后来阶级斗争的弦越绷越紧，运动接踵而至，直到"文革"席卷神州，厉慧良被打成"反革命"，其中一项罪名就是给伟大领袖演戏"不卖力气""不谢幕"。这在当时不是一件小事情，足以当作"反动"的铁证。

那次不成功的演出影响其二，是本文所要重点回顾的"艺术效应"。那场演出，对正当盛年、心气也正盛的厉慧良仿佛迎头一击，刺激实在是太深了，他当时根本没有想到什么政治上的后遗症，而是对自己的艺术生涯陷入了深深的忧虑。一代武生宗师杨小楼，五十多岁还能演《挑滑车》，照样光彩照人，自己才三十几岁就演不动了，这样下去怎么行呢？演不了《挑滑车》这样的戏，还算什么大武生？那些天他忧心忡忡，寝食难安。

不久，剧团离开北京，赴山东巡回演出。途经济南、张店、潍坊、淄博等地，厉慧良整天想的都是这件事，反复琢磨，苦思对策。起先脑子里一片茫然，后来他像电影里的慢镜头似的，一步一步、一个环节一个环节地从头想《挑滑车》这出戏，忽然有了发现，自己的表演有许多重复、烦琐的地方，如一个翻身，旋转中走好几"番"，有许多附加的动作，是不是非得这样？效果是不是好？他到一块空地上比画，边走身段，边从观众的角度设想观赏效果，渐渐觉出一味追求繁难，动作安排得过满，有时反而令人眼花缭乱，留不下清晰、深刻的印象，白白消耗了体力，受累不讨好。看来，多不等于好；难也不等于美，关键在于安排得恰当、适度、巧妙。他发现自己过去好比一个人戴领带，脖子上还缠围巾，外加东北大皮帽子，或者棉袄套皮袄,外面再加大衣、斗篷,有必要吗?好看吗?只能显得臃肿。这一发现,使他的心头豁然开朗,于是着手重新梳理整出戏的身段、技巧,剪去多余的、重复的枝蔓,在艺术处理上力求简洁明快,突出重点,在该省略处尽量吝惜笔墨,高潮的地方则进一步加以充实丰富,放手渲染,把劲用在刀刃上。整理过后,他再从头练一遍,竟然跟没练一样,丝毫没有疲累的感觉,一时好不兴奋!

回到天津,重贴《挑滑车》,按照新的路数演,剧场效果反比以前更好了。有些不知道内情的朋友看了,还高兴地向他祝贺:"慧良,你这出戏又行啦?"

经受住了舞台的检验,他坚定了信心,开始对其他的戏特别是自己的代表剧目,按照同一思路进行取舍加工,戏变得越来越严谨、紧凑了(如《长坂坡》从两个半小时精练到一小时四十五分钟),去掉了重叠的毛病,加快了节奏,重点环节反显得更为突出、精彩了,人们反映他越来越会演戏了。删繁就简,由博而约,实际上是艺术创造的一个新境界,表演艺术的进一步升华,不仅在当时显示了详略得体、收纵有致的魅力,而且使他终身受益无穷。他现在年逾七旬,仍能上演《挑滑车》《艳阳楼》《战宛城》《长坂坡·汉津口》等重头戏,并且保持精神饱满、气力充沛的风貌,这不能不说是一个重要因素。

福兮祸所伏,祸兮福所倚。一场演出,祸福双降,失之东隅,收之桑榆,这正是它的不寻常之处吧!

不过,细究起来,事物一直是包含着两个方面的。综观厉慧良的艺术道路,自幼远离京朝,未遇名师,固然给他早年问艺带来了一定的局限性,但这也使他避免了当时日益浓厚的门派观念、保守思想的束缚和影响,得以在一个更为自由的艺术天地里转益多师,不拘一格,为我所用,大胆创新。他曾经用这样五句话总结自己成功的经验:"南功北戏,博采众长,艺不宗一,扬我之长,避我之短。"前三句都讲的是学习、继承的指导思想,而这没有一个开放、宽松的环境是很难实现的。京剧界自杨小楼、尚和玉、盖叫天而下，武生行强手如林，师出名家者众，为什么鲜见自立门户，让一个"西南小霸王"独树一帜，立了"厉派"的旗号呢？其原因很多，但从艺的客观环境——即"条件"，也是不可忽视的一个重要方面。

当然，人们在特定的"条件下创造"，最终还得靠"人们自己"。厉慧良还有两句常说的话，来自他早年看过的一部旧电影："一个人要支配环境，不能让环境支配自己。"

结语

这篇稿子写于 1994 年 12 月初，一个大雪纷飞的星期天。没有料到的是，仅过了不到三个月的时间，主人公厉慧良先生就因心脏病猝然发作病逝了。那是 1995 年 2 月 27 日，也在下雪，津门的一个少见的阴霾湿冷、风雪交加的清晨……

他去得匆匆，没来得及看到发表出来的这篇文章。在写作这部书稿过程中，这是第二位老艺术家的生命足迹突然中止，写于其生前，而发表于身后，留下了永久的遗憾。使人再一次感觉，原来如火如荼的生命是这样容易结束的。应该追记而且值得告慰的是，慧良先生在去世前十来天，还重返他的"艺术摇篮"上海，参加了"东方雅韵"的名家荟萃演出，以七十三岁的高龄主演《战宛城》，取得了成功和轰动，被舆论誉为"武生泰斗""一代宗师"，为自己的艺术生涯画了一个圆满的句号。

我在《天津日报》上发表的一篇悼念短文中，对他的艺术成就做了扼要的评述，肯定他是京剧武生行继杨小楼、尚和玉、盖叫天之后，最富于独创精神的艺术家，把武生表演艺术进一步推向了美的境界，"厉派不息"。

1995 年 3 月 25 日又及

何日再"铜锤一举"
——写在名净王泉奎诞辰九十周年

提起王泉奎先生,今天的青年观众可能感到陌生,而中年以上的人们则会觉得声犹在耳,如思故人,分外亲切;再想到今年纪念他的诞辰九十周年,就更对岁月流逝、菊坛变迁感慨系之,一时有许多话要说。

王泉奎何许人也?他乃近半个多世纪以来京剧铜锤花脸传统唱法的代表人物,京剧史上应细书一笔的一代名净。如今流行于舞台的《大保国·探皇陵·二进宫》三折连演,饰演徐延昭的铜锤花脸一顶到底,就是自他开的先河;《伍子胥》是一出老生重头戏,等到饰伍子胥的杨宝森先生唱罢下场,还有观众拥在剧场门口愿买余票、退票想听的,是煞尾的王泉奎的《刺王僚》,从出场的[引子]到一曲[西皮]唱腔,高潮迭起,彩声不绝,群情鼎沸;《上天台》的姚期也在李少春的刘秀下场之后收底,那段"汉光武走南阳……"的[二黄原板]气足声洪,慷慨激昂,全场为之再掀热浪,尽显"豹尾"之威……这些往事都已成为梨园佳话了,是熟悉王泉奎的老观众一想起来就兴奋不已而难以忘怀的。

京剧的净行,俗称花脸,分正净、副净、武净。正净以唱工为主,所以又叫唱工花脸,包括人们常说的"铜锤""黑头"。王泉奎属于正净。他天资卓越,嗓音高亢、洪亮,音质纯净,具有难得的金属音色,歌来刚劲、清脆,气力充沛,又极耐唱,故而有"金嗓子铜锤"之美誉。他艺宗金(秀山)派,又吸收了前辈艺人郎德山的唱法,气势饱满而又自然、流畅,嗓音很冲,却十分讲究唱法、技巧、韵味,行腔中规中矩、严谨工整,善于运用膛音、鼻音、腭音、颤音、擞音，在精致、圆润中保持了铜锤花脸的阳刚本色。他的演唱基本上体现着古朴、简洁的传统风韵，却又能结合自身条件和时代形成的观众审美要求，吸纳老生的某些唱法，精雕细琢，从前人的峥嵘朴拙的演唱中衍化而出，锤炼出了自己刚健、清脆、沉雄而又明快的艺术风格，从而使铜锤花脸的唱法有新的进化，确立了自己在京剧净行的历史地位。

王泉奎出生于1911年农历正月十四，幼年丧父，八岁就在北京广安市场做童工，后又到烧饼铺做学徒，一位双目失明的叫沈庄的名票友，偶然听见了他的"金嗓子"，认为天生是唱铜锤花脸的好材料，盛情引荐到艺人张春芳门下拜师学艺。那年王泉奎十七岁，已变过声了。转过年来，他就随师搭杨小楼的永胜社，边学边演，初次登台唱的是《遇皇后》。当时经常与杨合作的花脸是郝寿臣、侯喜瑞，年轻的王泉奎除去在前面垫戏之外，还在杨的《连环套》《安天会》等剧中饰演梁九公、天王等角色。1936年10月10日，北平军政首领宋哲元为庆贺"双十节"举办堂会，《群英会》一剧，余叔岩饰鲁肃、程继先饰周瑜、侯喜瑞饰黄盖，他演曹操。20世纪30年代前后，京城铜锤花脸多年断档，王泉奎异军突起，很快就成为各路名家约请的对象。1933年，老生名家李盛藻率富连成大"盛"字班毕业学员赴上海演出，班中没有铜锤花脸（裘盛戎属于小"盛"字班，当时还未出科），特邀王泉奎加盟，按富社科班排序，临时易名"王盛奎"，一炮打响，给上海观众留下了良好印象，以至日后到上海用真名演出，还需在海报注明"即当年王盛奎"。回到北京，尚小云要唱《二进宫》，老生杨波是谭富英，二人都是高调门，王泉奎成了徐延昭的最佳人选，此剧一出，更使他身价大增。1937年，李少春北上，先露演于天津中国大戏院，李桂春邀袁世海、王泉奎、高维廉等助阵，《打金砖》袁的马武、王的姚期。"上天台"一折，姚期最后一段[二黄原板]，末尾有长达二十六个字的"垛字句"其中"东挡西杀，南征北战，昼夜杀砍，马不停蹄"十六个字，斩板垛字，竟然一气呵成，最后"我还怕着谁来"的拖腔唱得气足声洪，荡气回肠，赢得了满场彩声。

《大·探·二》连演，也和李少春有关。李少春初次进京以每晚文武双出显示实力，后又拜余叔岩为师，一时声震九城。谭富英为了与之抗衡，提出在常演的《二进宫》的前面加上《大保国》《探皇陵》，以剧情相对完整和唱工繁难取胜。谭找到王泉奎，后者起先是有顾虑的，一是过去没有人这样演过，二是连演最累的是花脸，三折都无喘息时间，而且那时唱《探皇陵》带"数郎"的内容，比现在唱的词句还要多。但经不住谭一再相约，又应许付双份包银，不好再推辞了。1938年10月15日，谭、王和旦角陈丽芳在吉祥戏院推出全部《龙凤阁》即（《大·探·二》），一唱就火了，戏和人都红了。这种演法，金少山嫌累，不唱；别的花脸又唱不了，所以凡是名老生要唱这出戏，都来找王泉奎，大有应接不暇之势。他与谭富英合作时间最长，达八年之久，其次就是杨宝森，20世纪40年代后期开始长期合作，在杨的全部《伍子胥》后面演"刺王僚"尤享盛名，上海青帮大亨黄金荣曾用"霸王号"飞机接他去唱这折戏，可见其影响之大。

1950年，王泉奎随杨宝森在中国香港演出，杨嗓音正好，二人留下了不少珍贵的录音资料。后又与马连良合演了一期，返回内地，不久经李宗义、张云溪相邀，加入了中国京剧院。他曾多次随团出国演出，在欧洲首演唱工戏《二进宫》，由此国外开始有了把京剧称作"北京歌剧"的提法。

王泉奎是一位凭借天赐佳喉和勤奋好学，在唱工方面取得突出成就的表演艺术家。但他也很注重身段、表演，戏路很宽，如《清风寨》的李逵，《穆柯寨》的孟良、焦赞，《霸王别姬》的项羽，还在周信芳的《坐楼杀惜》中演过"下书"的刘唐，都能不疾不徐，极具大家风范。他对化装、舞美也有创新，如《大·探·二》徐延昭手中的铜锤，过去只是做成简单的球形，他重新设计，在锤柄加上了盘龙装饰，一下子有了华贵而威严的皇家气派。他在艺术追求上执着而从不满足，直到1987年病逝之前，还经常在家里细品前辈艺人的老唱片，琢磨着改进和发展铜锤花脸的唱法。

20世纪三四十年代至50年代，是王泉奎的艺术黄金时期，唱红了大江南北。50年代前后，裘派艺术崛起，很快便旋风般席卷菊坛，传统的铜锤花脸唱法受到了冲击。应该承认，裘派对于京剧花脸演唱艺术的开拓是历史性的。裘盛戎结合自身的生理条件和艺术基础，熔铜锤与架子于一炉，不仅韵味醇厚、技巧细腻，而且精于人物的心理和感情刻画，表现力更为丰富。因此，人们迷裘、学裘也是很自然的事情。但是，如果一个行当尽归于一家流派，也就在炙手可热的景象中埋下了危机的种子。随着时间的推移，人们果然渐渐觉得不满足了，"十净九裘"被作为某种值得关注的倾向提出来了。我想，这是裘盛戎和王泉奎两位老先生都不情愿看到的局面，因为艺苑只有群芳竞放，才能相映生辉，孕育新的生机。

早在十多年前，我接触到的中青年亮嗓子铜锤花脸演员，就流露出了苦恼和彷徨的心情，学裘，条件不适合，犹如削足适履；不学吧，大势所趋，回天乏力。怎么办？嗓音刚亮的优势似乎反成了劣势，难道传统的铜锤花脸唱法真的就不行了？这是经常困扰着他们的问题。近年来的事实证明，相对传统的花脸唱法还是有着很高的不可磨灭的艺术价值的，一方面它的方正、工整更适合于教学，不会因流派特征的独特而对学生日后的艺事发展产生局限性，这一点颇似学书法应从描红、临摹楷书打基础；另一方面人们的审美需求总是变化和多样的，现在不是又有人听了金少山、王泉奎等名家的唱片和录音后，反觉得新鲜和别有风韵吗？还有的票友，因嗓音、唱法都颇具传统的铜锤风韵，在电视上亮相后深受观众和行家的关注、欢迎，经常露演于各处业余演出，大有应接不暇之势，被称作金派，其实声音和唱法更近乎王泉奎，人们只是对传统的唱法比较生疏了，同时又因多年没有听到而萌生了浓厚的兴趣。从历史的角度来看，金少山、裘盛戎和王泉奎等老一辈艺术家都完成了自己的使命，留下了各自不同但都是魅力长存的艺术成果，下一步的传承和建树就是后人的任务了。

铜锤花脸演唱艺术，有待于在广泛继承基础上的新的创造，新的拓展。这会很难，道路也许会很漫长，但唯有肯于付出这样的努力，才能使行当的演唱风格重新丰富起来,姹紫嫣红,再现勃勃生机。流派传承不是孤立和静止的,各行当、流派之间从来不存在天然的堡垒。近年来净行唱法虽然近乎裘派"一统天下",但我发现有的裘派传人也在吸纳王泉奎的传统铜锤唱法,风格趋于较为古朴、厚重,这种从自身条件出发的带有创造性的传承,符合流派艺术传承多样化的规律,也是对前辈大师和艺术家的最好的纪念。

张春华：泪洒天华景

"那天，我哭了。"张春华说。

他这样说的时候，几乎没有放慢讲话的速度，只是稍顿了一顿，就又噌地从沙发上纵起矮小的身子，伴以与古稀之年绝不相称的快节奏的举手投足，用那近乎武丑念白的尖亮嗓音和极利落的嘴皮子，在两三步开外的地方滔滔不绝地讲下去了。

这是一间宽敞的房子，客厅为主，兼顾别样，陈设就不免有些庞杂，我进屋以后还没来得及看清房里都摆放了些什么，就被卷入充满激情的谈话中来了——确切地说是"听话"，老人的讲述速度和每到动情时爆发的敏捷动作，使我不得不聚精会神、耳目并用，努力跟上那思路，那节奏。

可是，我的注意力还是有一阵滞留在了那个"哭"字上。它像一道闪电倏地划过脑际，使我从老人回首往事的大潮奔涌般的语言海洋里，觅到了一条能伸向大海深处的通道，有了新的发现，新的感悟。

初冬的黄昏，房间里的光线渐渐暗下来了，我追踪寻源的前景反而清晰、豁亮起来。

1990 年 11 月底，寒风凛冽，天津中国大戏院两旁的橱窗里，贴出了"张春华舞台生涯五十五周年纪念演出"的大幅海报。连续几个晚上，观众爆满，喝彩声不绝，戏院里的热烈气氛和场外严寒的天气形成了鲜明的反差。11 月 28 日下午，演出人员移师劝业场五楼的天华景戏院——张春华少年时代学艺的稽古社科班旧址，被纪念者携一台青年演员献演双出:《小放牛》和《打瓜园》。巧极了,张春华前饰稚气天真、活泼机灵的田园牧童,后演须发苍然、智勇过人的老英雄陶洪,不论从年龄还是本领上看,两个人物的差别,都恰应合了张春华由在此处坐科到今天年高艺精的人生跨越。如果仅以年纪衡量,他先后演的是隔着辈分的祖、孙两代角色,而在生活中,他也确实走过了同样漫长的岁月历程。不同之处是,年逾七旬的张春华如今仍然满头浓密的黑发,偶露几绺花白,腰板笔直,精气神十足,不像戏里的老陶洪那样勾胸曲背、老态龙钟。

就在那一天,他哭了。

功成名就,衣锦还乡,隆重纪念,真可谓人生得意之时,他为什么哭了呢?那纵横的老泪,仅仅出于高度的喜悦和满足吗?

他说:没有在稽古社的六七年练功、学戏,就没有我张春华的今天!

他又说:学戏苦啊,科班里没少死人,我是死里逃生!小时候挨打,看别人挨打,夜里尽做恶梦……

原来,滚滚热泪中,既有对昔日一段人生际遇的感念、庆幸,又有早年挣扎拼搏留下的创伤和苦涩。开启成功之门的机遇,特定时代、特定职业选择向攀登者无情索取的代价,加在一起,就是张春华以及他的许多同行伙伴们的隐衷和秘密。

一

"学戏,去不去?"

"干嘛学戏?"

"学成了,当上好角,挣大钱,过好日子。"

"去,爸爸,我去!"

"学戏,晚上睡在笸箩筐里,为的是睡不安生,背戏词儿;盖湿被子,为的是让身上长疥,痒得合不上眼……"

"背戏词儿?"

"对。这些苦你都受得了吗？"

"……"

"学戏，要挨板子，一投师就得立下契约，打死白打，到时候爸爸也救不了你。你还敢不敢去？"

"……"

"学戏，得练幼功，窝腰扳腿，跌打翻摔，不能怕黑、怕疼、怕死，你还敢不敢去？

"……爸，我去，您就领我学戏去吧！"

这是张春华在八岁那年的春节期间，和父亲张庆祥的一次谈话。父子间一问一答，与其说是蒙童入学前的勉励，倒不如说更像投身炼狱前的生死诀别。学戏苦，打戏凶，老年间是社会上人所共知的事情，但小春华不为父亲的盘诘所惧，还是义无返顾地去了。

他没有别的选择余地。他当时的日子本来就很苦，很不幸。

张春华，生于 1924 年，原名张士铭，五岁丧母，在交通旅馆当茶房的父亲无力独自照顾幼儿，把他送到农村亲戚家寄养。亲戚的日子并不宽裕，对小士铭和自家的孩子又缺乏一视同仁的情怀，小士铭的境遇就惨了，六岁便被支使下地捡柴禾，风里来雨里去，晚上回到家，人家吃的是刚出锅的热乎乎的新饽饽，给他吃吊在房梁上篮子里的陈干粮，柴禾捡少了或者不留神犯下什么过失，还会遭受冷眼斥责，触及皮肉。日复一日，年复一年，小士铭内心的委屈、苦楚可想而知。既然一样地吃苦、挨打、寄人篱下，还不如去学戏，后者不是还多了一线奔好角儿、挣大钱的希望吗！

他也很是个学戏的材料。逢年过节，农村排演高跷会、小车会等自娱节目，他看得入迷，不甘寂寞，且无师自通，听着锣鼓点儿就能扭出节拍来，拉起"小车"轻忽游走，神采飞扬，招引得庄稼汉子、闺女媳妇们走火入魔般随着个娃娃转来转去。对乡间表演活动的这份迷恋和灵气，促使他向往着远比花会更为绚丽多姿、有声有色的一方戏台，在凄苦的童年岁月里，那里闪烁着极具诱惑力的七彩梦幻。

刚过完年,小士铭就随父亲返回天津学戏了,拜在梆子老生出身的艺人郭少安门下,当了"手把徒弟"。

旧时学戏大致有两种方式,一是进入戏曲科班,和一批孩子集体学戏、练戏功,也称"坐科";另一种是送交某位艺人"承包",吃、住、学、练都在老师家里,近乎单兵教练(有时是几个孩子同时学),就是所谓的"手把徒弟"。能由师父手把手地传授艺术,听上去颇为诱人,实际上有些师父家的那碗饭并不好吃,一多半倒像仆役、童工,从早到晚把师父的家务活都包了,扫地生火、端屎倒尿、买菜沏茶以至刷锅洗碗等都得干,然后才是学戏、练功的时间,便只剩下起早贪黑了。早晨,小士铭和两个师兄弟随老师去附近的北洋戏院等处练功,包括劈岔、下腰、踢腿、拉云手、跑圆场等最基本的腰腿功夫,按老师教给的要领逐一练来,一丝一毫也不准走样儿,一旦被发现有偷懒怕疼或动作不准,轻则骂,重则打,藤棍总在脑袋上方晃动,不由你不咬紧牙关拼命。晚功在九点多钟以后,主要是"耗山膀",耗就是摆好一种姿势,便如同木雕泥塑,一动也不能动。山膀分四种,每种耗十五分钟,加在一起一个小时,胳膊、腿始终保持一定的高度和位置,谈何容易,孩子们想必度日如年。耗完山膀,再练一种特殊的身段,先用右腿和右手两指在空中朝反方向画圈,手腿齐动,由慢到快,加速旋转,慢五十圈,快五十圈,特快速度五十圈,然后换成左腿和左手两指画圈,要领和圈数照旧,这种用上、下肢悬空朝相反方向画圈的动作,和人们平时的习惯动作截然不同,乍一练准手忙脚乱不成样子,好容易摸到一点门道,功夫不深也会转得晕头转向、四肢瘫软,几百圈下来浑身骨节都像散了架一样。

练功苦,苦在练会了、练得有了功夫不容易,而练不好就要挨打,打死人不偿命!功夫又往往是违反人的生理常态的,除去上面提到的"画圈",再如"搬朝天凳",人的脚心本来是朝下踩在地上的,硬要把它搬到眼睛的高度朝天,不经历一番痛苦做得到么?所谓打戏,目的就是用粗暴的外部强制力量,迫使筋骨稚嫩、可塑性强的孩子们,改变生理常态,突破身体局限,掌握一系列可供在戏中运用的特殊的形体动作。

功夫是苦换来的,被打逼出来的。小士铭在郭家两年多的时间,学戏不多,师父只教了小武戏《武文华》中的一个更夫,实在微不足道,但在基本功上确实打下了初步的基础,后来他常讲"万丈高楼平地起",那"高楼"的地基是从这里垒起的。当然,功夫要练,戏也要多学,还得有台上实践的机会,如果继续窝在郭家师父的"手把"底下,短时间内是很难实现后两个条件的,他急需一个新的、大一点的天地。就在这个关键时刻,如有神助,一个重要的机遇降临到了苦孩子头上——稽古社科班成立了。

二

位于天津最繁华的商业区中心地段的劝业场,是一家在全国都很有名气的老字号百货商场,六层建筑,一至四楼设柜台售货,四楼的一部分至五、六层为影剧院、球社、茶馆等游乐区,用的、吃的、玩的、乐的地方都有了,整天游人如织,生意兴隆。20 世纪 30 年代草创时,东家叫高星桥,其子高渤海是个戏迷,还是个不错的票友,喜与戏班结交往还,吹、拉、弹、唱无一不能,他既如此爱好京剧,又因当时京剧还处于鼎盛时期,被尊称为"国剧",戏班办好了是很能赚钱的买卖,一来二去他萌生出了自办科班的念头。家财殷实不愁资金,又有劝业场的地利之便,他向父亲讨下了位于商场四、五楼处的天华景戏院,聘请教师,就地招收了十几个孩子,又收留了宣告解散的北京光华社科班的五六十名失学弟子,于 1936年创办了稽古社科班。

就在这年的一天下午,天华景戏院金鼓齐鸣,群猴欢舞,台上正在演出猴戏《花果山·水帘洞》,郭少安领着三个孩子走进了后台。

高渤海热情相迎,吩咐伙计上茶。

郭少安和他是拜过把兄弟的,也不客气,一边坐下,一边指着身后的三个孩子说:"无事不登三宝殿,您这买卖开市大吉,我给送学生来啦!请您过过目,赏口饭吃。"

"哪的话,郭老板肯把高徒送来,不是给兄弟的稽古社助威嘛,哈哈哈哈……"高渤海说笑着,扫在三个孩子身上的目光却十分犀利,不住地上下打量。

这三个孩子,一个是郭少安的外甥,叫蔡小四;一个姓贺,小名金钟;还有一个就是张士铭。

高渤海简单问了他们的姓名、年龄,也是为了听孩子们的口齿和嗓音,然后招呼后台管事:"来呀,给高老板这三个徒弟扮戏,上去一块儿闹闹花果山!"

这一安排很出孩子们的意料,刚一来就上台?不由都眼巴巴地看着师父,师父却不动声色,只微微点了点头,应许下了。他心想,这位把兄弟真不能以外行视之,目测耳听完了,还知道要看台上的玩艺儿。看就看吧,郭某人拨拉出来的徒弟没有"白菜"!

不大工夫,三个孩子便在后台教师们手下变成了三只"小猴",选准合适的节骨眼推出去,顿时和台上的孙悟空麾下的猴兵、猴将们舞在一处。郭少安陪同高渤海在台帘旁边观看,只见三个孩子毫不怯场,和小猴们在欢快的伴奏声中抓耳挠腮,嬉耍翻跌,十分活泼,尤其是那个个头最矮小的,一招一式有模有样,浑身上下都透着乖巧机灵,高班主脸上不由透出了满意的笑容。

就这样,郭少安领来的三个弟子一起加入了稽古社。入科班要重新取艺名,蔡小四取名蔡宝华;贺金钟取名贺永华;个头最为矮小的——也就是张士铭,则改名张春华。为什么他们的艺名最后都是一个"华"字呢?原来高渤海想按"华承稽古博学通今"八个字,办八期科班,像久负盛名的北京富连成科班以"喜连富盛世元韵"排序、每期占一个字一样,不同之处在于富连成把"字"放在学员艺名中间,如头科的雷喜福、侯喜瑞,二科的马连良、于连泉等,而稽古社头科是用在姓名末尾,学员艺名的最后一个字都是"华",到第二科取"承"字,就也和富连成一样放在中间了,如后来颇露头角的栗承廉、张承凤、苏承龙等。由于种种原因，稽古社实际只办到第二科，却为京剧舞台培养出了一批出色的人才，如郭少安的弟子，除张春华成为武丑一代名家之外，蔡宝华以武生享名，贺永华专工花脸，人们熟悉的现代戏《智取威虎山》中的匪首座山雕，便是他的拿手杰作之一。

　　从郭家迈入科班，使张春华的学艺生涯发生了不小的变化。一百来个孩子吃、住、学艺以及练功在一起，不用再承担师父家干不完的家务活了，这是难得的解脱，自然值得庆幸，可是在他那小小的心灵里和稚嫩的肩膀上，也同时承受着新的负担，新的压力。高渤海是个有钱而懂戏的班主，不惜高价聘请有真本事的教师，也通晓、奉行"不打不成才"的戏班"真理"，对学员管理严格，每天亲自坐镇，监督教学。众教头个个不敢懈怠，抖擞精神调教群童，手执认戏不认人的木板，有学不会的，打；练不好的，打；顽皮淘气犯了规矩的，打。这科班的"打"还有很特殊的一项，叫"打通堂"，一人有错，全体陪罚，都得趴在板凳上，扒下裤子亮出屁股蛋儿挨揍，边聆听训斥，边咬紧牙关忍受。这种近乎一人犯罪株连九族的刑罚，对孩子们形成的精神压力绝不亚于体肤之痛，谁一旦给大家招来了麻烦，事后在小伙伴们中间的日子能好过吗？怎一个"苦"字了得！不过，此时的春华终归年长了几岁，自幼的不幸境遇磨炼出来的自立好强的性格，科班严格而且较为正规的管理的鞭策，还有在群体中渐渐产生的竞争意识，使他不再是被动地承受那苦了，而是主动给自己的苦上加码。

　　科班里的早功，规定在每天清晨六点半钟开始，他却提前一个小时起床，天蒙蒙亮就沿着楼梯爬到六楼上面的平台，整座城市还在睡着，他便在万籁俱寂的广阔天地间下腰、踢腿练早功了。练过武的练文的，冬天顶着寒风念白，锻炼嘴皮子功夫，总是在头天晚上就冻上一脸盆水，转天早晨把结满冰的盆挂在平台的高墙上，对着冰块念武丑戏中至关重要的京白，一出戏、两出戏，一遍、两遍，冰上发出的寒气把嘴唇冻木了，舌头冻僵了，嘴里吐出的热气渐渐把冰烘化了，融成水滴落下来，直到露出了盆底。这样"冰冻三尺非一日之寒"地练下来，上台念白时，嘴皮就干净利落嘎嘣脆了。

班主、教师对练功要求严格，春华对自己比他们更严。像练"双飞燕"这个动作，别人穿练功鞋，他外加一双又沉又笨的大毛窝，平时穿上它走路都不灵便，他却要"飞"，高高跳起，空中分腿，燕子般轻轻落下，日久天长，再穿练功鞋上台走身段，就真的身轻如燕了。再如练"把子功"，就是用竹木制成的兵器开打，他也别出心裁，暗地积攒零用钱买了一根空心的铜棍，往里面插一根沉些的藤棍，加重了分量，每天就用它舞动出各套路数，一来二去得心应手，演戏时再挥舞那竹木把子，岂不是易如反掌、游刃有余？鞋外加鞋，棍内加棍，春华就这么给自己自讨苦吃，求取超越别人的过硬功夫。

夜深时分，商场停止营业，影剧院也早已曲终人散，大楼里漆黑静寂。每到这个时候，总有一团小小的黑影在六楼的楼梯上来回上下，穿行不已，远看似球翻滚，近瞧却是个蹲着身子行走的男孩儿在练"走矮子"。这"走矮子"是武丑行当特有的高难动作，用来表现悄然行走，或扮演传说中的身材矮小的人物，如武大郎、王英等，演员在整出戏里都只能曲膝弯腿，蹲着身子用脚尖走动，既要来去自如，还要把在平地上都不容易的功夫挪到楼梯上练，一级一级地走上走下，由慢到快，从有声到无声。张春华一练就是几年，直到如猫鼠般轻巧敏捷，足下生风，竟把楼梯的地板踩磨掉一层红漆，留下深痕。

一直到1941年至1942年间，小男孩出科毕业了，在离劝业场不远的中国大戏院演开场小武戏，仍然苦练不辍，曲终人散时在舞台前沿来回"走矮子"，人家新油的红漆地板，被他用足尖千戳万点地磨下去了一层。戏院有位姓裴的演员，看在眼里，印象极深，后来用此勉励自己刚刚开始学艺的女儿——裴艳玲。又是十几年过去，已是河北梆子名角的裴艳玲到北京演出《沉香救母》，在后台一见张春华就兴奋地叫道："我爹回家天天念叨的人，就是您啊！"敬佩之情溢于言表。榜样的作用对于她的成才意味着什么？怕只有她自己感受最深了。此乃后话。

世上没有白吃的苦、白流的汗水，小春华私底下的苦练开始显现成效了。科里演出《西游记》，他扮演小妖，开打时，八个小妖一起打"飞脚"，就是纵身跃起，在空中用左手击打右脚掌，"啪"地一声脆响，然后落地，并分左、右两式。那天小妖们都铆足了气力，一起跳起，小春华无意中发现自己跳得比别人高出一截，击打脚掌之后，落地又最快、最轻，整套动作干净利落，台下随之卷起喝彩声，似乎都是冲着他来的！

如果说小春华本人对自己的功夫和台下的青睐还有些疑惑，有一个旁观者却看得一清二楚，那就是班主高渤海。他早就发现，这个身材矮小、面容白净的男孩有心胸，肯用功，是个"尖子生"。他在科班里实行奖惩分明的办法，吃、住待遇按表现拉开档次，饭厅只设四张饭桌，也分四等，头桌四菜一汤，二桌三菜一汤，以下依次递减，每桌可坐十人，其余的人一律站立吃大锅饭；住的方面，宿舍里单设二十张铁床，给成绩优秀的学生睡，二十名开外的都去睡大通铺。这种重在表现的物质刺激，确实对孩子们起到了激励作用，难得的是小个子男孩从入科那天起就位居榜首，那头桌、铁床仿佛就是专为他预备下的。春节到了，科班的孩子们盼年的心情又与一般孩子不同，一年到头学戏、练功和演出，只有这一天能够放半天假，所以早晨随班主祭拜了神灵，班主一句"散了吧"刚出口，就欢腾雀跃地跑没了踪影。高渤海意外地发现六楼平台还有一个孩子在练功，身躯矮小灵活，将一把单刀舞得光华四射、风雨不透，他怔住了，看呆了："又是张春华。这孩子真有股狠劲，他这么玩儿命想干什么？是要把我们家这座大楼搬走啊！"

这当然只是一句戏言，大楼他们家不卖，谁也搬不走。不过按当时走红艺人的情形，某个孩子一旦成为名角，是能够平步青云、日进斗金的。然而自幼在贫困线上挣扎的小春华，并没有这么大的奢望。一次主演《林冲夜奔》，他边唱边舞，唱得悦耳，舞得漂亮，台下不时响起掌声，到末场，他扮演的林冲杀退追杀的徐宁，有一个"搬朝天凳"的亮相，他用左手搬起左脚，一下子就把脚后跟搬到了脖子后面，他忽然想再看看自己的腿功练得如何,悄悄把手放了下来,脚失去支撑,只略沉了一沉,就又像铁打钢铸般定在空中,全无半点抖颤摇晃,整个造型静中有险,险中有美,台下顿时炸了窝,喝彩声不绝。下台以后,老师和师兄弟们围上来称赞他的功夫过硬,他却面色凝重,一言未发,默默地分开众人,跑到后台供奉的祖师爷神像下面,高擎一炷香,然后扑身跪倒叩拜,语音哽咽地祷告:"祖师爷,谢谢您了,您赏我一碗戏饭吃吧!"

那时,滚烫的泪水在他的眼眶里打转,欲淌又止,终于洇湿了两颊的油彩。

自学艺以来,这是张春华第一次落泪。

三

几经寒暑,多少个日日夜夜,春华开始在稽古社的天华景戏台上崭露头角。他不再只演小猴、小妖、兵卒乃至家丁们了,成了一位小主演,会的戏也越来越多了。科里有几位会戏甚多而又肯教的老师,只要下功夫,是能够向他们学到许多东西的。稽古社社长、尚和玉大弟子娄廷玉,腹笥渊博,文武昆乱不挡,见多识广,人称"娄全会",不仅向春华传授了《时迁偷鸡》等武丑代表剧目,还教了他外面久已失传的、属于私房秘本的《小磨坊》等戏;东北名武生李兰亭,功夫很硬,武打和猴戏独具特色,当今的武生名家张世麟、梁慧超、李元春等人都受过他的指教,张春华在他身边耳濡目染也获益匪浅;还有丁秉春、王斌珍、谷玉兰、郑胜厚、郑富义等教师,各有专长,小春华广收博采,获取了丰富的艺术营养。科班里的实践机会也多,一年到头,赶上大年三十歇一天,正月初一开锣,每天早晚两场,从不间断,日场是突出基本功的传统折子戏,夜场演新编的连台本戏,这样累则累矣,却使孩子们学到的东西有实践的机会,积累了舞台经验。高渤海常说的两句话是:"将来孩子们出去,得让他们有碗饭吃!"事实证明,他的主张没有落空,从稽古社毕业的演员搭班唱戏,都能站住脚,张春华曾不无自豪地说:"天华景出来的,都会的多,因条件所限唱不了一出的也能说戏,总之——没有'柴头'!"

提起张春华在稽古社受到的教益,有一位前辈是他终生铭记的,就是与杨小楼齐名的京剧武生尚派艺术创始人尚和玉。小春华进科班时,他已年逾花甲,不常登台露演,被高渤海聘为稽古社的总顾问,每天独居于劝业场六楼的一个单间里。由于春华经常一个人偷着到平台上练夜功,被尚老先生发现了,喜欢他的肯于上进、敏学好问,心里十分疼爱,常在旁给以指点。等他收功以后,还要叫到自己屋里,取出特意留下的吃食"开小灶",并且讲些梨园掌故,书文戏理,使小春华眼界大开,通晓了许多演戏乃至处世的常识。

这天晚上,尚老先生听阳台上又有了响动,按老习惯出屋迈上了通往平台的楼梯,他边走边听,忽然拧起两道浓眉:咦,怎么和往日的声音不一样?上到阳台一看,只见春华身扎武生穿的大靠,足蹬厚底靴子,正在走大武生的"起霸"呢。原来这大靠、厚底靴子都是武丑所不穿的,走起身段来,靠旗呼呼生风,靴子的硬底踩在地上哒哒响,比武丑练功的响动大得多,故而瞒不过尚老先生那经多识广的内行耳朵。

他当即把练得正起劲的春华唤住,问道:"瞧你这意思,是想练武生?"

"对!"春华毫不隐瞒,兴冲冲地答道。

"不想来武丑了?"

"对!"

尚老先生的一双炯炯有神的眼睛眯细了,接着问道:"你是看着戏台上,大武生能唱主角,'演当间儿的',比武丑风光,是不是?"

"嗯。我想学您,跟您一样………我特喜欢尚派的武生兼花脸的戏!"

"不行!"老先生断然喝道,神色变得庄重了,"戏班里讲究'一扮不像,不如不唱',你的个头这么矮小,扮出赵云、李元霸等大将来能像吗?台底下看着就不像那么个人物,你练得再苦,功夫再好也没用,成不了气候!"

这番话犹如当头棒喝,刚才还八面威风的"小武生"一下子耷拉了脑袋。可是,他不甘心满腔热望化为泡影,半晌,委屈而又带出几分倔强地分辨:"爷爷,武丑总得给武生挎刀,傍角儿,没出息,我……"

老人听了,竟哈哈大笑:"谁说武丑没出息?台上生旦净末丑,行行出状元,就怕你的玩艺儿不精不绝。我的女婿叶盛章,听说过吧?他就是武丑,现在挂头牌,挑班!孩子,事在人为,你就横下心奔武丑的好角吧!"

人在一生的道路上,经常会面临大大小小的选择,往往关键时刻的一步棋,走错了满盘皆输,走对了则前途无量。尚老先生对春华的及时点拨,可谓一字千金,他听了,明白了,打消了不切实际的念头,又踏踏实实地走武丑的路子,日后果然天地广阔,继叶盛章之后成为武丑行中又一出类拔萃的人物。

他忘不了尚爷爷的点化之恩。

他也记住了"叶盛章"三个字。不过,当时还不知道这个大名鼎鼎的人物将和他后来的艺术道路结下不解之缘。

1941年,就是小春华入科的第五个年头,稽古社排演了一出轰动一时的新戏,把他在科班以至天津观众心目中的地位大大地提高了一步。

那出戏叫《侠盗罗宾汉》,是根据一部曾经风靡津门的美国影片改编的。从20世纪初起,南方京剧界就开始大胆演出外国题材的戏,新鲜的故事,曲折的情节,加上充满异国情调的服装和布景,对京剧原有的程式、技巧的改造运用,都使观众耳目一新。高渤海从上海看戏回来,也想给天津卫的老乡换换口味,他选中了美国影片《大侠罗宾汉》,请人改编为戏曲剧本,唱腔以昆曲为主,舞蹈则是西洋舞,还请来一批外国乐师用管弦乐器和传统文武场面合作,演出时鼓佬旁边设置红、绿各一盏,红灯亮,由西洋乐师演奏;绿灯亮,中国文武场开锣,这一别开生面的安排,在京剧界算得上是前所未有的创举了。

为排这出戏,高渤海投资九万银元,当然想要一炮打响,为此对扮演主角罗宾汉的人选不肯马虎认定,破例采取了"打擂"的选拔方式。罗宾汉在英国历史上是个传奇式的人物,劫富济贫,武艺高强,有一手百发百中的射箭本领，演出时有真实的射箭一场，由上场门射到下场门的箭靶上，不得虚发。张春华在开播之前，每天夜里在六楼阳台点起一溜十几支洋蜡头，用无镞的箭杆射那荧荧星火，射不灭再射，直练得开弓火灭，箭箭中靶。白天，他一有空闲就钻进四楼的天宫电影院，一遍又一遍看电影《大侠罗宾汉》，学影片中人物的做派、举止、手势以及眼神，直到烂熟于心，模仿起来就惟妙惟肖了。绝技在手，形神兼备，打擂那天他虽然因为个子矮小被排在十三个选手的末尾，却后来居上脱颖而出，一举夺得了主演的位置。

《侠盗罗宾汉》果然一炮而红。在天华景连演了三个月，场场爆满，票价从每张三角猛增到一元，不仅戏迷们看得如醉如痴，一些梨园界高手名家，如李万春、叶盛章、李少春等人，也争相一睹为快，有的武戏同行还想学这出戏，连看几遍，在底下用小本子记。高渤海听说以后毫不在意："我这戏谁也偷不走！真马上台，真人射箭，都玩儿真的，一时半会儿谁行？再者我前后台花了七八万大洋，谁下得起这个本儿！"说时故意当着众人的面，单塞给春华一张五元的大票子："拿着，小子，你给稽古社露了脸，爷爷有赏，去吃顿犒劳！"

人捧戏，戏也捧人。戏唱红了，角儿也就红了。张春华从此在稽古社确立了演大轴戏的领衔主演位置，名字不仅在海报上比师兄弟们大出一圈，还用五光十色的霓虹灯高悬于劝业场楼前，每晚华灯初上时，就在闹市上空闪烁出眩目的光芒。

对于梨园弟子来说，此刻的个中滋味，恐怕并不比旧年间读书人的"金榜题名"时差。可惜，春华这种成功的喜悦心情并未持续多久，很快就被冷水浇头，如同从高峰跌入谷底，使他伤心地又大哭了一场。

就是因为那个叶盛章。

四

天津南市，国民戏院。门前车水马龙，灯火辉煌，一块"武丑大王叶盛章"的特号霓虹灯广告，映红了半条街，街道两旁站立的巡警保镖，更显出当晚演出的这位挑班"大王"的不寻常。

叶盛章，富连成科班创办人叶春善之子，自幼在科班受名师调教，功夫过人，艺兼文武，尤以武丑称霸剧坛，自组戏班金升社，开了武丑挑大梁的先河。这天演出的是他的拿手好戏《打瓜园》。高渤海为了让张春华增长见识，重点培养，特意领他来观摩。张春华自然非常兴奋，两眼瞪圆了盯住台上，唯恐漏看了一点儿地方。

叶盛章扮演的陶洪出场了。这是个有残疾的老人，瘸腿、驼背，走路一瘸一拐，却又武艺高强，开打时矫健灵巧，这就难了，因为演员时刻得保持残疾人的样子，还得打出迅疾、漂亮的招数来，没有很深的身形和武打功夫是不行的。戏一场接一场地往下演，台下不时响起震耳欲聋的喝彩声，春华充耳不闻，只顾直瞪瞪地望着台上的叶盛章，看呆了，看傻了。直到散戏，走在返回劝业场的路上，他仍旧木然出神，一言不发。和高渤海分了手，他独自默默地爬上天华景六楼阳台，那每到夜间就属于他的隐秘世界，面对无垠的夜空，忽然抱头痛哭，泪如雨下……

他受到了强烈的震撼。叶盛章的演出，使他大梦初醒，正可谓不见高山，不显平地，人家那才叫演戏！那才叫武丑！浑身上下处处有戏，手眼身法步无一不精，那口脆亮利落的念白，那疾风卷地般的开打，那腿脚，那神气，所有的表演又都在戏里，都是那个人物，仿佛他就是活脱一个老陶洪！这出戏自己也学过，可是和人家怎么比呀！原来这就是好角，这才能称"大王"！自己还差得远呀。

他哭得好不惭愧，好不心焦。哭罢，一个决心下定了，一定要拜叶盛章为师。

初出茅庐的后生，想拜在名师门下谈何容易。叶盛章又是从来不收徒弟的。张春华并不气馁，从此更加刻苦地练武丑戏的基本功，每次叶盛章来津演出都去看，回来凭记忆对照着练，悟出叶盛章在表演上"一轻、二快、三爆"的特点。后来听说当时也常来津演出的名丑艾世菊先生，有些戏是向叶盛章学的,他又主动接近艾先生,借以请教叶派的东西,获益匪浅,叶派的《时迁偷鸡》就是他先跟艾世菊学的。学过之后看叶盛章的演出,就和过去不一样了,渐渐摸到了门道,为他后来全面继承叶派艺术打下了初步的基础。

苍天不负苦心人,难得的机遇再次来临。1943年春节,北京一批名角应约到中国大戏院演出,戏票都卖出去了,不料叶盛章在上海演戏摔断胳膊,不能来了,缺了他好多戏没法演,怎么办?众人一筹莫展之际,戏院经理李华亭独具慧眼,提出了用稽古社刚出科不久的张春华,虽然没有十足的把握,但救场如救火,让他试试吧。这一试,就给春华提供了千载难逢的出头机会。那天是大年初二,日场戏《翠屏山》,名角叶盛兰、吴素秋、马富禄等演完了,接下来最后一折是《时迁偷鸡》,由年方十八岁的张春华顶替叶盛章压场,他心里好不紧张,观众万一不承认、不接受,提前"起堂"(离座)怎么办?他豁出去了,凭着多年苦练的硬功夫和向艾世菊先生学来的叶派路子,全力以赴,一招不爽,竟演得十分圆满、精彩,俨然似一个小叶盛章!叶盛兰和马富禄两位名角,一个站在上场门,一个立在下场门,都看入神了。叶盛兰和叶盛章是亲兄弟,盛章行三,盛兰行四,马富禄忍不住走过去向叶盛兰打听:"你三哥什么时候收的这个徒弟呀?"叶盛兰两眼仍盯着台上,纳闷地回答:"没听说三哥收过这么个张春华呀!"马富禄连声赞道:"像,真像,比你三哥在富连成教的学生都像他!"

转天,报纸赫然登出"张春华是叶盛章的小拷贝"的大字新闻。

在北京养伤的叶盛章看过报纸,坐不住了,托着胳膊上的石膏夹板来天津看自己的"小拷贝"。一连看完张春华的三出戏,主动提出要认识认识这孩子,内行人都明白,山门难开的叶老板要收徒弟了。

一次替补演出,使张春华朝思暮想的目标成为现实。

拜叶盛章为师,在张春华的艺术道路上是一个新的飞跃。虽然向名师问艺也很不容易,要付出许多代价,但他终于有了常侍左右、留心求教、观摩的机会,同时使他一出科就进入了一个较高的艺术档次,对艺术发展和扩大影响都是有利的。他在稽古社打下的基础很扎实,许多戏都学过、演过,经过叶盛章的指点,很快就有了新的提高,可以在一流的演出中崭露锋芒了。

有一次,张春华随叶盛章赴上海演出,师父在天蟾戏院以《雁翎甲》挂头牌,徒弟亮相于皇后戏院,碰巧院方点的是同一出戏,师徒二人无意中打了对台。叶盛章的戏早开四十分钟,春华利用这段时间先跑到天蟾看师父的演出,边学边记,然后不等幕落就赶回皇后戏院化装,由于动作麻利,竟没有误场。等到他登台,往下面一看,不禁吃了一惊,师父正目光灼灼地盯着他呢。原来叶盛章也惦记徒弟的演出,散了戏就坐汽车赶来了,只顾看他的出场,连水獭皮的帽子和长毛绒大衣都未来得及脱。武丑在戏台上讲究手脚利落,他们师徒在台下也够得上快节奏了!

1943 年,张春华在上海滩演出了名,皇后戏院期满,又应可容纳四千观众的天蟾之邀挂头牌出演,轰动一时,成为中国京剧史上继叶盛章之后第二位挑大梁的武丑演员,那年他才十九岁。从此,他的足迹遍及全国各大城市,与杰出的短打武生张云溪组成云华社,一生一丑珠联璧合,走一处红一处。20 世纪 50 年代,他们双双加入中国京剧院,又以一出《三岔口》演遍了亚洲、欧洲、南北美洲等二十四个国家和地区。

他成功了。

他是一个有创造力的演员,在后来长期的艺术实践中,整理、演出了许多传统和新编的剧目,丰富和发展了武丑表演艺术。他又是一个长葆艺术青春的艺术家,除去"文化大革命"期间被迫离开舞台,20 世纪 70 年代末重新粉墨登场,至今仍不时披挂上阵,还曾去英、法、德等国讲学。1993 年 9 月 18 日,他以古稀之年,在北京演出《小放牛》,香港地区著名影星夏梦看后惊讶地说:"您不是七十岁,是十七岁,演的又像十二三岁的小孩子!"同年 10 月,就在我和他谈话的几天以后,他又赴上海参加了名家荟萃的"东方风韵"大型演出,一连三个晚上奉献拿手好戏,获得"功夫不减当年"的赞誉。1994 年 1 月 3 日,他应邀去台湾地区演出,十六天演了十场戏,宝刀不老,备受欢迎。九十五岁高龄的陈立夫先生看了他的《秋江》以后,亲笔题赠条幅"为弘道而传艺,老而不倦,其乐融融"。

他攀上了艺术的高峰,此刻仍颇有后劲地立在那里。

他是个苦孩子,也是个幸运儿。

他在理应志得意满的时候,却慨然落下了热泪。《林冲夜奔》中有两句念白,叫作:"男儿有泪不轻弹,只因未到伤心处!"张春华是条刚强的汉子,穷不落泪,苦不落泪,在学艺生涯中经受住了艰苦的磨炼,却有三次泪洒天华景:一次发自在求生的艰难中对温饱的渴望,一次出于对艺术的迫切追求,再有就是半个世纪以后,纪念演出期间的这一次,就很难用一句话概括了,悲喜交加,不堪回首,往事如潮……

"戏好学,功难练。"他说,"……有的老师打人太狠,我庆幸自己没被打傻了、残了!"

他又说:"天华景起了决定性的作用。"

1972年9月,七十二岁的高渤海病危时,张春华赶到天津和学友们去看望,病榻前,弥留之际的高班主强撑着微弱的力气说:"原谅大叔吧,小时候,把你们打得太狠了……"他捧着老人已经变得瘦弱无力的手,情真意切地回答:"大叔,没有当年的管教,哪有后来的张春华!"

打戏,作为一种原始的、落后的、野蛮的教学方式,已经成为历史。这里,很难全面评价一家旧科班的功过是非。张春华曾经讲过的一段话,却是令人难以忘记的,那是他于1989年5月,在德国白劳特大学,给来自不同国家、不同民族、不同肤色的学员们讲的:"我演戏半个多世纪,创造了形形色色的人物,积五十多年的经验,我悟出了两个字的道理,那就是'吃苦'。这道理应该是天下一样的,谁见过没受过苦而在事业上很有成就的人呢?"

第二次生命从六十岁开始

——记京剧表演艺术家王金璐

天津卫的戏迷不会忘记，1996 年 3 月 31 日，一个令他们群情激奋，内心积蓄的对京剧的迷恋得以挥洒、宣泄的日子。

当晚，中国大戏院座无虚席。著名京剧表演艺术家王金璐收徒董玉杰暨杨派武生名剧专场，在这里举行第三天也是最后一场演出。开场是徒弟的《挑滑车》，很成功，场内的气氛一上来就被烘热了，大轴戏将由王金璐主演《八蜡庙》。人们渴望一睹大师的风采，同时还抱有几许疑惑和好奇：一位七十七岁高龄的老人，前两天陪同弟子谢幕，已经白发苍苍了，还能"武"到什么程度？

对此，老艺术家以其实力和精彩的表演做出了回答。王金璐扮演的褚彪一出场，雪白的髯口，香色的褶子，台步苍劲而洒脱，一副老而弥刚、艺高胆壮、阅历深广的江湖老英雄气派，先赢得了一个碰头彩。接下来的表演，举手投足沉雄、刚健，腰腿功夫十分硬朗，走"抢背""翻身"和"卧鱼"等高难度动作举重若轻，边式漂亮；开打冲猛火炽，一口单刀舞若游龙，耀眼生辉……这些，又紧紧扣在剧情和人物上，与角色融为一体。杨派武生"武戏文唱"的风格被体现得生动、感人，其中还揉进了黄（月山）派、麒（麟童）派的风韵，浑然一体，剧场沸腾了。喝彩声此起彼伏。一位观众忘情地用天津乡音大喊：太潇洒啦！

第二天，《今晚报》以"王金璐表演出神入化"为标题对这场演出做了详尽报道。

"这是奇迹！"

一位作家告诉我，看完这场戏以后脑子发热，在回家的路上他情不自禁地模仿老英雄的拳脚，结果差点儿有了闪失。而他才六十岁出头，比王老先生年轻好多呀。

在和衰老的自然规律的抗争中，王金璐是一位强者。这使我想起了在此之前他所创造的另一奇迹——迎对伤残的挑战。早在三十六年前，医生就宣布他的艺术生命结束了。没有人会想到，王金璐又以顽强的毅力扼住命运的咽喉，竟然康复并重新登上了舞台。

重登舞台时，他已经六十岁了。那是他的第二次艺术生命。

一、听说儿子要去学戏，病危的母亲举起了茶碗……

1919 年，王金璐生于北京的一个贫民区，先住在东珠市口三里河靠山胡同，一条狭窄的小巷，后搬至鞭子巷，同样是穷人聚居的地方。对这两个幼年的住处，王金璐本人跟我讲：属猴，生下来"靠山"还算合适，但一跟"鞭子"近乎，就没有好日子过了。

确实，生活是很艰难的。父亲是厨师，主要为街坊四邻忙活红白喜事，做一些普通的饭菜，收入菲薄；母亲体弱多病，还要"缝穷"（即为人家缝补旧衣裳）贴补家用，养活一女三男四个孩子。王金璐行三。他落生以后记住的最早的一件事是，夜里被别人背着去邻居家睡觉，因为自家屋小睡不开。家中最宝贵的东西莫过于煤球炉子，一天晚上忘记从院子过道搬回屋里，被人偷走了。大姐心疼得大哭了一场。

一家人吃了上顿没有下顿，母亲心力交瘁病倒了，日子过得更加穷困、艰难。尽管如此，属"猴"的王金璐却从小就表现出活泼、好动的性格，吃不饱还闲不住，什么淘气把戏都能玩儿出水平，胡同里穷孩子们爱玩儿"蹦高""拍屁股队"等，他都是冠军。实在没有事可干还追着洋车疯跑，偷着给车后边的横杆上挂破烂儿，如土簸箕之类，一路哗啦啦乱响，等人家发现了,停住车回头喝骂,才哄笑着跑散,瞎折腾。大约就在这时,埋下了他注定要演一辈子舞拳动脚的武戏根底。

穷人的邻居也穷,但不乏肯于助人的热心肠。王家有户近邻是"打鼓的"(过去北京收购旧物者,因走街串巷时用竹条击一面小鼓叫买而得名),经常接济他们。大姐拜了"打鼓的"为干爹,金璐弟兄也随着认了干亲。干爹的儿子在戏园子里领座,给金璐提供了看"蹭戏"的条件,从天桥到前门的广德楼,大大小小的戏园都去过。天桥的戏班子里有位女武生,翻"旋子"、攀杆身手敏捷,金璐看直了眼,干哥哥悄悄地告诉他:"知道吗,她是小脚!"回家以后,干哥哥在窗台搭一根竹竿,让他在上面攀越翻爬,他面有难色,干哥哥说人家小脚都行,你怎么就不行……这就是金璐接受的最早的京剧基本功训练了。一来二去他竟然入了迷。在学堂里同学们把几张课桌拼在一处,让金璐在上边一试身手,把手巾绑在腕子上当水袖挥舞,在蹦来蹦去中还能摔个"叉"什么的,博得同窗们的大声喝彩。在学堂如此折腾,再加上交不起学费,终于使他只读了一年私塾就被老师打发回家了。

干哥哥见金璐真的喜欢戏,就对金璐的母亲说,干脆让他学戏去吧。母亲知道学戏虽然能混口饭吃,但要挨打,很苦,以后在社会上还被人看不起,所以不肯同意,此事便暂时搁置起来。后来,母亲的病越来越重了,眼看活不了多少日子了,邻居们到家里来帮着缝丧服,气息奄奄的母亲躺在炕上,两眼总望着三儿子。他小,又格外淘气,最让临危的母亲牵肠挂肚。不知内情的一位大娘见了,安慰她道:"是惦记小三吧?放心,赶明儿让他学戏去……"谁知,此话不提还好,一提母亲顿时激动起来,睁大无神的眼睛,胸部剧烈起伏,苍白的嘴唇一个劲儿地哆嗦,急于想说什么话又说不出来,最后挣扎着抬起一只手臂,在炕头的小饭桌上摸索到一只茶碗,紧盯着呆立在地下的三儿子,拼着全身残存的气力掷了过去……

茶碗在空中划了一条弧线,无力地落在地上,碎了。

这是一位母亲最后的拒绝,痛切而强烈,然而在无情的命运和现实面前,又显得极为微弱和无奈。

穷人选择出路的余地,从来就很小很小。

母亲去世以后,父亲和别人搭伴去关外谋生,家里剩下四个孩子,靠干爹家接济度日。过了两年,大哥去姨父家的修自行车铺当学徒,小弟正式过继给干爹(立下了字据),只丢下金璐没有着落。这时,学戏的命运之门却为他悄然敞开了。十一岁那年,姑妈家办生日,干妈带他去拜寿,图的是吃顿有鱼、有肉的饭,给孩子解解馋。饭后,有人知道金璐是个小戏迷,就鼓动他唱一段给客人助兴。小金璐不怵阵,当场唱了段《打渔杀家》,恰巧,中华戏曲专科学校的庶务教师胡玉生在场听见了,见他高鼻梁大眼睛,长相挺俊,随口说:“这孩子是个唱戏的坯子！”姑妈家的表哥知道金璐的处境,正想给他找条出路,连忙接上话茬儿说:“您既然看着他行,拜托您给他找个吃饭的地方,让他考戏校吧！”胡先生就答应了。

考试那天,胡先生领金璐到戏校,由一位老师目测,上下打量,捏捏他的身子骨儿,用两只手的拇指吊吊眉毛,又让他“啊”“咦”地喊了几嗓子,就让他回家了。几天后,胡先生说老师们还要再看看他,才能决定是否收下。这次考他的是业务负责人沈三玉,先让他唱一段,他便又唱了《打渔杀家》中的“父女打鱼在河下”一段,一边唱还一边比画,沈老师忍不住乐了,又问他能不能再把嗓音喊粗点儿,他憋足了劲儿大喊,声音还是没有变粗。沈老师摸了摸他的后脑勺,跟胡先生说:“这孩子嗓音细,后脑勺却够大的,演花脸合适。”这句话,他当时听不懂,后来才知道沈三玉是花脸教师,由于唱花脸的需要把发剃光,脸谱一直勾画到脑袋顶,才显得雄壮、威严,因此演戏时的盔头只能戴到后脑勺;如果后脑勺小,是平的,用带子勒得再紧,戴上盔头也容易掉。所以,遴选唱花脸的孩子,后脑勺的大小也是重要条件。

就这样,对金璐的后脑勺十分满意的沈老师,拍了他一巴掌,说:“行了！”

金璐终于迈进了学戏的大门。入学前,由于学校规定学生的被褥都要包上白布套,床上要铺白床单,还得自备洗漱用具,金璐家里没有钱,只得向亲友们东借西凑,好不容易才置办齐备。

亲戚、邻居们来送行时都叮嘱他:好好干……别让人家给轰回来,要是轰回来了,家里也没有饭辙………

他听着,不住地点头,心里记住的是——他要去的是一个能吃上饭的地方。

二、"如果班上的孩子们淘气,先打王金璐!"

刚进校门,王金璐就差点儿当了逃兵。

沈老师向送他入学的表哥交代:"学校的规矩是一年回家一次,平常不准回去。"他在旁边一听就懵了。他才是个十一岁的孩子呀!从小没离开过家,家里虽然穷,但是还有姐姐、哥哥和弟弟,左邻右舍的大伯、大娘以及小伙伴们,整天热热闹闹,一下子来到这么个陌生的地方,白天、晚上都不能回去,怎么得了?本来上戏校挺高兴的,这一来就不是滋味了,非闹着回家。表哥再怎么讲"这是吃饭的地方"也不行,刚转身要走,金璐便"哇"地一声大哭起来。忽然有一只大手猛地拨拉了他一下:"别哭了!"声音很严厉。金璐被吓住了,抽泣着不敢再哭。训育处的丁老师拉住他一直往里走,来到一间大房子,四周墙壁都横挂着杉篙,当作把杆,许多学生正在上面耗腿。原来这是一处练功房,他的位置早安排好了,角上的第一个。老师一声吩咐,他乖乖地抬起一条腿,也放到了杉篙上……

创办于1930年的中华戏曲专科学校,比起旧戏曲科班来,在办学方针、课程设置、教学制度等方面,应该说是比较科学和先进的。学校破除了旧科班的许多陈规旧习,如不供祖师,男女同校,除武旦外,男演男、女演女,设文化课,净化舞台等,这在当时已经是很了不起的改革了。学校的条件、设施也较为优越,有统一的校服;晚上睡觉,每个学生一张小床,被褥要求整齐、干净,不像科班的学生睡大炕,好多学生在一块儿滚,容易传染疾病。学校还有一辆大轿车,当时全北京只有两辆,本来是美国人司徒雷登送给燕京大学的,校长焦菊隐(即后来的北京人民艺术剧院著名导演),硬是从他手中要来一辆,让学生们上戏园可以坐车出行。

尽管如此,学戏依然不是什么轻松、安逸的事。一是吃苦。戏曲演员讲究唱、念、做、打,必须从小经过全面而严格的训练。练功有时是极艰难甚至是残酷的,必须经年累月地忍受着常人难以想象的痛苦而枯燥地磨炼,否则根本练不出来。二是挨打。按照传统的梨园规矩,许多教师打学生是手下无情的,他们坚信不打出不来好角儿。

不分寒暑,不论刮风下雨,每天清晨五点,孩子们便被喊起来,排着队去喊嗓子。回来练毯子功,男女生都得练立大顶、下腰、踢腿、翻跟头,老师在旁边看着,练不好就得挨打。学戏时,金璐先分行学老生戏,第一出是陈少武老师教的《渭水河》,演周文王,乍一学没有基础,老师要求又严,没少挨打。后来又遇上教武戏的诸连顺老师,他教戏认真,打人也分外厉害,学生们提起他谈虎色变。金璐和几个同学学《八蜡庙》,诸老师让他们先练甩胡子,站成一排,听他喊锣鼓点,慢喊慢甩,快喊就快甩,不许回头,不许交头接耳。厉声吩咐完毕,他就"哐哐哐哐……"地吆喝起来,孩子们跟着左一下、右一下地向两边甩胡子。

甩胡子的动作,看上去容易,练好并不简单。刚甩的时候,来不了几下就头晕得要命,练不了几分钟就站不住了,有的跪下或趴在地上,还有吐的。甩完胡子,一整天头昏脑涨,到晚上演戏都缓不过劲儿来。但是若咬牙挺过来,不适感就会逐渐消失,多少年以后演戏还能运用自如。王金璐年逾古稀在天津演《八蜡庙》,将一部白胡须甩得利落、有劲,博得观众阵阵掌声,不能不说是在诸先生的竹板之下逼出来的硬功夫。

不过,"打戏"毕竟不是科学的教学方法,王金璐先生根据当年的亲身体验,认为"一则容易伤害孩子的自尊心,二则容易打出毛病来,造成终生遗憾",这是有许多先例的。

有的学生比较顽皮,或者脑子较慢,学戏不够乖巧,挨的打格外重。

经常挨打,实在受不住了,就想法跑。金璐也曾经动过逃跑的念头,可是看逮回来的逃亡者,被加重责打,而且毫不客气地当着家长的面"执刑",非分之想就被吓回去了。况且,他和家境好些的同学相比,还有一个吃饭的现实问题,即使逃出去,饿肚子也不好受啊!饥肠辘辘的感觉,记忆犹新。他是进了戏校后才尝到了白面是什么味道,因此,他比别人更能吃苦和忍耐。

王金璐既爱淘气爱打架,练功时又不怕吃苦,学戏脑子快,扮相俊秀,又有一股子冲劲儿,渐渐在同学中露了头角,有了一定的影响,为此很受老师的"重视"。当年一位北大有名的才子来校任教,教授文化知识,可对于教戏班的孩子们心里没底,当向他的前任请教时,前任传授的秘诀是:"……戏校学生淘气,不服管,只要你能把王金璐治服了,要打先打他,这个班就好管了。"由此可见他当时在老师心目中的"地位"。不过,实事求是地说,金璐在这两位老师麾下倒没有挨过打,一来他们学识渊博,才气横溢,讲的国文课结合戏曲内容,深入浅出,孩子们爱听;二来两位才子书生气十足,都不是能够诉诸武力的人。这两位教师后来均享名于学界,"前任"华粹深,新中国成立后任南开大学中文系主任兼戏曲小说研究室顾问,还当过天津市戏曲学校副校长;"继任"吴晓铃教授,长期任教于北京大学,王金璐到老年仍对他执弟子礼,遇到知识上的难题便登门请教。此乃后话。

初进戏校,金璐一心想的是吃饱肚子。而家境富裕的同学,每个星期日上午,家长来探视时都会送来许多好吃的东西。由于学校控制饮食,怕学生吃坏了嗓子,所以一些同学常请金璐帮助望风,以逃过严密的检查。金璐往往靠这事后分一杯羹。穷家长们经常鼓励孩子:"你想跟人家一样吃好的、穿好的吗?好好学,得成好角儿!"一位老艺人则说得更为直率:"小子,想他妈的往嘴里蹦虾仁吗?得下功夫,成了好角儿就都有了!"那个年代,是否能吃上炒虾仁成了从温饱跃上富贵的标志,许多老艺人都以此来激励弟子上进。金璐也想吃炒虾仁,他记住了家长和老师的话,把

"成好角儿"当作了奋斗的目标！

金璐初次登台演出，先跑龙套，一年多以后就唱角儿了。先是《青石山》中的关公，嗓门高，唱唢呐腔；第二出演的是《定军山》里的刘备，虽然都非一号人物，却均为有名有姓的重要角色，而且非常吉利，关老爷是"驱邪大帝"，《定军山》一剧则含"一战成功"之意。刚出马便演这样的两出戏，莫非预示着孤苦的穷孩子将交上好运？

一天，戏校演出《战宛城》。白天排戏的时候，饰主角张绣的大师兄忽然拉肚子，上不了场，老师急得连声问："谁还能演？"半天没有人应声。

"我行。"金璐站出来了。

"你？"

"我会。"

"你来一个我看看！"

"来哪一场？"

"曜，口气不小哇！就来第四场吧……"

金璐连唱带做走了一遍。老师看罢，拉起他就走，到另一间教室进行个别的"精加工"。当天下午就上场了，他不仅没有出闪失，而且很受好评。此后张绣一角就成他的了，直到毕业。

还有一出《安天会》，猴戏。金璐原在剧中饰太上老君，演出那天，饰主角孙悟空的师兄逃跑了，救场如救火，金璐又挺身而出领命。有了《战宛城》的先例，老师有信心了，当即给他加工、排练。当天晚上就演，从此这个角儿又归他了。

他当时学的是老生，接替演属于武老生行的张绣还比较接近，但距离猴戏就远多了，但他竟然接连"一战成功"，凭的只是好运气吗？客观机遇固然不少，但更得靠自身的真功夫。一是他抱定"成好角儿"的决心，平时在跑龙套、打下手的时候，就留意角儿如何动作，私下里不断揣摩，渐渐就偷着练会了八九；二是有勇气，"敢"字当头，勇于临危请命。不是没有别的同学也在暗地练那两个角色，但都不敢在关键时刻站出来。机遇只有勇者才能抓住。有心加上胆量,这是金璐在成功之路上的两翼。后来在《长坂坡》中,金璐从上下手、简雍、刘备、关羽到演上"一号人物"赵云,靠的同样是这两条。

三、"乱花渐欲迷人眼",他做出了自己的选择

王金璐到二三年级就成了尖子生、戏校的小主演。为了加强重点培养,学校在他十三岁那年,安排他和同学王和霖拜马连良先生为师,在长安饭店举行了隆重的拜师仪式。马先生平时演出繁忙,没有时间到学校来,他们就去马先生的家里学,而且是在散了夜戏以后。潇洒飘逸的马派老生艺术,对王金璐的表演影响很深,即使他后来改为专攻武生,主要继承"杨派",仍称自己也是"马派武生"。

在定下专行以前,金璐饰演的角色一度很杂,小生、武老生以至老旦都演,这和他经常临危受命不无关系。学校演戏缺小生,如《洛神》中的曹植,《八本雁门关》中的杨六郎,《牛郎织女》中的牛郎,《吕布戏貂蝉》中的吕布等,他都演过,唱大嗓小生。有时他还去有"通天教主"之称的王瑶卿先生家里学习。老师们夸他多能,同学却戏称他为"杂拌儿"。他一直喜武不喜文,在学老生期间,喜欢的也是靠把老生,舞刀动枪的,对武生则更是心仪久之。考虑到他的志趣、特长和今后的发展,学校就让他主攻武生,兼学老生和红生。

王金璐演的角色杂,经历的老师也多。其中教他戏最多、教他时间最长的是丁永利先生。当时丁先生已是公认的教杨派武生戏的权威。丁先生出身世家,见多识广,而且记忆力超群,尤其对杨小楼的戏及其表演艺术烂熟于心,连杨本人遇到多年不演的戏,什么地方想不起来了,也要去问他。杨小楼还常把自己的晚辈送到他的门下学艺。这样一来,后学们对丁先生就更趋之若鹜了。丁先生能耐大,脾气也大,爱骂人,有的徒弟年龄大了,有了点儿小名气,经不住骂,就不敢再跟他学了。金璐却骂不跑,

从十几岁在戏校时向他学戏以后，直到出科搭班、丁先生病逝以前，基本上没有分开过，因此也受益最大，打下了正规、全面、厚实的武生基础。

戏校的学生边学习边演出，经常同观众见面，金璐渐渐有了名气。1936年，北京《立言报》发起"童伶选举"，金璐荣获"生部冠军"，一时声名鹊起，引人注目。他的一举一动都成了小报记者追踪报道的对象，还有了"追星族"。

那个年代，京剧居"国剧"之首，京津社会各界，男女老少都把它当作主要的艺术欣赏对象，入迷者甚众，包括年轻的女学生。许多女"捧角"旗帜鲜明，感情专一，不到自己喜欢的演员登台不进场，斯人演罢，旋即离座翩然而去者不少，以示自己的"专宠"。金璐拥有众多的淑女观众，其中有一位容颜秀丽、仪态大方的姑娘，总是沉静地坐在那里，看上去不骄不躁，却是与他另有缘分的。

她叫李墨缨，在京城颇有名望的教会办的贝满中学读书，生于官宦之家。她的大舅乃护卫慈禧太后銮驾的御林军统领；二舅和父亲都是黄埔军校出身，留学日本，与蒋介石同学。蒋介石在江西"剿共"时，众兵合围。李墨缨的二舅统率一路军把守关隘，关键时刻暗暗"放水"，使红军得以顺利转移。此后他解甲归田，回京城养老，过上了寓公生活。共产党没有忘记他的情分，待打下了江山，一进北京就打听他的下落，那时他已经瘫痪在床了。

李墨缨的父亲有三个女儿，但他盼子心切，又娶一妾，果然得一贵子，便携妾抱子回山东济南老家享清福，把妻、女留在了京城。墨缨的母亲虽然吃喝不愁，但心情抑郁，终日靠打麻将、吸鸦片消磨时光。墨缨的大姐性情温顺，嫁给舅舅家做儿媳；妹妹耳聋，先天性残疾。生长在这样一个条件优裕而又气氛沉闷的家庭里，墨缨从十二三岁就开始掌管家务，分派佣人，内外应酬，养成了有主见、果断、刚强的性格，遇事连舅舅家的少爷们都畏她三分。随着年龄的增长，来提亲的人多起来，一直在经济上资助她们母女的舅舅家也很积极，主张她早些找到婆家。当然，人选都是富家子弟,有财有势。李墨缨却一个也看不上,从小对纨绔子弟见多了,腻味他们那一身养尊处优的公子哥儿习气。她心里暗自定下了主意:与其找个游手好闲的富家子,宁可嫁给唱戏的! ——当时,她已经悄悄倾心于年长她两岁的王金璐了。

由于全家都爱看戏,她从小就经常出入戏园,在所有看过的演员中,少年英俊的王金璐给她留下的印象最深。王金璐扮相出众,戏演得出色,而且有一股清新之气,不似旧科班的"小老艺人"。保姆察觉到了小姐的心事,碰巧她和金璐的干妈是熟识的老姐妹,见面时便提起这事儿,干妈正为金璐毕业后没有安身之地犯愁,忽然天上降下来个富小姐,喜出望外,力主"见一见"。于是老姐妹穿针引线,墨缨和金璐两人也都点了头,最后提交墨缨的母亲批准。老太太此时已经信佛,对世事看得很淡,并不反对,只是提出给山东老家写一封信,征得丈夫的同意。墨缨说:"他这么多年不管咱们了,还问他干嘛呀!"一席话勾起了老太太的隐痛,也就不再坚持。

初次见面在北海公园。正是冬天,细心的李小姐怕王金璐穿校服惹人注目,提前为他置办了一件黑呢子大衣,这也是为了使金璐显得气派一些。然而,当这件"礼服"由远而进,终于映入眼帘时,李小姐怔住了:本应做出一点绅士风度的王金璐,竟然立起脚尖,一路踩着花池子边沿的立砖,练杂技般地扭了过来……

眼前的一幕,真叫名门淑女哭笑不得。

金璐一向淘气的秉性,暴露得实在不是时候,幸好,大度的墨缨并没有过分计较这些小节。

他们在一张长椅上开始了平生的第一次交谈。

再次会面是在景山公园。

金璐那时尚未毕业。由于戏校管得严,不能经常出来,李小姐建议通信联系。但学校对互相通情书也是禁止的,有一次同学告密,老师把来信扣下,呈交金仲苏校长。金仲苏一看,信中通篇无一"爱"字,都是勉励金璐学习与做人的金玉良言，认为对他有益处，就把信还给他了。从此，他们两人的来往书信不再受阻，这却苦了金璐，人家写的字体、内容都有水平，逼得他不得不为回信大伤脑筋，找了一位唱小生的要好同学当高参，一起求助于《尺牍大全》之类的参考书籍，拼凑"台鉴""敬启者""即颂大安"等深奥的词句，为此没少流汗。

经过一段时间的交往，墨缨认为"走没走相"的恋人在她的影响下，已在仪表举止上有了进步，才同意母亲在仿膳饭庄相看。席间，金璐战战兢兢，一五一十地回答老太太的询问。让吃，就实实在在地吃，老太太乐了，觉得小伙子长得还不错，人也挺老实的，临走给了他一百元，一张紫色的大票子。这在当时不是一笔小数目，用他的话讲，置办一身武生穿的大靠，才八十元呀！他从来没见过这么多钱，不知道怎么花，拿回学校又怕老师知道给扣起来，为此又和"高参"一起费了一些脑筋。

见面后不久，老太太在广和楼看金璐主演的《潞安州》，把舅舅一家也请上了，阵势颇似"业务考核"。金璐倒不像吃饭那么紧张，他至今仍然认为，"戏绝对比人更有把握"。大家看得都很满意，原来门不当、户不对，属于"反对派"的舅舅一家也挑不出什么毛病。

老太太相看认可以后，还是给山东的丈夫写了一封信通报情况。丈夫接信后大发雷霆，坚决反对女儿嫁给唱戏的，声言只要姓他家的姓，就得吹掉这门亲事！墨缨不为所动。长时间对妻女不负责任的父亲，这时在维护家庭"声誉"上却是要强硬负责的，他绝情地公开宣布与墨缨脱离父女关系，断绝一切往来。受其影响，舅舅家竟也与墨缨断了往来，连当了舅家少奶奶的亲姐姐也不敢和他们走动了。

此时的李默缨，处境很像旧剧中的王宝钏，因为自主地选择终身而遭到家族的抛弃，身边只剩下早已被冷落的母亲。她的性格也如王宝钏一样刚强，凭着一副娇嫩的少女之躯，顶住了来自亲友的巨大压力。

与此同时，金璐这一边也不平静。作为菊坛的一颗新星，才貌出众，异性追求者越来越多，既有才貌双全的女戏迷，又有当红的风流女伶。他在台上演《长坂坡》,就有女子往上抛金戒指一类贵重信物,小报上常有关于他和某位女伶或女同学的花絮,炒得沸沸扬扬,真是"乱花渐欲迷人眼"。值得庆幸的是,这时的金璐没有放纵轻佻,而是保持了冷静和理智,做出了一生中的重要选择。后来的岁月表明,墨缨不仅是一位贤内助,而且在事业上给了他许多可贵的帮助,特别是在最艰难的时刻,起到了别人无法替代的作用。她为丈夫事业的成功所做出的贡献,远超过了只能在寒窑中苦守的王宝钏,这就是后话了。

1939 年 9 月 1 日,王金璐从中华戏曲专科学校正式毕业。10 日,富家小姐和穷"唱戏的"终于冲破了重重阻力,在与戏校仅一墙之隔的院落里结成了眷属。

四、从幸运到不幸,有时只有一步之遥

毕业前夕,丁永利先生曾经和王金璐有过一次长谈。

问到爱徒的今后打算,丁先生忧心忡忡地说:"孩子,你家是外行,又什么都不亲,这老戏班里你没人,可不易混好了哇!"

"老师,什么叫'没人'哪?"金璐天真地问。

一句话惹火了先生,气得跺着脚骂道:"你他妈的连有人没人都不懂,你还想在戏班混饭吃!"

不怕骂的金璐连忙央告:"您别生气,我真的是不知道呀。"

望着不谙世事的徒弟,丁先生长出了几口大气,耐着性子说:"戏班这一行,外界都瞧不起咱们,外行的闺女都不太愿意跟咱们,所以大部分都是本行内结亲,慢慢地祖祖辈辈成了环套环的亲戚了。父一辈、子一辈都干这一行。搭班唱戏相互照应,你行吗?唱戏的里头谁是你亲戚?"说着,他往鞋底上磕了磕大烟袋锅里的烟灰,重新装上一锅,使劲地按了又按,点着后吸了一大口,才一边喷着烟,一边历数梨园行的一些有名的世家和他们之间的亲属关系,特别提到几位与金璐同辈的武生演员,都是

"有人"的，亲戚掌管或领衔的戏班自然优先用他们，外人很难涉足，即便进去了也待不住。

金璐知道了"有人"的分量。尽管他已经小有名气，出科以后的路并不平坦，可是他绝不怯阵，不管多么难，也要在舞台上争得一席之地。他恳请老师能够继续扶持自己。

丁先生问他："一个没钱没人的人要跟梨园这么些人争，凭着什么？小子，台上唱得比人家高一点儿不行，要比别人高一大块才有你的戏饭吃！嘴里光说不怕苦、拼一阵儿不行！"边说边神情激动地站了起来，目不转睛地瞪着金璐。金璐浑身一阵发热，忽地站起身来回答："您只要带着我，不用说苦，拼了命也得争这个'高一大块'，要不然我不如改行！"

"好！"丁先生舒展面容，点了点头，"就这么办。我给你张罗，你一出学校，咱爷俩就干，要是有一时半时不顺心，你小子可别泄气。听我的，有能耐，有德行，好好唱，早晚得成了。像河漂子一冒头儿就沉可不行！"

说罢，老先生转身而去，把徒弟丢下咂摸滋味。

毕业后，师徒二人果然齐心迎难而上。丁先生专门为金璐掌管联系演出、后台以及外出时的生活事务，运用自己的声望和经验保驾护航，并且继续给他说戏，而金璐也谨遵师训，不骄不馁，刻苦上进，凭着本事闯天下。两代人一诺千金，他们的合作直到1948年丁先生病逝，金璐和师兄弟们洒泪厚葬了恩师。

在由人组成的社会里，"没人"（现在叫"没关系"），历来做事很难，但金璐还是闯出了一方天地。出科后，他扛着"杨（小楼）派武生"的旗号，先后与金少山、侯喜瑞、马德成、尚和玉、筱翠花、奚啸伯、裘盛戎、言慧珠等名家合作，演出于大江南北，在菊坛逐步确立了自己的地位。一出《连环套》，凡是花脸名角都愿意跟他合作，还有由旦角挑班的《武松与潘金莲》和《翠屏山》，不是他演武松、石秀就会大为减色。这时，他已经有了家庭负担，上有花钱阔绰惯了的岳母，下有妻、儿，还要资助老师一家。他为了生计，演戏不计较虚名，不争牌位，这实际上拓宽了他在激烈竞争中的从艺之路。李墨缨善于持家,在艺术上则激励丈夫奋发进取,时刻提醒他居安思危,不让他染上旧社会戏班抽(大烟)、赌、嫖的恶习。成了名角儿总会有些虚荣心,怕别人讥笑玩儿不起,但身边有一位寸土不让的妻子,也就使糊涂念头没有了膨胀的机会。在一个讲究"有人"而且临近花天酒地的环境里,金璐只身闯荡,路子没有走偏,反而越走越宽,除去主观努力、洁身自好,妻子和丁老师同样功不可没。

1951年,金璐应邀南下,加入了麒派创始人周信芳领衔的上海京剧院。团中还有他的同学、著名青年旦角李玉茹。

对于周信芳的演唱艺术,金璐早就十分喜爱。在戏校时,不准随便去看其他班社的戏,他为了看周信芳的演出,曾经伪装在床上睡觉的现场,跳窗户,踩邻近住户的屋顶奔向戏园,回来挨了老师二十板子。但他把周信芳抖水袖、掸髯口的身段用在了自己演的《枪挑小梁王》里,台下效果挺火,金校长觉得眼生,问清了他偷着看戏、挨打和挪用的经过,便破口骂了一声:"混蛋!"此后,学校就开始支持学生观摩名家的演出了,常常组织集体乘车去看杨小楼、马连良、梅兰芳、程砚秋等名角的戏。

后来,听金璐讲了这段往事,比他年长二十四岁的周信芳笑了:"好小鬼!"周信芳很喜欢他,不仅同台演戏,而且常和他一起散步、聊天。

1958年春天,王金璐和周信芳赴中南、西南、西北等七省十一市巡回演出,来到了长沙。两个人白天在街上转,周信芳忽然说:"小鬼,这儿可是有一出好戏呀!"

"《战长沙》。"金璐机灵地答道。

"哎呀,你这小鬼……"周信芳赏识地笑了。

《战长沙》描写的是三国时关羽攻打长沙,与黄忠交战,后来义收黄忠的故事。一般兼演红生、武老生的演员,对关、黄这两个角色都会演。金璐知道,周信芳是要和他演这出戏了,于是问道:"您演老的(指黄忠),还是演老爷(指关羽)?"

"我演老的。"

"那我可就收您了！"

"小鬼……"周信芳又被逗笑了。

"您按北派还是南派路子演？"王金璐这话问得有点狂。先是让周先生挑角色，又叫他定路子，因为南北两派演法不同，明摆着是显示自己都会，一来是年轻气盛，二来仗着周先生平时爱和年轻人开玩笑，所以说话才没有顾忌。

周信芳定下按南方的路子演，回去把戏对了一遍。开演前，周信芳嘱咐金璐："到'对刀'架住的时候，你稍等我一会儿再'起范儿'（即开始做下一个动作）。"

"好吧。"金璐答应了。

在长沙演《战长沙》，又是多年不演的老戏，且这次演员阵容齐整，旗鼓相当，所以剧场气氛非常热烈。演到关、黄"对刀"，二人用刀头架住，一般的演法只是黄忠先往里压关羽的刀，然后关用刀把黄忠的刀往外撩，黄顺势做一个垫步、勒马的动作，表示年老气力不支。这天饰黄忠的周先生让金璐（关羽）等他一会儿，想必另有文章，金璐到压住刀的时候，就留神他的表演，发现黄忠压在关羽上面的刀不停地颤抖，且随着一点一点还在往下压，右腿和头盔上的绒球、珠须也在簌簌颤抖，加上脸部的表情、神气，一位拼尽全力想压倒强硬对手的老将军，顿时在台上活了起来！接着，他看见周信芳的肩膀微微一动，知道该变换动作了，便及时顺势撩刀往外一推，周信芳随之转身，左手一推刀把，同时左脚往前垫半步一滑，吃力地"勒马"，做了一个马失前蹄的身段，然后在急促的[丝鞭]锣鼓点声中浑身抖颤，真是精彩极了！全场掌声如雷。周先生把一个普通的细节处理得不同凡响，金璐撩刀不早不晚，劲头不大不小，恰到好处，也接受了一次舞台应变能力和火候儿的检验，两个人配合默契，使瞬间产生了最佳效果。

在上海京剧院，金璐主演、合演了许多传统和新编剧目，还被周信芳拖着学、演了当时轰动全国的昆曲《十五贯》。周信芳饰主人公况钟，让他演剧中官僚主义、经验主义的典型人物过于执。那是一个老生角色，他本来不愿意接的，可是周信芳知道他的老生根底并且欣赏他的表演才能，非让他演不可，硬是把他一步一步地拖上了舞台，一直演到北京和苏联。赴苏演出历时六十四天，走了九个城市，演出五十三场戏，一路受到了热烈欢迎，获得了"白俄罗斯最高荣誉奖"。在此之前，他在国内的华东地区会演中曾获一等奖。

1959 年，王金璐奉调援建陕西省京剧团，来到了西安。原定是临时借调三个月到半年，可是当地迟迟找不到接替的人选。他是主演兼业务团长，不好撒手就走，便月复一月地滞留下来。

不久，一场巨大的不幸降临到了他的身上。那是 1961 年，王金璐率团主演《七侠五义》，连续一年满堂，轰动古城。谁知在一场演出中，布景出了故障，金璐饰演的白玉堂纵身一跃，景片、道具轰然倒塌，他被砸在了下面……

幸运和不幸，有时只是一步之遥。他这一被砸，出科后的一路红火随之黯然，陷入了人生中最艰难而且一度濒临绝望的痛苦岁月。

五、当人濒临绝境时，就只有寄希望于奇迹了……

王金璐从舞台上消失了。

负伤后，王金璐被紧急送回北京医治，权威医生诊断为背、腰部韧带大面积撕裂，伤情非常严重，只能采取综合疗法，疗、养结合，或许能慢慢缓解。

以后还能演戏吗？武戏？金璐的腰已然直不起来，走不了路，身体靠钢架子支撑。

医生带着遗憾的表情摇了摇头。

无情的宣判，铁一般冷酷的现实。

一个从小就学戏、演戏的人，离开了戏去干什么呢？即使将来把伤养好了，不也是废人了吗？重击之下，金璐内心的绝望和痛苦比腰背的伤痛还要猛烈。

望着痛苦中的丈夫，墨缨的心都要碎了。可她还得强撑着，用话语和笑容来宽慰丈夫，鼓励他振作起来，迎接命运的再一次挑战。

你从小是个苦孩子，什么苦没吃过？你在台上演过那么多的英雄好汉，出生入死、英勇厮杀，怎么轮到自己就不行了？隐隐地，那句戏中的台词响在耳畔——迎上前去！

金璐终归是经过苦日子磨炼的人，他渐渐挣脱了最初的绝望和消沉，心境平和下来了。他记住了医生嘱咐过的一句话：得有主观能动性。他开始遵照医生的安排，接受蒸汽疗法，练气功，还一点一点地活动四肢，试着练太极拳。到能够走几步路的时候，他又在院中来回搬花盆，从空的到有土栽着花的，以此锻炼腰部。

师友们同情他的遭遇，多方照顾。马连良先生说："你是我从小收的徒弟，不能不管。"为他请有名的医生诊治，经常让墨缨陪着他到家里吃饭，加强营养。后来，墨缨为马先生做一些书写工作，不要任何报酬，也算是回报老师的一番情意吧。

不久，"文革"开始了。1966年12月16日，一代宗师马连良被红卫兵小将折腾得心脏病突发，含冤去世。金璐的处境也更艰难了，因属于"反动学术权威"被停发了工资，断绝了唯一的经济来源，能够照应他的师友包括医生们也相继被打倒，连病也无法继续治疗了。他不知道自己将被如何处置，整天担惊受怕。大约由于他是多年的"伤病员"，街道没有批斗他，却让阔小姐出身的墨缨每天去参加学习班，"触及灵魂"。

穷病交加，一筹莫展，还怎样活下去呢？绝望的念头不时又重新涌了上来。生存越来越变得痛苦和无望了。墨缨劝慰他：实在活不了，咱们一块儿死，可现在还没到活不了的时候，不管家里出什么事，都要往宽处想。起先他们只靠卖东西糊口，后来墨缨给工艺品厂干外加工，画灯笼上的图案，赚一点钱。大女儿工作了，孩子交给老两口带养，把工资留在家里度日。街道指派挖防空洞，墨缨带着孩子去工地，她干活儿，孩子就在旁边的地上爬。金璐的腰伤好些了，顶替妻子一挖就是三年。

沉重的压力，贫苦的日子，茫然的前景，处境远比 1961 年刚负伤时还要不幸许多倍，可是金璐夫妇相慰相帮，奋力挣扎，再一次熬了过来。到 1970 年，在缺医少药的恶劣条件下，金璐的腰伤竟然开始好转，暗地找以前给他治伤的医生检查，医生高兴地连说情况不错，没想到能够恢复到这个样子。这一来，他有了信心，锻炼的劲头更足了，从简单地活动发展到全身运动，而且越来越接近"专业化"，尽管他不敢指望日后还有机会登台演戏。他在家开始练腰、压腿，反复锻炼灵活性和承受力。不敢公开练传统戏的身段、技巧，而"样板戏"他又不会，他就因地制宜，化整为零地偷着练。为了练手劲，去前院打水，每只手提两把水壶，来回一路小跑；在厨房里切菜，把腿放到桌子上或墙上"耗"着，炒菜时的下身姿势则摆成"前弓后箭"——戏中"走边"里常用的亮相。跑"圆场"，家里跑不开，他就利用买菜、打醋的机会，看小巷无人，便手提菜篮跑起来。日子一长被左邻右舍看见，纳闷这老头走路的样子是怎么回事呀？后来，社会上普及"样板戏"，有人慕名来找他学，他就向在"样板团"演郭建光的亲戚谭元寿讨教，回来现趸现卖，一来教会了人家，可以去工厂或部队的文艺队混碗饭吃，二来自己也借机练习了基本功，可谓于己、于人都有利。

身体逐渐康复，又可以练自幼学成的功夫，对于金璐来说，苦涩的日子变得充实而有生气了。在最艰难的岁月，这给了他生存的信心和力量。

1979 年，饱受摧残的京剧艺术开始复苏。文化部领导动员老艺人出来，每人力所能及地演一出戏，在观众面前亮一亮相。此时的金璐已经年届花甲，满头华发，堪称老"伤病员"了，没有人对他抱多大期望。谁料，于无声处听惊雷，他报出的戏码竟然是武生重头戏《挑滑车》！

人们以为他是在开玩笑，等到发现他完全是认真的时候，就开始了善意的规劝，他的师哥、名琴师李慕良恳切地说："你是六十岁的人了，而且快二十年没上过台，腰伤刚好，干嘛非演这么大的武戏？！'亮相'，就是找个机会跟观众见个面而已，《挑滑车》可是……"

下边的话不必再说，稍知京剧的人都懂得此剧的难度和分量。

"我要唱就是这出，不然就不唱。"王金璐一点儿没给师哥面子，还是当年在戏校挺身而出时的那股劲头。

话封死了，别人不好再劝。

定下戏码，对戏、响排一直由徒弟杨少春代替，王金璐只在台下静观。见他迟迟不肯上场，众人心里越发没底，有的私下里嘀咕：这老头别是放出了大话，不好收场了吧！连杨少春也觉得拿不准，他是在金璐受伤以后拜的师，从来没见过师父台上的本事，不免替老人暗暗担心。很快到了正式彩排的日子，金璐还让他上，他不干了："您往台下看看，文艺界、新闻界的人都来了，人家可都是来看您的！"

金璐听了，笑笑："这么说，今天该我上了？"

"可不！"杨少春赶紧点头。

没有再"拖"的余地了，金璐不再推脱，起身去扮戏了。

老头让人们吃了一惊。旧剧有一出叫《五百年后孙悟空》，表现的是被压在五指山下的齐天大圣孙悟空，出来后依然神力无穷，锐不可当；而那天晚上的《挑滑车》，可谓"十八年后王金璐"。将近二十年没登台演出过的王金璐，扎上大靠又是一员虎将，威风八面，身手不凡，出场的"起霸"，左右踢腿，靴子底蹭地到了耳际，观众席中一下子就炸了窝，掌声雷动。功架还是那么稳，开打还是那么冲，表演还是那么英气逼人……总之，还是当年的王金璐！如果说变化，除去面容不似过去年轻，就是做戏的劲头更加精熟、老到了。全剧演出过程中，高潮迭起，喝彩声不绝于耳……

王金璐复出，被京剧界内外称为"奇迹"。

六、"从小再唱到老，就不容易了。"

演出过后，在一次座谈会上，当时的文化部部长黄镇同志问道："像王金璐这样的老演员还有没有？对这样的老艺人要保护。演戏,适当的时候演,主要是把身上的东西传下去! "在场的中国戏曲学院院长史若虚听到此处,及时接上了话头:"您说要把艺术传下去,就让他到我们学院来教戏吧! "

结果,凭着一出轰动九城的《挑滑车》,老"伤病员"杀开了重返菊坛的血路,当上了全国最高戏曲学府的教授。到了学院,领导安排他再演一场戏,也是为了让他在师生面前亮一亮相,一向在事业上激励丈夫的李默缨,建议他演杨派武生代表作《长坂坡》。这又是一出大武戏,又是出人意料的惊人之举,又杀出了八面威风,从此没有人再怀疑"老头"的实力。"王金璐"三个字被拭去历史的尘封,重又在京剧界闪烁出夺目的光彩。

在戏曲学院,王金璐边教学授艺,边进行示范和纪念性的重大演出。1990年,他应约领衔主演了电视连续剧《武生泰斗》,由于与角色的身份、经历高度重合,演来得心应手,栩栩如生,荣获影视"表演优秀荣誉奖",从此声名远播京剧圈外。

1995年,王金璐应邀赴日讲学并演出《长坂坡·汉津口》,受到高度评价,树立了国际声誉。

在此期间,他除去在校内授课,另外还收徒传艺,弟子二十四人,遍及海内外。许多全国性的戏曲大赛,他都被聘为评委;高等院校请他去讲课。百忙之中,他还抽暇总结多年的艺术经验,写出了四十余篇关于戏曲表演理论的文章。

力量之源来自对艺术的锲而不舍,孜孜以求。生活条件越来越好,年事也越来越高了,他仍然坚持每天上午练功,雷打不动。同时,开动脑筋,经常反思过去演过的戏,总想进一步整理、加工,精益求精。不仅自己想,还让夫人一起想。用墨缨的话说,"平常离开戏不说话",整天念叨的都是下一步要教或要演的戏。有时他夜里躺到床上,忽然忘了某出戏的戏词,就问身边的老伴,墨缨一时没有答上来,就会遭他埋怨;这么多年了,你怎么还不知道?……此话有点不讲道理:许你忘,就不许别人忘吗?何况人家又不是干这一行的。这种地方,也只能用"痴迷"两个字开脱了。金璐对复出后演的戏,从剧本、场子、台词到人物刻画都不断加工,力求出新。在纪念徽班进京二百周年的开幕式上,他饰《甘露寺》一剧的赵云,有四句台词原为"昔在袁绍军帐下,后归北鄙掌生杀。八门金锁人惊怕,子龙将军谁不夸。"内容很水,放在赵云的许多戏里都可以用。他反复斟酌后将这几句改为"身在东吴心不定,久居只恐不安宁。先生临行传将令,年终请主转回程。"一位观众看了电视转播,来信称赞改得好,把赵云当时的地点、处境、心情和任务都点明了,具有很强的概括性、针对性。

光阴荏苒,从他 1979 年复出,转眼又过了十七年。再往下说,就到了本文开头的一幕:白发老翁演老英雄,一出《八蜡庙》誉满津门,被友人赞为"老来红"。又一次成功之后,他的心里在想些什么呢?

半个多世纪以前,恩师丁永利先生曾经告诫他:"从小到大,学了唱,唱红了都容易;从小再唱到老,就不容易了。告诉你,多练功,多琢磨,多行好事。"作为京剧舞台上近乎硕果仅存的老一辈武生表演艺术家,他唱到了七十七岁,应该说是做到了"不容易"的事。

几十年来,他走过的路确实"不容易"。然而值得庆幸的,恰恰是他每一次都没有在"不容易"面前却步。

他还在"多练功,多琢磨,多行好事"。

附：   传余回响——有亲自远方来

1997 年夏天,我在《名人传记》杂志上为京剧武生名家王金璐先生写过一篇文章。发表不久,就接到了金璐先生的夫人李墨缨老师的电话,她兴奋地告诉我,她的几位多年失去联系的妹妹和弟弟,在山东济南看到了刊物,始知他们的近况,于是多方打听他们的住址,后来委托北京交大的一位教授查询电话号码,试着打到家里,终于又联系上了!京津两地之隔,我通过电话都能感受到老人激动、喜悦的心情,我当然也为他们高兴，并在电话里连声表示祝贺。由于在稿子当中，我曾经写过两位老人的婚事当年在李家惹起的风波，所以深为理解李墨缨老师此刻的心境。

那是半个多世纪以前的事了。李墨缨出身于北京的名门望族，是当时很有名气的贝满中学的高才生，只因喜看京剧，相中了崭露头角的中华戏曲专科学校的王金璐，两个人书来信往，感情日深。到了谈婚论嫁的阶段，李墨缨的母亲心里有过踌躇，但见了王金璐相貌英俊，为人老实，也就不再囿于传统的职业成见。但已携二房妻子隐退济南的父亲，坚决反对，还捎话说：如若墨缨和一个戏子结婚，就断绝父女关系，从此不相往来！倔强的李墨缨竟不为所动，告诉母亲：他撇下咱们上山东了，干嘛还非得让他同意呀？于是不顾父亲的严词阻挠，毅然和王金璐结为了终身伴侣。盛怒的父亲果然说到做到，登报声明解除父女关系，把墨缨母女都丢下不管了。

往事如烟，回忆起这段历史，王金璐经常向朋友称赞自己的妻子是"当代王宝钏"。不过，人非草木，父女之情终归留下了难以磨灭的创伤和隐痛，而且这一人生的缺憾，随着年事已高会越来越深切地萦绕于心际。李墨缨在济南共有五位同父异母的手足，据他们介绍，父亲晚年经常念及自己在京的女儿，对当年的做法很有懊悔之意，临终的时候嘱咐他们一定要找到二姐，阖家团聚。他们遵嘱找了，却由于误以为二姐也是京剧演员，用她的名字询问，结果费了不少周折也未能如意。

最近，李墨缨老师又在电话里告诉我，山东的弟、妹中除去一位小妹，都退休了，不久前小妹出差到北京，来家里见了面，说大家都盼着他们老两口去济南聚会。岁月不饶人，一晃都是老人了……

亲人的离合悲欢，总是世上最令人感动的事情。我一面分享着老人们团圆的快乐，一面又觉得他们应该感谢的不是我，而是那能够把一切恩恩怨怨冲刷殆尽的岁月，和任何激流险浪都难以撼动根基的骨肉亲情，那是永远值得记而传之的。

走向红氍毹
——李世济与唐在炘的故事

　　人生的路,铺满了岁月的石子,漫长、曲折。然而,那关乎整个历程的起步、转折、交叉或融汇,却往往仅在于转瞬之间。

　　对于本文的主人公夫妇来说,故事发生的几个月,便是那意义非凡的一瞬……

一、初会程师

　　1945 年秋,上海迈尔西爱路(现茂名南路)。

　　午后的阳光仍是明媚的,给一座三层的花园洋房抹上一道暖色调的金黄,法国梧桐的叶子却不住地簌簌落下,为路面铺上秋的斑斓,在自行车车轮下发出沙沙沙的声响。

　　一位中等身材、体态匀称的青年翻身下车,提着琴盒,按响门铃。

　　身穿雪白制服的仆人开门,彬彬有礼地让进客人,领先穿过花园的甬道。客厅的玻璃拉门敞开了, 陈设豪华, 宾客谈笑风生, 主人朱先生——一家大公司的总经理,正在接电话,立即起座,热情地向青年含笑点了下头。

　　青年四下望去,在座的都是京剧名家或本地票界名流,其中被众人簇拥如众星捧月的有西装笔挺的梅兰芳,穿黑丝绒旗袍的余派女老生孟小冬,还有上海滩显赫人物杜月笙的太太、老生姚玉兰,而在中间往来应酬的则是马派名票赵培鑫。

"在炘,过来呀!"培鑫向青年招手,"这几位,梅老板、孟老板,还有……你都是熟悉的,今天,我为你引荐一位新贵客!"

说着,把他拉到临近落地窗的沙发跟前介绍:"这是程四爷。"又向青年一指:"这是唐在炘,圣约翰大学的高才生!"

沙发上的人闻声回头,徐徐站起身来。看样子比青年高半头,四十多岁,气色红润,面含微笑,一双长眼睛微微眯着,最引人注目的是两道挑起的立眉,使整张脸都显得聪慧、生动而富于光彩。略有些发福的身上穿着咖啡色西装,深蓝底缀印红点的领带,扎得稍歪了一些,看来不像是经常穿西装的老手。

"在炘对老生、青衣、花旦都拉得好,"赵培鑫热情介绍,"近来潜心钻研你的程腔,依我听简直跟周昌华拉的一模一样!"

程四爷——砚秋听了,频频点头,含笑打量眼前的年轻人:藏青色西装上衣,黑领带,灰裤子,左胸上绣着圣约翰大学的校徽。当时,这家一流学府的校服在上海滩颇为引人注目,青年穿上十分可体,越发显得风度翩翩。

"好。"程砚秋握住青年的手,用纯正的普通话说,"我们京剧必须提高,就是需要文化水平高的大学生参加进来一起搞,我欢迎你呀!"

一股暖流,随着温和而真挚的语声,坦诚、热切的目光,也从那只厚实、温软的大手,汩汩淌进了青年的心田,顿时变得热乎乎的了。

事后过了多年,在炘每当忆起与程师的初会,总觉胸间暖意犹存,音容笑貌如在眼前,朗朗语声仍回响于耳畔,这恐怕就是大师独有的魅力吧。

以艺会友,清唱开始了。

伴奏人员不多,有名鼓师魏希云,人称魏三,曾为言菊朋、程砚秋等人司鼓。文场除京胡唐在炘之外,还有二胡熊承旭,月琴闵兆华,熊承旭在银行任职,闵兆华在沪江大学攻读,后来都下海投身京剧,熊承旭至今仍为在炘配二胡,闵兆华则改习小生,与李世济配戏,艺海结伴同游四十余个春秋,这便是后话了。

那天,赵培鑫先唱了一段《借东风》,主人朱先生唱的是程派戏《锁麟囊》,孟小冬唱了《二进宫》。孟小冬息影舞台多年,很少出来应酬,此番是应朱夫人之邀。她沉默寡言,秀丽的瓜子脸偶露笑靥,带有一种东方古典美人的资质,气度又宛若端庄少妇。然而,待她亭亭玉立,解开高领旗袍的领口,引吭高歌,嗓音却惊人的苍挺、醇厚,行腔流畅、飘逸,神态也俨然男子风了。真不愧全国首屈一指的女老生啊!一年后,她曾与裘盛戎、赵培鑫合作演过一出义务戏《搜孤救孤》,从此完全结束了舞台生涯,如果不是当时那畸形、多故的社会环境,也许她在京剧艺术上会有更大作为吧。

一阵喝彩声过后,程砚秋走到在炘身边。"唐先生,你看我唱什么呀?"他笑眯眯地问道。

语气委婉、客气。但人们清楚,这句话后面的潜台词是:你会什么呀?显然,他对在炘的琴艺还不摸底。

不料,在炘挺了下胸,毫不犹豫地回答:"四爷,您随意唱吧。您的戏,我都会!"

语出惊四座,十几双目光一齐朝他射来,意外、吃惊。连正与邻座交谈的梅兰芳先生,也转过身望他。面对名家,敢称"都会",这青年可谓初生牛犊不怕虎了!

"呃?"程的两道立眉一挑,随即笑着连声说,"好呀,好呀……"

"那么,我唱哪一段好呢?"又问。如果前一番带有试探的意味,这时就全出于礼貌了。

"唱《锁麟囊》的二六'春秋亭'吧!"在炘依然一副胸有成竹的口气。

"好!"程含笑应了。

《锁麟囊》一剧,程砚秋五年前来沪首演于黄金大戏院,连日爆满,被誉为给程派艺术"充实了喜剧之席",极受内外行的欢迎,此刻再加上业余琴师的"狂言",这个客厅的注意力都被吸引过来了。在炘自然清楚此情此景的分量,不由望了望两个年轻的伙伴,瞬间的交流达成一种身心的默契,稍做停顿,随即奋力抖弓,拉起了[西皮二六]的过门。琴音击破刚刚凝聚起来的寂静,每一个音符都那样清亮悦耳,在四壁激起回声,恰似"大珠小珠落玉盘"。当程砚秋随之唱出沉郁而灵巧的声腔时,又仿佛用一根无形的丝线将散珠串起,由小心翼翼而舒展自如,由朦胧莫测而光彩熠熠,于是那"珠"、那"线",渐渐融为和谐的一体了……

一曲甫歇,掌声四起。

程砚秋显然很兴奋,微笑着向大家颔首致意。

朱先生问:"如何?在炘拉的,跟周昌华一样吧!"

"嗯……"程砚秋高兴地望着在炘,很快又摇头,"不,比昌华好,好,真好!"

周昌华是曾经跟随程砚秋多年的琴师,现称在炘比他好,可算是赏识有加了。

压场是梅先生唱,他先赞许地说:"在炘对我的戏也很熟悉。我听他给慧珠(指梅弟子言慧珠)拉过,拉得好!"

梅先生唱了《玉堂春》中"来在都察院……"一段,在炘自然也是抖擞精神,精心伴奏。

清唱过后,朱先生设宴款待,宾主相让入席。

程砚秋拉在炘坐在自己身边,热情地为他夹菜,问道:"你在大学读什么?"

"土木工程系。"

"功课忙吗?"

"有时忙,有时也不大忙,就那样。"在炘笑笑说。

"你跟周昌华学的胡琴?"

"嗯,跟周先生学了三年了。"

"学戏吗?"

"也学。"

"好……"程砚秋含笑点了下头，又问，"刚才，培鑫怎么说你原来拉余派老生？"

"是的，他的演出是我拉的。但我喜欢拉青衣——更喜欢您的戏！"

"唔？"程砚秋一顿，两道立眉旋即弯弯地挑了起来，"为什么？"

"您的唱腔深沉、细腻，节奏感强，新颖动听，变化多。特别是悲戏，感情真挚，包含有丰富的内容……"在炘不假思索地侃侃而谈。

程砚秋凝神听着，目光渐渐变得柔和而深邃了。作为艺坛名家，他身边不乏崇拜者，耳旁也常有颂扬溢美之声，然而只有坦诚、真挚、确切——也就是发自肺腑，并且与他的追求相吻合的评价，才能使其动情。年轻的大学生性格爽朗，有见地，谈吐文雅，他被深深地打动了。

他放下酒杯，略作沉吟，便把手按在年轻人的手上，问道："好，那么，你愿意为我吊嗓子吗？"

"行！"在炘喜出望外，脆生生地回答。

两个人紧握着手，相对而望，都笑了。

这天晚上。程先生兴致很高，饮了许多杯他喜欢喝的绍兴花雕酒。在炘过后才知道，程先生虽然极注意爱护嗓音，却颇有酒量，还说喝点酒上场"胆子更大，放得开"，在炘曾见他酒后演拿手戏《梅妃》，果然比平日还要精彩。

当晚尽兴而散，在炘回到静安寺家中，夜已经深了。他却一点睡意也没有，刚刚过去的一天太不寻常了，见到了几位艺术大师，自己的琴艺经受住了考验，又蒙仰慕已久的程砚秋先生信任，相约为他吊嗓，这真是万万没有想到的事啊！此刻，他怎么能睡得着呢？可是，想到明天还要上课，他只能勉强使自己抑制住兴奋的心情，躺下休息。

"铃……"清脆的电话铃声，在老式三层楼房里骤然响了起来。

这么晚了，谁会来电话呢？

"在炘吗……"在炘几乎不相信自己的耳朵，话筒中传来的竟是程先生那柔和的嗓音,而且亲切地直呼名字!

"啊——是,您还没有……"

"打扰你休息了吧?"静夜听来,语调分外清晰。

"不,没有关系,您……"

"有件事,想同你商量一下,我想咱们明天就开始吊嗓,可以吗?"

"行,几点钟?"

"下午四点怎么样?"

从学校骑车到程住的迈尔西爱路朱家,约需三刻钟左右,下课后立即动身,四点钟以前可以赶到了。

"好,那么明天见!"

在炘放下电话,余音仍在耳畔回绕,这时他再也无法平息亢奋的心潮了。

二、程门洞开

作为一名工科大学生,唐在炘信步涉足于京剧界,事非偶然。

他 1922 年出生于一个知识分子家庭。父亲唐志上早年留学于英国牛津大学,回国后在上海电力公司任工程师,对儿子期望甚殷,一心想让他走自己的道路,培养成为理工科方面的人才。在炘不负所望,学绩优良,高中毕业考入了一流的圣约翰大学。

但他在刻苦攻读学业的同时,却从小就迷上了京剧,每天听无线电,稍大些又买登载戏词的《大戏考》对照着听,日子长了便对许多行当、流派的戏烂熟于心。父亲开通,不仅不干涉儿子的课余爱好,有时自己也一起听得津津有味。还有一位会拉京胡的姨父,常教在炘学唱、拉琴,可惜中年早逝,临终前唤他到床边,把心爱的京胡和珍藏多年的名角唱片都传给了他。这无疑是一个巨大的鼓励,从此在炘练琴更为用心。他乐感好,耳音准,特别是对节奏变化心领神会,颖悟过人,曾自信地表示:论拉琴的基本功,可能不如科班出身的老琴师,但在节奏感上却自度胜他人一筹,这一点后来被程砚秋的赞许证实了。

上海的票界早年就很活跃,经常开锣清唱或彩排,不少内行也参加,有的兼课徒教戏谋生。程砚秋早期的琴师穆铁芬和中期的琴师周昌华,都曾经为家境优裕的票友吊嗓或说戏,在炘先后向他们二位学艺,因是一介书生,酬资寥寥。他琴艺进步很快,上高中时已应邀为程派票友吊嗓,开始小有名气了。近年随着程派艺术在上海声誉日隆,程迷增多,他的兴趣也越来越浓,于各派中格外用功研习,并且一心想着多看几出程先生的演出,亲耳聆听他的唱。孰料,事情的发展远远超出了平日所望,一天之间,不仅得以结识程师,为他吊嗓,而且一见如故,引为股肱,又连夜来电话敲定日期、时间,何等的信赖和厚爱,又是多么难得的学习和锻炼机会呀!好事来得如此突然,看来生活里的一些际遇,真是可得而不可求了。

他不无激动地拉开窗帘,秋夜如水,月色朗朗,望着那幽然沉睡的弄堂、楼宇,鼓荡的心潮渐渐徐缓、沉静了。蓦地,他意识到自己从小就迷醉其间的神奇瑰丽的艺术殿堂,似乎又有一道深门打开了,又一番新的天地在呼唤着他;同时身后仿佛有一只大手,在轻柔而有力地向前推送着自己——那手很暖,掌心厚实、温软……这是因为意外之喜而产生的幻觉吗?它能把自己推向哪里?一切早选定了,几个月后大学毕业,自己就是一名建筑工程师了。当然,京胡还是要拉的……

如今看来,那也许并非完全是幻觉。不过人的某些预感,往往要经历很长时间,才会被现实勾画出清晰的轮廓。

第二天下课,在炘提着琴盒,骑车又来到了朱家。

还是那位制服雪白的仆人开门,看来事先关照过,直接领他到一楼和二楼中间的屋子跟前。

门半掩着,宽敞的房间里窗明几净。下午的阳光斜射进来,菲律宾松木地板闪烁着柔和的栗色光泽。

屋内无人。程先生呢？

在炘正疑惑间，忽听传来窸窸窣窣的声响。他连忙向门后看去，只见一人紧贴墙壁蹲着，闭目合睛，两手抚膝，上身笔直，两腿弓立，脚尖踮起，好像一尊以奇异姿态打坐的佛像。

正是程砚秋。

"您，这是干什么？"在炘不解地问道。

程先生睁开眼，看见他，笑了。立起身子，一边缓缓活动着腰腿，一边说："练腿功呀。我个子高，同哪个小生、老生配戏也不合适，必须练习存腿，一来可以调节身高，变换高矮，适应对方；二来腿部灵活了，走起台步来也好看。台上许多表演都靠腿，腿功是基础，我每天都练……"

在炘恍然大悟，不禁又望了望门后的墙角，回想起程先生刚才的姿势，心说要是蹲长了，滋味可像坐"老虎凳"一样难受啊！艺术家为创造完美的舞台形象，竟然自讨苦吃，忍受常人难以想象的体肤之痛，给他留下了深刻的印象。后来有一次，他在后台看程先生扮戏，发现程先生的裙子比腿短一大截，可一上场就垂到地面了，而且举步似行云流水，优美自如，亲见了存腿之功的成效。

来时骑车急了，在炘额际还汗津津的。程先生让他坐下，倒了一杯水，休息了一会儿，才详细问他具体会哪些剧目。

他一一回答了。

程先生听后笑笑："看来，我演的老戏、新戏你都会了，很好。昨天初次见面，你的确拉得好，特别是节奏上有火候儿，这很不容易。"又说："咱们先吊《贺后骂殿》吧，我相信你会，但还要再说说……"

他见在炘拿出笔记本，感兴趣地问："你这是干什么？"

"记腔。"

"能跟着记下来吗？"

"能。"

他听了深为满意，连声称"好"。把整出戏哼过一遍，说："今天第一天,应该吊几句,可我这两天忙,话说得多,嗓子不太好,就吊几句吧。你会《御碑亭》的几句西皮散板吗?"

不知有意无意,他点了一出不是程派代表作的冷戏,听在炘回答也会,不禁朗声大笑:"哈,看来你真的都会嘛,你下功夫了!"

到唱起来,果然嗓音发闷,立音显得有些吃力。唱罢,懊恼地摇了摇头:"一到上海就忙于应酬,睡的觉少,一个演员这样子是不行的!"接着又风趣地说:"假如再不练,不碰上你,恐怕要转业了!"

在融洽的气氛中,时间过得很快,不觉已经红日西沉了。分手时,程先生让在炘把琴留下,免得来去携带麻烦,还要求第二天提前一个小时开始。这样,在炘虽然时间紧张些,仍爽快地答应了。

告辞出来,程先生执意送到门口,说:"第一次嘛,总是要送送的!"出了门,在炘上车骑了一段路,回头张望,那高高的身影依然伫立门前,心头不由发起热来……

三、五点钟以后的"秘密"

转天下午,在炘三点钟准时到达,见面就吊整出《骂殿》。这次配合得非常默契,程先生几乎每段都称赞在炘拉得好,托得严,唱着舒服。他对在炘每次都能把腔笔录下来,并且体现在下次的伴奏之中,尤为赞赏,笑着说:"幸亏我不靠教戏吃饭,否则一个月下来,都给你邅过去,我就没饭吃了。没见过你这么快的,你真是又聪明又用功!"从神情、语气可以察觉到,他对年轻的大学生越来越赏识、喜欢了。

随着频繁的接触,在炘对程砚秋先生的了解也在日益加深,他对艺术勤奋进取、精益求精的精神,对京剧艺术的深刻见解和渊博知识,以及他虚怀若谷、平易近人的作风,都进一步激起了在炘的倾慕之情。

吊嗓时,他总是一丝不苟,站得很端正,有时手里握着一把扇子或一根木棒,一唱就是一出戏,从不休息,往往连续一个半小时左右。遇到不合适的地方,当即提出来,有时主动询问:"怎么样?"让在炘提意见,像尺寸、音准等,鼓励在炘"尽管提",拿不准也不要紧。最喜欢听新鲜的不同的看法,即使失之于幼稚,也聚精会神地听完,然后仔细推敲,还笑着表示:"哎呀,我占便宜了!在北京请人吊嗓,要花好多钱,别人吊要一块钱,我吊要三块钱,谁让我是程砚秋嘛。学了我的东西还要钱,真不公平!像你这样的,又吊嗓又研究东西,我太占便宜了……我多吊吊吧,反正你也愿意,对不对?"

说戏的时候,字眼、唱腔、气口都很细致,不肯有一点儿马虎。同时,不仅讲自己的唱法,而且介绍各派老先生是怎样唱的,各自有哪些特点,后来又如何一步步有了发展。像《贺后骂殿》,就依次例举了陈德霖、王瑶卿以及梅兰芳的唱法,然后再谈到自己怎样在王瑶卿先生的指导和帮助下,根据自身的条件,避短扬长,创造出有别于众人的新的演唱方法,终于独树一帜,把一出冷戏唱红了。他总结自己的经验时说:"我是梅兰芳的学生,学梅,没按梅的戏唱;我也是王瑶卿的弟子,也没有完全按照王先生的唱法。每个人的条件不同,艺术又在不断发展,不能墨守成规,死学别人……"

对涉及的每出戏,程先生都旁征博引、如数家珍,使在炘眼界大开,从纵横两个方面了解到流派艺术的渊源、形成和发展过程,如同上了一堂丰富而生动的关于继承与创新的启蒙课。几十年后,在炘与李世济一起在程派艺术的基础上,孜孜不倦地进行新的探索和创造,开拓进取,应说就是此时埋下的思想种子吧。

说到唱戏对字音四声的运用,程先生总是说:"人家说我字眼好,四声通,其实还很幼稚,因为受着文化的限制。唱京剧必须懂四声,运用方法也很多,不是死的,可以这样,也可以那样……唱戏与做诗不完全一样,前者还要讲究悦耳、动听。只是四声准,不好听,也就减弱音乐形象了。"他最为推崇余(叔岩)派的唱法,认为既好听,又字正腔圆,自称在字音四声的运用上"基本宗余"。

对于拉胡琴，程先生强调不管宗哪一家，伴奏时都要从演员的演唱特点出发，他举著名梅派琴师徐兰沅先生的例子，徐兰沅在给别人伴奏时，也不是照搬梅派的拉法。琴师一定要真正掌握演员的艺术特点，一知半解不行，只有完全了解透彻了才能主动烘托，帮助演员一起进行艺术创造。他还提出再为在炘介绍胡琴老师，在炘有些疑惑："我不是在跟周先生学程派戏吗？"他笑笑说："各个行当、各个流派的拉法都要学，才能互相借鉴，融会贯通呀！"

一言点破迷津，在炘不久就向余派名琴师王瑞芝问艺了。王先生当时为孟小冬操琴，过去曾给余叔岩吊嗓，余叔岩灌制的唱片《沙桥饯别》《打侄上坟》《伐东吴》等都是他伴奏的，深得余派真传，对唱法有深刻的理解，后来又与谭富英合作多年。在炘的老生拉法，基本上是宗他的。

过去，在炘常听人们议论程砚秋为人矜持，沉默寡言，实际接触起来发现很健谈，也很有幽默感，特别是聊到兴处，点燃一只大雪茄，夹在指间吸着，更为滔滔不绝，谈笑风生。也许这是谈论钟爱的艺术，并且遇到知音的缘故吧。不过，他倒是常评价自己不会讲话，语言生硬，在外面老实人说老实话，容易得罪人。他很不喜欢某些演员在交际场中的虚礼俗套，腻歪旧戏班习气，总说我们唱戏的没有文化，讲话、看问题都比较狭隘，眼光短浅，接受新东西少，提高是不容易的。一次，程对在炘说："你学得快，领悟得也透彻，很有前途，我很高兴。你给梅先生他们拉，我也仔细听了，不像外行。有的地方，内行也不如你精细，这就是文化的关系啊！"还称赞在炘英语讲得非常流畅。他多次强调演员不能没有文化，遗憾自己年轻时没有条件念书，现在知道的一点知识还是后来自修的。作为开创一家流派、享誉南北的著名艺人程砚秋，对文化如此重视和渴望，给在炘留下了难以磨灭的印象。联想初次见面对自己的热情"欢迎"，和当年他对北京中华戏曲专科学校的慷慨资助，都体现着对知识的热爱，在当时那个年代的艺人中间，也是大师才具有的眼光与境界吧！

日子一天天过去，感情一步步加深，谈话的范围越来越广，兴趣越来越浓,戏越说越细致,对在炘艺术上的要求也越来越高,友谊与艺事并增,有时是师生,有时又像忘年交,每个下午都过得很愉快,很有收益,那真是一段难忘的美好时光!在炘至今回想起来,仍觉得珍贵、神往。

这样过了两个月光景,两个人的交往远远超出了吊嗓、谈艺,在炘在程先生左右身兼数职:上海滩向导,拜客、赴宴随从,英语翻译,每次出门还代扎领带——从此,程先生的西式装束便完全标准化了。二人关系如此亲密,在炘只对一件事感到挺神秘,程先生每天准时在五点以前结束说戏,然后匆匆忙忙地出门,即使没有什么宴会应酬,一辆黑色的 Plymonth 牌小汽车也按点开到楼下等他。在炘同他一起出来,迎面刮来的北风已带寒意,望着他弯下高大身躯钻入车门的背影,不禁暗暗生疑:每天雷打不动,这是去哪儿呢?

四、"我收了个干女儿……"

一天,程砚秋忽然对唐在炘说:"北平有点事要料理,我得回去一趟。这次来上海几个月,除了认识你之外,我收了个干女儿,每天出去就是到她家去教戏。哎呀,长得真像我,脸长得像;教她唱,也像,别人都说像我的亲女儿一样!"说着,立眉不住地耸动,满面含笑,流露出抑制不住的喜悦心情。"这孩子很聪明。我教了她一出《骂殿》,以后,想请你给她吊吊,你先去听一听怎么样,如果你愿意,她父亲要请你去吃饭,咱们一起去……"

面对热切的期待目光,在炘怎么能不应呢。他也有些好奇,想亲眼见见这位"真像"程先生的干女儿。当然,他不曾意识到,一诺千钧,此刻颔首之间,将对自己和她的终身岁月意义非凡!

他们一起乘车来到贝当路(现恒山路)华盛顿公寓,一座漂亮的五层建筑。直上主人住的五楼,客厅宽敞、明亮,陈设称不上豪华,却也颇为考究、气派。

主人李乙尊夫妇在门口相迎，程砚秋为双方做了介绍。男主人四十多岁，中等身材，体态微胖，长袍，上身罩一件咖啡色团花织锦缎马褂儿，举止文雅，颇有气度。李夫人秀丽端庄，面含微笑。

主宾落座，程砚秋即问："世济呢？"话音刚落，一位小姑娘悄然走了出来。

她个子不高，梳两个短小辫，一张清秀的瓜子脸，尖下颏，五官像母亲，那脸形、眉眼果然又酷肖程砚秋，也是两道挑起来的立眉，眼睛微长，眼角上挑，还有那玲珑秀气的小嘴，也像。她身穿小旗袍，外套咖啡色呢子坎肩，一双家做的布鞋，显得朴素、文雅，像个小大人的样子。

程先生介绍说："这位就是唐先生。"她深深地一鞠躬："唐先生！"然后便静静地立在一旁，并不拘束，落落大方。

"世济，是不是唱唱，让唐先生听听？"程砚秋笑眯眯地问。

小姑娘轻轻点了下头。

在炘正要问唱什么调门，程先生已经说了出来，还说平时是他为干女儿吊嗓子。在炘听了觉得新奇，没想到他也会拉胡琴，并且为一个小姑娘充任起琴师来了。

在炘一边取出胡琴，一边问世济："你在哪读书呀？"

"在圣玛利亚中学，读初一。"

"怎么，你都读初中了？"在炘有些意外，看上去她不过十一二岁光景。

"我很早就上学了。"

李乙尊也说："她上学早。"

圣玛利亚中学是圣约翰大学的附中，也属于名牌学校。在炘笑笑说："我和你先后同学嘛。"又问："你课外喜欢什么呢？"

"我喜欢照相，很早就喜欢。"

李夫人介绍，世济从小就爱捧个旧相机东拍西照的，瘾头儿可大呢。世济不言语，只是抿了下嘴唇。

"那么,你怎么又喜欢唱戏呢?"

"我唱不好,喜欢听,常在唱片里听干爹唱,还不大懂。后来干爹来了,教我,我更喜欢听他唱的戏了。"

程先生仰靠在沙发上,身子微微晃悠,显然得意于干女儿的崇拜。

"我学了一出《骂殿》,还没有学好,干爹让唱给你听听。"世济说。

"好呀,唱唱吧。"在炘把胡琴放在膝上,又问她过去还会唱什么戏,她说会《女起解》的[流水]和《大登殿》里的[二六]。

程先生笑着说:"这些段子,我都没听她唱过呢。"

在炘拉起《骂殿》[散板]的过门,清亮悠扬的琴音在客厅里回荡,当世济张口唱时,嗓音与琴声在空中相击、融汇的一刹那,他不由暗暗吃惊:好一条宽亮的嗓子啊!一般女孩子声带偏于窄、细,而她的声音圆润宽厚,音色也很好听。这立即使在炘兴奋起来,抖弓拉下去:"大皇儿忙把金殿上,要回社稷自为王……"越拉越为之叹服,不仅发声吐字规矩严整,全然是程派风范,而且音准、节奏也完全对,虽然有的地方稍显稚嫩,控制不住气息,但对一个小姑娘来说,只正式学过一出戏,能达到这样的水平,已应算是奇迹了!

整出戏一气呵成,程砚秋紧跟着问道:"你感觉怎么样?"

在炘脱口说出一个字:"顺!"

"噢?"程砚秋眉一扬,满意地笑了。

在内行中间,评价一个"顺"字是很不容易的。唱、念、做、打都讲究"顺",顺就是好,不顺不会好。对唱功来说,就是指行腔流畅,节奏适度,字正音准,唱者运用自如,伴奏者拉起来轻松、舒坦,才称得上内行常讲的"顺溜"。

唐在炘初次为世济吊嗓,如果说一开始还曾小心翼翼地试探、应和,几句过来就放心了,信手烘云托月,一马平川,好不顺畅!

这无疑是一次愉悦的合作,也应属一个美好的开端。

程先生兴致很高,站起身来,对世济说:"我也唱一段,也唱《骂殿》,

跟你比赛吧！"

他唱的是[导板][回龙]接[慢板]，嗓音很好，气力充沛，每个小地方都唱得很细致。世济聚精会神地听着，她知道，干爹这是又给了她一次学习的机会。

唱罢，主人摆下了丰盛的宴席。李家有一位相从几十年的老厨师，姓邵，烧得一手好扬州菜，程砚秋很爱吃，连饮了几杯绍兴黄酒，酒酣耳热，兴致勃勃地对李乙尊说："今天我听在炘说'顺'字，感到高兴！"说着哈哈大笑，指点着在炘："他的要求很高，胃口很大，他能说顺，就是不错了！"

程先生的话不完全是夸张，在炘当时确实颇为自负。名角接触不少，票界更不用提，他给程砚秋吊嗓，几天时间就在票界轰动了，程山门难开，从来不给人说戏，更别说找个二十几岁的学生吊嗓了，因此人们把在炘比喻为那时最先进、最新式的"四个引擎的飞机"。在众多程迷中，他独受青睐，得天独厚，自然眼光愈高，一般人的唱是听不入耳的。

程砚秋津津有味地尝着菜，又说："在我回北平前，把这个戏再仔细地排一排。有机会可以彩唱嘛，不一定等我。我不在也能唱，胡琴最好让在炘给她拉，场面上请他约人，他在票界、内行中的朋友都很多……"说着，凝神想了想："我看，明天就排吧！"

整个晚上，世济一直很少说话，就那样沉静地坐着。听到称赞的话既不谦虚，又不忸怩，仿佛无动于衷，给在炘突出的印象是两个字：静、稳。在饭桌上倒不时关照在炘，看来对客人是很尊重的。饭后不久，她起身向程砚秋说："干爹，我睡觉去了，明天还要上学。"

程砚秋颔首："好，你去休息吧！"

她又向在炘说："唐先生，欢迎你下次来教我！"

在炘含笑应允。目送那小小的背影离去，不由对她的彬彬有礼、生活规律暗暗称赞。

五、"传我衣钵者，世济也！"

　　归纳一个晚上各个侧面的印象，唐在炘理解程先生何以一提起"干女儿"便喜形于色了。除去世济容貌酷肖、嗓音天赋过人之外，她的教养和气质也是重要因素。后者在吊嗓时就体现出来了，一个小姑娘，在众目睽睽之下，毫不怯场，唱时全神贯注而又从容自如，如入无人之境，是很见个性的。事过多年后，在炘对她这方面的禀赋体会愈深，认为她以一个闺门少女、女学生步入剧坛，置身于崭新而人事纷繁的环境，在强手如林的艺术角逐中如临风玉树，脱颖而出，很大程度正是倚仗了这种性格力量。她从不怯场，越是重大场合越稳重，越是与名家合作越能够正常发挥，甚至更好些。第一次见面后不久，在炘去世济家吊嗓，向她询问了拜识程砚秋的经过。

　　程先生刚到上海时，江苏省银行总经理许伯明请客，李乙尊也出席了。乙尊之父曾任安徽省提督，本人与政界、商界都有联系，喜好京剧，习唱老旦。那天他带着女儿世济一起去的，程砚秋一见面就很注意，旁边的宾客都说世济长得像他，他仔细端详，也说："真像！"于是拉住世济的手，问："你会唱戏吗？"

　　世济点头接着又摇头："我喜欢，唱不好。"

　　"你喜欢什么戏？"

　　"我就喜欢你这派！"小姑娘一本正经地回答。

　　程砚秋兴致上来了："我要教你呢？"

　　"你教，我就唱！"

　　众人都乐了。

　　许伯明大声说："好啦，你就收她做干女儿吧！"

　　程砚秋笑了笑："行啊……"

　　当时原以为交际场合，随便说说的。不料第二天下午四点多钟，世济放学回家，一进门老保姆就告诉她："程四爷来了，从下午三点就等你！"急忙走进客厅一看，圆桌上摆满了礼品：一对银碗，一双银筷，沉甸甸约有一两多重的金镯子，一个精致的小盒子里盛着用玛瑙雕刻的小靴子，还有几块织锦缎衣料，一幅外面买的手书的红纸条幅。这是干什么呀？世济看入神了。程先生笑吟吟地望着她，说："我来收干女儿，不懂得这里的规矩，这些东西还是向人家打听以后准备的呢！"

李夫人忙叫世济拜干爹，跪下磕头。

程先生当时还赠她一个名字，一直不曾用过，后来渐渐想不起来了。只记得程先生搀她起来，温和地说："你不是说，我教你就唱吗？从今天开始，我就教你！"然后订立了三条规矩：一是坚持跑圆场，在客厅里就行，把桌、椅集中放在中央，每天围着跑；二是早晨喊嗓，不出公寓也可以，买个小酒坛放在洗澡间里，冲着坛口里面喊，外面听不到声音；三是练习念白，教会她《玉堂春》中"启禀都天大人，犯妇之罪并非自己所为"一段，在墙上贴张薄纸对着念，不拘多少遍，直到纸湿为止。又约定："每天你放学回来，做完功课，我来教你。五点多钟行吗？当玩儿，不能耽误功课！"

光阴荏苒，程砚秋返回北平的日期快到了。临行前通排《贺后骂殿》，他带来了赵荣琛、王吟秋，赵荣琛演大皇儿，王吟秋演二皇儿，程砚秋自演赵光义，加上世济饰主人公贺后，可谓凑成一出名副其实的"程派戏"。

排完，他认为可以上台彩唱了。

程砚秋离沪时，已是农历年底，天气寒冷，机场上送行的各界人士仍然很多，气氛热烈。程先生同大家一一话别，临上飞机，唐在炘和熊承旭、闵兆华拥到前面，把一件礼品郑重地交给了他。他打开一看，是一块崭新的摩凡陀手表，不禁一边端详，一边高兴地自言自语："噢，三长针的？"

当时，三长针手表在市场上出现不久，是颇为新颖和考究的。它来自三位经济并不宽裕的大学生之手，馈赠老师，越发显得情谊深重。程先生很受感动，挑起两道立眉，深情地望着三位神情恳切而又风度翩翩的年轻人，含笑逐次一点："这三根针，就是你们三个人——'三剑客'！"

　　这番话，是指他们豪爽重义，还是形容他们结伴纵横艺苑、技艺出色？也许二者兼而有之，才使先生忽然想起法国作家大仲马的小说《三剑客》中的主人公吧。由于程砚秋曾嘱咐他们辅佐世济吊嗓、排戏，后来就传开了"情托三剑客"之说。

　　唐在炘临近毕业，功课紧张起来，一度只能利用星期天去李家一次。世济每次吊嗓都规规矩矩，站得笔直，而且像程先生一样，从头唱到尾，一刻也不停。每次指出她唱的有什么地方不足，下次再吊准得到了克服，因此不断有新的进步，这在学戏的小孩子们中间是不多见的。唯一使客人不习惯的，是她的沉默寡言，很少说话，总是父亲张罗着热情接待，她静静地站在一旁。不过，每个星期天早晨八点多钟，她都主动给在炘打电话，询问他可有时间来，这说明对学戏是非常渴望的。

　　快要彩唱时，在炘抓紧去了几次，她高兴地表示："这几天收获很大，但有的地方还找不准，唐先生能给我多吊几次吗？"在炘因为忙，问她是否找别的先生吊吊，她摇头说不要："我自己练好了，你有时间再来……"看得出来，这个有主见的小姑娘，非常尊重干爹的话，也对老大哥般的唐在炘充满信赖之情。

　　程砚秋离沪一个多月后，《贺后骂殿》在湖社首演，除"三剑客"外，还有号称票界"四大金刚"之一的薛某弹三弦。此戏唱过，"小程砚秋"很快就成了戏迷们的热门话题。

　　程砚秋本人由北平给世济来信，称"此番到上海最大的收获，就是收你为干女儿"，夸奖她"聪明好学"；给许伯明的信中，则感谢后者为他介绍义女，通过施教数月的体会，慨然断言："传我衣钵者，世济也！"

　　那年，世济年仅十二岁，而在炘二十三岁。

哈宝山的“配角艺术”

京剧界有句老话:"本事再大,一个人唱不了八仙庆寿。"意思是说,演一台戏要靠集体努力。如果把剧中主角比作一朵朵绚丽多姿的鲜花,配角就是一片片烘托的绿叶。观众从来不会忽视"绿叶"的作用。1981年夏天,天津市京剧团到北京演出,在戏报上有位老配角演员的名字一出现,便引起一些观众的注意,他们纷纷打听这位艺术家的近况。到首场演出时,字幕上出现了他的名字,台下立即响起了热烈掌声。几次演出结束时,热情的观众都用掌声呼唤他和主演一起谢幕,争先恐后地过来同他握手;前面的人握过了,后边的人又喊:"还有我哪……"

这位深受观众欢迎的老演员就是著名"里子"老生哈宝山。

京剧行当中的"里子"老生,又称"二路"老生,指的是戏里的老生配角演员;位置较为重要的又有"硬里子"说法。这应是从衣裳外面和内里的关系比喻而来,外面的衣料多么光鲜、漂亮,也离不开内里的衬托,由此可见配角与主角的关联之紧密。哈宝山几乎当了一辈子配角,却又有偌大的名气,受到观众如此厚爱,说明舞台上只有小角色,没有命中注定的小演员;即便是"绿叶",只要是珍品,照样会脱颖而出,引人注目。

哈宝山原籍河北沧州,1913年生于北京。他九岁经舅父(即马连良之父)介绍,拜蔡荣贵老先生为师学艺,次年即随尚小云、马连良赴上海演出,在《汾河湾》《三娘教子》等剧中饰娃娃生,从此踏上红氍毹,边学边演,开始了舞台生涯。他先是"二路""二牌"(后者指在大轴戏前单挑一出的演员)"两工抱",即前面当主演,压场演配角。后来专工二路老生,以基本功全面、台风稳健、配戏严密著称。他先后被各行当、流派名家引为股肱,同台合作。在长期的舞台实践中,他为许多优秀剧目的成功演出和加工改进,为一些重要的艺术流派的形成和发展,做出了自己的一份贡献。他所塑造的人物形象,如王平、东皋公、杨延昭、吕伯奢、赵德芳、毛朋、刘秉义等,都给观众留下了深刻印象。一般人认为,凡是演配角的,大都是受天赋条件所限,不得已而为之。哈宝山却不然。他早年嗓音洪亮,高低自如,而且扮相英俊、身材适中,完全具备当主演的条件。他曾经演过《战蒲关》《战太平》《朱砂痣》《碰碑》等戏,颇受内外行好评。但当时唱戏不能不考虑经济收入。一个刚刚崭露头角的二牌老生也需要由专门的六个人,包括琴师、鼓师、勒头的、管服装的、检场的和"挡手"(即管事)来伺候,开销很大,收入少时,往往入不敷出。而二路老生只要一个人当助手就行了,还可以分包赶角儿,即在不同的班社之间赶场,增加收入。哈宝山幼时家贫,家中缺少经济支柱,不能不考虑这层因素。蔡荣贵先生体贴徒弟的苦衷,也有意识地引导他专工二路,于是他到二十多岁时就不再挂二牌了,只是偶尔应别人邀请演出两场。可贵的是,哈宝山一旦走上了配角的道路,便不再三心二意,而是以一种锲而不舍的精神,踏踏实实地钻研本行业务,甘当绿叶。"行行出状元",他终于把自己磨砺成"绿叶"中的出类拔萃者。

过去当一个二路老生,必须具备两个基本条件:一是戏路子宽,二是摸准主演的脾气、特点。那时戏班不讲究排戏,事先定下来一出戏码,班社管事的先问你会不会,会,开戏台上见;不会,另请高明。哈宝山向以所会的戏多出名,有人曾问他到底会多少出戏,他谦和地说"实在不好统计"。其实,只要看看他曾和各行当的名家演过的戏,就知道其戏路之宽了。他要求自己,凡是戏里的老生角色都要拿得起来,如《伍子胥》中的伍员、伍尚到东皋公、皇甫讷、姬光,《清官册》里的寇准、赵德芳、杨延昭等他都能演。这不仅符合当时戏班对二路老生的要求,而且对掌握剧情,处理好人物关系,为主演铺垫和与主演配合,创造了有利条件。所谓掌握主演的"脾气",也就是熟悉主演的艺术风格和特点,有的放矢。同样是一出《失·空·斩》,马、谭、杨、奚各有不同,四大名旦均演《玉堂春》,唱法却出入很大,有的戏从场次、身段、人物形象到台词都有差别,配角也随之要有所变化。表演风格上,有的主演浓烈火炽,有的主演古朴含蓄,有的主演飘逸潇洒,二路演员要针对不同对象,使自己的表演与主演的风格统一、协调起来。哈宝山的特点就是不"一道汤",能随主角的不同而变化。他的嗓音本来很冲,好的时候高能唱到乙字调,在为嗓子清脆高亮的谭富英配戏时,就适当用几个高腔,烘托气氛;杨宝森的调门比较低,讲究低回中见苍劲,他就适应杨的调门,少用或不走高腔,不"搅戏"。这样知己知彼、能进能退的配角,能不受欢迎吗!

以上说的两个条件, 前提只有一个, 就是要有全面而扎实的基本功。哈宝山从蔡荣贵先生学艺七年,边学边演,其间又受过路喜才、雷喜福的指点,技艺进步很快。他练功十分刻苦,有一年三九天,在院子里练大枪"吊鱼",手指冻僵了,把枪抛起来没有接好,枪头把指甲戳得翻了起来,血流不止。他十六七岁时"倒仓"了,每天凌晨徒步从北京西城走到永定门城根喊嗓。喊完嗓吊嗓,下午还得上戏园子演出。就是这样他几经寒暑,终于在唱、念、做、打各方面打下了扎实的基础,成为"里子"老生中文武兼备、昆乱不挡的人才。有一次,梅兰芳在上海大轴演出《穆柯寨》,倒数第二出是杨宝森的《盗宗卷》,哈宝山配演陈平。《穆柯寨》里的杨延昭要打一套快枪,不巧为梅兰芳配戏的老生"刀枪不入"(不会刀枪把子),管事李春林想让哈宝山同他换一下角色,可是杨宝森一向对演员极为认真,不肯临时换人,后来只好由哈宝山自己赶两个角儿。当时不少人为他捏了一把汗,因为梅兰芳已是"声震瀛海,势迈古今"的大家,而哈宝山是不为人知的后生,两人又没有对过戏,一旦和穆桂英开打失手,挑了梅的脸面如何了得?哈宝山自己也有些紧张,但救场如救火,他只好鼓足勇气上。开打时,他仗着过硬的把子功,聚精会神,认真招架,配合得竟然十分默契,两场开打戏都顺利地演下来了,梅兰芳非常满意。第三场临上前,梅兰芳问他:"你能来'抢背'吗?"他点点头说:"能来。不过,总没使了……"他心里明白,梅的意思是希望走一个"抢背"。从剧情来说,杨延昭被穆桂英打下马来,拖枪下场也可以,但不如翻个"抢背"更能显示穆桂英的勇猛过人,并为后来杨延昭这位三关主帅恼羞成怒、咬牙切齿地要斩临阵招亲的儿子杨宗保埋下伏笔。哈宝山心领神会,到了台上,穆桂英挥枪一打,"年轻"的杨延昭出人意料地翻了个又高又漂亮的"硬抢背"。梅兰芳喜出望外,戏结束时,特意在下场门的幕边等着哈宝山,拉他一起谢场。观众一时掌声雷动,赞扬大师提携后进,为身手不凡的后起之秀喝彩。

哈宝山的过人之处,不仅仅是会的戏多,能适应不同行当、不同流派的主演,而且能够在熟练运用各种表演程式的基础上,从剧情出发,通过刻画人物性格和感情,体现剧中人物关系、矛盾纠葛,从而更好地烘托"红花",使整出戏达到珠联璧合的效果。他常说:"演戏归根结底演的是人,扮一个角色,上了台就是那个人;即使在没有身段、台词的时候,你还是'他',还在戏中,不能有丝毫懈怠。"这一点生动地体现在他扮演的拿手角色、《三堂会审》中穿蓝袍的刘秉义身上。《会审》这场戏,台上有四个重要人物,王金龙、苏三这对患难情人是主角;第三个穿红袍的人物潘必正是处世圆滑、随机应变的官场老手,虽然看出上司的破绽,却时而装聋作哑,时而婉转试探,变相捧场;另一名陪审官刘秉义则大不相同,他年轻气盛,冷峻尖刻,锋芒毕露,一旦发现王金龙和苏三的隐情,就视为大逆不道,加以冷嘲热讽,步步紧逼。他可谓是横在王金龙与苏三中间封建礼教的化身,王、苏二人的情绪是由他拨弄的。他虽然不是剧中的主角,但却是牵动全局、关系全场戏生动与否的关键人物,一般人演这个角色,往往非"瘟"即"火":前者不能激起王、苏的感情波澜,戏形不成高潮;后者则把一出动人心弦的悲剧变成了一出狂生大出风头的闹剧。所以这个人物虽是配角,却很难演好。而哈宝山扮演此角时,抓住塑造人物的根本,抓住刘秉义视封建礼教神圣不可侵犯的基本思想,让他心有不满便要流露,但又不能逾越官场等级,只能旁敲侧击,又不能肆无忌惮。哈宝山把握人物的心理变化,通过对表情、眼神、念白和身段恰到好处地处理,层次清楚地揭示了人物性格,不仅把人物演活了,而且一步步把剧情推向了高潮,为小生、旦角的表演创造了条件。有一次,他陪同姜妙香、张君秋在上海演出《玉堂春》,姜先生饰演王金龙,对他的配合极为满意,合作愉快,戏一结束就兴高采烈地喊道:"宝山,今天真是神气十足啊!"

作为一个配角演员,并不是不能在艺术上有所发挥、创造,毕竟艺术天地是广阔的,有志者总会大有可为。过去京剧配角老生的唱腔比较简单平淡,念白也缺少严格要求。哈宝山在与许多老生名家的合作过程中,注意博采众长,丰富自己的演唱。如《文昭关》中东皋公那句[二黄散板]:"将军为何白了髯?"点出伍员一夜愁白了胡子,本来是画龙点睛的一笔,可一般演员却唱平腔,烘托不出气氛来。哈宝山把"白"字拉长,"了"字往上挑,用了一个上滑音,采用了一个马派的甩腔,把东皋公意外、惊愕的心情淋漓尽致地表现出来。他每唱此句总能引起台下的热烈反应,渐渐成了流行唱法。他的念白很有功力,讲究抑扬顿挫,富于感情,并且注意同音乐伴奏相呼应,如《会审》中刘秉义在胡琴过门声中的念白,随着旋律既疾缓自如,又有节奏感,使人听来很有韵味,而且不早不晚、不快不慢,恰到好处地引出了旦角的演唱,使琴声、白口、唱腔三者浑然一体。

哈宝山在演出中一丝不苟、严肃认真,而且在意外的关键时刻,能够把荣誉留给别人,自担风险。有一次,在上海陪谭富英演《四郎探母》,他演杨六郎。在"见娘"一场,杨六郎先唱"四哥且待营门外",四郎应接唱"贤弟禀报老萱台",可是谭富英演的杨四郎在前边嘎调"叫小番"没唱上去,被观众叫了倒好,心情不佳,演到这里把戏词忘了,这时哈宝山如果置之不理,只按原来的戏词唱下去,完全可以,观众喝倒彩也与他无关;若是代替谭富英把下句补上,恰巧谭富英也想起词儿来了,两人同时张嘴,观众就要给自己扮演的杨六郎起哄了。千钧一发之际,他想,"一台无二戏",宁愿自己落倒好,也不能让主演再有闪失,那样损失更大了,于是及时把下句改为"待弟禀报老萱台",替谭富英把戏词补唱上了。当时台下观众没有发现,谭富英也没有意识到,他回到后台对此事只字未提。快到散戏时,谭富英才从后台别人口里听说此事,他万分感激地拉住哈宝山的手说:"宝山,你脑子真快,不然就砸了!"谭富英对这件事一直念念不忘。直到 1980 年,谭元寿来天津演戏,还向哈宝山提起这段往事,敬佩之情溢于言表。

戏德,是当好一个演员的重要前提。哈宝山之所以能成为优秀的配角演员、"绿叶"中的翡翠碧玉,不能不说与他注重戏德,不计较个人得失的从业风格很有关系。

"千里莺啼绿映红"。哈宝山衬托了一朵又一朵的红花,在自己年高体弱之年,于演出之余还在家里课徒传艺。谁道日月如梭催人老,仍是"霜叶红于二月花"!

今天的戏曲百花园,虽然花红叶绿,一片锦绣,但红花不是很多,绿叶尤嫌太少,祝愿哈宝山把自己的表演艺术和作风更多地传递给青年一代,为剧坛再添几分春色。

(刊载于《剧坛》1982 年第六期)

中篇

SUI YUE LIU HEN

岁月留痕

周信芳"丹桂"八年不移

　　有些艺术家的成名,由于从艺经历的丰富、曲折,很难确定是某个富于戏剧性的事件起到了决定性的作用,这就给后人的探索、研究提供了更大的余地。

　　誉满大江南北的麒派艺术创始人周信芳,是哪一年成的名?历来众说纷纭。有人认为是七岁,他的艺名麒麟童,即谐"七龄童"的音。不错,他六岁学艺,七岁先以"小童串"之名登台,演娃娃生,在《铁莲花》一剧中漂亮地翻了一个吊毛,全场为之喝彩;十二岁在汉口开始挂牌"七龄童"演正戏,不久又赴芜湖演出,更名为"七灵童",旋即首次到上海亮相,再改名为"时运奎",这时他已经是小有名气的童伶了。但是,能否说从七岁起,他已经成名了呢?怕还不行。因为尽管他颇受观众欢迎,却还不是一位成熟的、有创造力的演员,如同博得观众喜爱的小童星,还不能算正牌影星一样。

　　周信芳生前对确定自己的成名时期,是非常严肃和慎重的,认为一炮打响,见好就收不算成名,久占一地盛名不衰才算成名。这样就把时针向后移到了1915年,那年他二十一岁,此后一直到1922年,他雄踞上海"丹桂"第一台整整八个春秋,誉满沪上,观众的热情有增无减,创下了以流动方式为主要特征的梨园演剧史上的奇迹,从而也奠定了麒派艺术的根基。

　　梨园界有句话叫"久占必衰",因为观众到一定时候总要换口味,接触新鲜的东西,或者重温久违的旧相识,所以戏班子就得经常四处闯荡,跑码头。那么，周信芳为什么能够在上海一家戏院连演八年，久盛不衰，而名声大振呢？原因大致有四条：一是他在二十一岁之前的十余年里，寻师访友，刻苦求艺，边演边学，接触了众多的前辈名角大师，扩大了艺术眼界，博采众长，兼收并蓄，表演水平日益提高，闯荡足迹之远为一般童伶望尘莫及，随之积累的见识、本领乃至实践经验更非常人可比。在他十八岁那年赴上海短期演出时，当地剧评家就已做出了"表演真切，台步潇洒，念白清澈，行腔朴直，允宜成为今日之名伶"的高度评价，经过三年锤炼后重返故地，备受青睐就不是偶然的了。可以说，从七岁登台到二十一岁立足上海滩之前的十四年，厚积薄发，他已经为后来的八年做好了充分的艺术准备。二是行当、角色一专多能，演出剧目异常丰富。从1915年到1922年的八年时间里，首演剧目达二百五十九出，其中传统剧目五十出，新剧二百零九出（单本戏八十一出，连台本戏一百二十八出）。在上述剧目中，兼有京剧、昆曲两个剧种，而他饰演的角色则包括生、净、丑三个行当，生行又含老生、小生、武生、武老生、红生，净行曾经与名老生高庆奎轮流反串，他头天在《胭粉计》中反串司马懿，高饰诸葛亮；次日《草桥关》，高庆奎反串姚期，他反串姚刚。《铡判官》（八本）中则先反串丑行的油流鬼，后面自演包拯。剧目数量如此庞大，角色、行当多姿多彩，能不把观众牢牢吸引住吗！三是他的合作者人才济济且不断更新，既保证了演出质量，又满足了观众不断看见新面孔的欣赏心理，这期间先后和他同台献艺的有三麻子（王鸿寿）、余叔岩、汪笑侬、高庆奎、冯子和、尚和玉、马德成、瑞德宝、欧阳予倩等南北名家，可谓群英荟萃、相得益彰。周信芳主张，合作的对手越强，自己的才能就越增长，嫉贤妒能怕人压，是不想再提高的做法。同时他既演主角，又演配角，戏里缺什么就能演什么，可谓能屈能伸，红花绿叶两相宜。他在谈到连台本戏时说："用的人要经常换……就要人才流动，人才流动了，戏就好推广了。"

最后也是至关重要的一点，是他在艺术上坚持探索、创新，积极创演新戏。七年间仅自编剧目就达六十多个。他久占上海的指导思想非常明确,就是要寻求一个稳定的环境搞试验,多年后他曾风趣地说:"那时不叫试验,试是试不起的,一百多口人要吃饭!试不好就要散伙的。"所以既要敢闯,又要一丝不苟,保证质量。正如他讲的:"生意好,卖钱多,观众花钱买戏票,也是投我的艺术票。他们不投我的票,我就只好夹着靴包跑了!"为了让观众心甘情愿地投自己的"艺术票",周信芳以一位革新家的姿态进行了锲而不舍的努力,一路开拓创新,适应观众多样化的欣赏需求,锤炼舞台表演风格,在取得不衰盛名的同时,也为京剧艺术的丰富和发展做出了巨大贡献。

荀慧生幸遇慧眼

1919年9月，上海天蟾舞台派人到北京约请杨小楼组班南下演出。出人意料的是,这次普通的业务往来活动,于杨小楼来说,远不如对由此引出的另一位青年演员更为重要,后者便是刚由河北梆子改演京剧的荀慧生。

此时的杨小楼,已是今非昔比、身价百倍了。从天津走红回来不久,就和"伶界大王"谭鑫培合作演出,后又自行挑班,艺名传入清宫,被慈禧太后召入宫内演戏,作为"内廷供奉"极受"老佛爷"的宠爱,赏赐优厚,名气顿时大振,已是炙手可热、大红大紫了。这次赴上海演出,不过是例行的流动演出而已。他要考虑的主要是随行的合作者,红花还需绿叶相扶,配角是不可将就凑合的。梨园界同人闻讯纷纷推荐人选,老生、青衣、花脸等均是称职的名家,只剩下刀马旦、花旦演员由杨小楼本人选定,出人意料的是他却指名点姓要当时艺名"白牡丹"的荀慧生参加,这在一向有讲资历、论名分传统的京剧界不啻爆发一个冷门儿! 荀慧生算哪位呀,不就是那个原来唱梆子的、年方十九岁的毛孩子嘛。有人着急地找到杨小楼说,上海是个大码头,按您现在的身份去唱戏,一定要带够份儿的硬旦角儿,否则在台上有个闪失,岂不砸了您的牌子! 孰料,杨小楼不为众议所动,用肯定的语气说荀慧生很有前途,在眼下青年里是佼佼者,看着吧,脚步走顺了,将来不亚于梅兰芳!

这又是惊人之语,一个名不见经传且又是刚刚改学京剧的后生之辈,竟受到杨老板的如此青睐,可谓不同寻常了。

然而,也正是因为杨小楼有一双超乎常人的识贤慧眼,一言九鼎,为荀慧生打开了一个崭露头角的新天地。

荀慧生早年艺途坎坷多难,"脚步"是不"顺"的。他出生于河北省东光县,自幼家境贫寒,七岁便随父母、哥哥流浪到天津,以五十元的身价卖给梆子班学艺,受尽师父的虐待毒打,常常是遍体伤痕。一次,一位姓李的师父为他"杠腰",由于用力过猛,竟生生把他的腰折断了,疼得他昏死过去,瘫倒床上一个多月,侥幸的是未造成终身残废。后又被卖与姓庞的艺人,荀慧生曾在《半生艺事》中追忆:"虽曰学徒,其待遇之虐,直西洋之黑奴耳……以麻做鞭,浸入水中,名之曰:懒驴愁,余或稍懈怠,则以此鞭之,余急痛而啼号,则以棉花塞口,使不能做声……在庞处将十年,屡遭大创,畏庞如虎……但辍业返家,亦无生理,忍痛钻研,或者一线生机。"在如此活地狱般的环境下,他"饮泣听命",苦练基本功,掌握了一身过硬的本领,九岁便以"白牡丹"的艺名,在天津下天仙戏院正式演出了。但就是这样,为了养家糊口,他在演戏之余还不得不从事在当时应属最低贱的"第二职业"——为办丧事的豪门富户充当"仪仗队"员,举"哭丧棒"。

问艺苦,苦问艺,荀慧生含辛茹苦,艺事精进,终于在北京、天津一带的梆子班闯出了名气,站稳了脚跟。不料又因嗓子"倒仓"不能唱梆子了,不得不接受劝告,改习京剧。又重新闯荡,是那样容易的吗?还是荀慧生自己的回忆:"次年十八岁,遂改业皮黄……只以宗派积习,隐存内外同异之见……而冷嘲热讽,饱受同行之讥……直视为越等越等僭分,大逆不道,极尽排挤之能事。"就在他举步维艰地接受命运新的挑战的时候,一双慧眼发现了他,一双有力的手掌挽住了他,转机终于来了!

杨小楼领衔的永胜社风尘仆仆地开进上海滩,"白牡丹"荀慧生不负众望,果然一炮而红。他文武昆乱不挡,力作迭出,深受上海观众的赞誉,和社内名角一起被称为"三小(杨小楼、谭小培、尚小云)一白(白牡丹)"。演出期满,永胜社北返时,荀慧生又应戏园的特别挽留,独自留下领衔演出多日。

自此次上海之行以后,荀慧生的声誉与日俱增。1927年,在北京《顺天时报》举行的京剧首次旦角名伶评选中,与梅兰芳、程砚秋、尚小云同获前四名,自此确立了在"四大名旦"中的地位,也应验了杨小楼当年的预言。

人才难得。人才又是离不开慧眼相识、巨手相携的,从这个角度看,荀慧生又比当年的杨小楼本人幸运多了!

机遇由不得奚啸伯

　　尚未出名的年轻演员走红,大都离不开前辈名家的提携、扶持,有时候一番举荐、一次合作,便是前者终身受益的机遇,抓住这个机遇,便如鱼跃龙门,会使身价百倍。然而,社会环境又是复杂的,由于种种原因,并非每次宝贵的机遇都能化为现实。

　　"四大须生"之一、奚派艺术创始人奚啸伯,曾经先后受到两位大师的垂青,一次使他扬名津门,另一次却化为泡影,使他抱憾终生。

　　1936 年,天津的一家富户,人称"茶叶李家"办堂会,邀集的名角很多,青衣有梅兰芳、尚小云,武生是杨小楼,老生则为继谭鑫培之后最负盛名的余叔岩,由他出演《群英会》一剧中的鲁肃。眼看到了演戏的日子,余叔岩忽然给堂会提调人打电话,说自己病了,不能践约,需另请高明。对方一听如雷轰顶,都到火烧眉毛的时候了,往哪儿找人去?再说,须生泰斗余叔岩是随便谁能替得的么!便忙向余老板讨主意,后者徐徐告知:奚啸伯可也。提调人虽然不清楚奚啸伯的名气和实力,但救场如救火,又关乎余的面子,只得应允下来。开戏时,台前戳出余叔岩告假,奚啸伯代演的牌子,顶替名家者自然成了人们关注的焦点。奚啸伯兢兢业业地把一出戏演完,果然唱、念、做俱佳,形神兼备,台下内外行齐声称赞,从此在天津卫这个京剧大码头有了"名人效应"。回到北京,余叔岩才告诉他,自己根本没有病,就为了让他李代桃僵,有一次崭露锋芒的机会。一向对艺术要求极为严格的余叔岩,对他可谓格外信任、关照和煞费苦心了！

不过，前辈艺术家的殷殷爱才、助才之心，不是总能如愿的。有时候一粒不起眼的石子能够挡住大象的脚步。杨小楼也曾经很器重年轻的奚啸伯的唱、念功夫，满腔热情地想扶植后起之秀，主动提出与初出茅庐的奚啸伯合演《八大锤》，自饰双枪陆文龙，由奚啸伯后面饰王佐而未成，就是一例。

全部《八大锤》（带"断臂说书"）是出武生、老生并重的戏，前半出的主角是陆文龙，由武生饰演；后半出则主要看老生角色王佐。一个尚缺影响的年轻老生，如果能够和杨小楼这样的武生宗师联袂合作，在艺术和名气上都将是可遇而不可求的机遇。合演是杨小楼主动提出来的。原来在天津北洋戏院演出时，杨小楼曾经看过他的戏，过后鼓励他："唱得行啊，好好唱，不愁成角儿！"这次合演，特意把他叫到家里对戏，还给他说了"断臂"一折的吊毛如何起范儿，为演出做了充分的准备。可是等来等去，后台管事就是不安排，杨小楼再次催问，对方也只是佯装答应，敷衍拖延，这样一来二去，班社到外地演出繁忙，还有堂会应酬等事项，渐渐时过境迁，杨小楼也顾不上再提，硬是把一次千载难逢的合作演出给拖"黄"了！过后几年，一代武生宗师杨小楼溘然长逝了。后来通过别人的点拨，奚啸伯也终于知晓了《八大锤》没有演成的原因，是他没有及时给管事人"上贡"，用现在的话叫作"见亮儿"，他出生于贵族之家，票友下海，不晓得戏班子的潜规则，枉自苦等，太书生气了！他原想，演出是杨老先生的一片心意，凭杨老先生在班社中的地位、权威性，自然一呼百应，万无一失，却不知道"小鬼难缠"，还要打通下面的关节。该不该为之而懊悔呢？反正，直到晚年提起此事，他也是非常遗憾的。

一个在历史上留不下丝毫痕迹的小人物，轻而易举地阻挠了艺坛两位大师的一段舞台佳话，细究起来，应属运行"机制"出了毛病。一次机遇的丢失，未必能阻止千里马的腾飞，奚啸伯不还是蔚然成家了吗？但这件事还是告诉我们，不可忽视中间环节上的问题，不能让阳奉阴违、利欲熏心的小人只手遮天,造成机制不能健康运行的后果,否则是有可能使良驹困于足下、伯乐含憾九泉的。

裴盛戎也抱猫了

1947 年的一个夜晚,上海黄金戏院门前车水马龙,人群熙攘,五光十色的霓虹灯映红了夜空,显现出一派每逢名角演出才有的繁华景象。当晚的大轴戏是《连环套》,特邀多年在上海充任驻班演员的裴盛戎饰演窦尔敦,而在江南极负盛名的周信芳,在"拜山"一场为其配演黄天霸,就为这场演出笼罩上了一层特殊的迷人色彩。

一位著名的剧作家去后台串门,恰逢裴盛戎从楼上小休息室下来,身穿睡衣,气度雍容,步态悠闲,怀里还抱着一只漂亮的波斯猫,俨然一副走红名角的派头。

老友见面,后者仿佛有些为自己的排场腼腆,连声谦逊,剧作家却迎上去说:"你真成了金少山了,好啊!金少山抱狗下后台,你为什么不能抱猫呢……"周围的人都笑了,既是凑趣,又可谓默认。在旧戏班里,名角自有名角的喜好和气派,有时候携带宠物下后台,也是身份高低的某种标志。

剧作家一面寒暄,一面在心里涌起了一阵感慨。六年前,就在这家戏院的后台,同样是眼前这位裴盛戎,曾因演开场戏《万花厅》来晚了半小时,被后台经理没鼻子没脸地辱骂、责打,还要他在"祖师爷"像前罚香,即奉香跪拜,以示惩戒,那时他还被视为一个二三路演员,谁敢想能有今天的景象?真可谓士别三日当刮目相看,今非昔比了。

那么,在过去的几年里,究竟发生了什么事,使裴盛戎的处境发生了天上地下般的变化呢？很难肯定那次当众受辱，给他的内心深处留下了多么深的创伤和刺激，是否由此促使他卧薪尝胆、奋发图强而刻苦自励呢？不得而知。但有一点是肯定的，他终于被内外行广为承认，不是一朝一夕之功，而是多年来不馁不躁、刻苦钻研、再接再厉的结果。

早在富连成坐科时，父亲裘桂仙在科班任教，对他的要求就很严，有时他在[快板][垛板]的气口上掌握不好，老先生举起戒尺要打又不忍打，气得把戒尺在他嘴里拨拉着，恼火地说："你这孩子，你这孩子！……"在这样严格的训练下，裘盛戎对于唱工基本的吐字、发声、行腔、用嗓，打下了扎实的基础。后来又向精通音律的老先生请教"五音""四呼"的学问，对他的会唱、唱出韵味大有助益。在上海驻班期间，他一直坚持对花脸演唱中的"立音"的研究、探索，根据自己的嗓音不够实大声洪的条件，在高音区摸索形成自己的特色；力图使过去花脸声腔偏重气势向兼具韵味上发展，把口腔共鸣位置推向口腔和鼻腔共鸣；从老唱法的行腔较为平直、缺少变化，向行腔音调跌宕起伏、高低迂回，顿挫快慢变化多、幅度大上发展，并在唱腔里增加多种装饰音。通过在吐字、发声、用气、行腔等各方面的努力，终于在保持传统净行粗犷、豪放的同时，形成了一种韵味醇厚、酣畅饱满的新的花脸演唱风格。

裘盛戎是一位唱、念、做、打全面型的演员，非常注重博采众长，在上海期间经常观摩周信芳的演出，吸收麒派的创作方法，周信芳在舞台上的一言一动、一招一式都为塑造人物服务，坚持以情感人，也成为他的艺术追求。

凭着独具浓郁韵味的声腔艺术，加上多年来练就的文武兼备的硬功夫，裘盛戎在一次和被誉为"十全大净"、当时最红的花脸演员金少山同台演出时，经受住了考验。《白良关》一剧又名《父子会》，金少山饰尉迟敬德，俗称"大黑儿"；裘饰儿子尉迟宝林，俗称"小黑儿"。剧中有一场父子于阵前相认，唱、做并重，往往形成大黑、小黑两个角色的"对啃"，论个头和嗓音的音量，他都无法同金抗衡，但他没有被比下去，凭借浓郁的韵味和行腔的起伏婉转照样获取了满场彩声，给观众留下了深刻的印象，随之也进一步树立了在剧坛的影响。

20世纪40年代末期，裘盛戎带着日益成熟的表演艺术从上海回到北京，自组班社，一炮打响。几年后，他和谭富英合作演出的《将相和》唱红了大江南北。此后，他不断进取，一往无前，推出一个又一个脍炙人口的名剧，成为京剧史上又一位净行大师，裘派艺术影响深远。

回想当年，裘盛戎怀里抱的何止是一只"猫"呢，那也是他临辱不馁、发愤进取、刻意求新的艺术硕果呀。六年之变，除去使人感叹世态炎凉和令人鄙弃的旧戏班风习之外，给后人留下的可悟的东西还是很多的。

世纪名伶赵松樵艺广技绝

在京剧界技艺高超的老寿星中，赵松樵是别具风采的一家。他祖籍山东，1901 年 4 月 28 日生于江苏省镇江，1996 年 12 月 29 日在天津病逝，在剧坛大江南北纵横驰骋九十余个春秋，称得上世纪名伶了。

第一次看赵老先生的戏，是 20 世纪 50 年代初，我刚上初中，是在天津南市长城戏院日场的《徐策跑城》。开场时，一位稍年长于我的戏迷同学郑重地在耳边相告："你注意，他的'跑城'和麒派不完全一样！"以我当时的鉴赏能力，自然尚难一一看出赵先生的独特之处，只觉得他的身形偏于瘦小，动作幅度较大，特别是脚步，"外八字"跨得更显夸张，却每一步都透着从容而有分量；做戏逼真，火炽而又沉着；也是一条带沙哑音儿的嗓子，却气力充沛、浑厚、沉雄，歌来高低自如，念白中附加的语气词，不是麒派的"呵呵"，而用适合于自己厚实低音的"嘿嘿"，别具一种老人的幽默与机趣……"跑城"身段、脚步的繁复多姿就不用说了。由此我记住了赵松樵和他的"徐策"，那年他已经五十六岁了。

后来了解到，赵松樵从小随唱山西梆子的父亲学艺、跑码头，七岁登台，九岁以"九龄童"艺名演武生、武老生戏，有"小神童"之誉。1912 年，父亲接受北京喜连成科班教戏的邀请，他随之带艺搭班，与"喜"字科的侯喜瑞、王喜秀、钟喜久等同台演出，还结识了同样带艺搭班的梅兰芳，梅年长他七岁，艺品和人品都给他留下了美好印象。这期间，他到天津演戏，曾和谭鑫培的班社同在升平戏园献艺，并与尚小云同台，建立了友谊。此后几十年闯荡于东北和江南各地,在上海与周信芳、林树森等多有合作。1950年,被徒弟李铁英等接到北方,在阔别近四十年的天津落户。

赵松樵的表演艺术,一是戏路极宽,老生、武生、武老生、红生以至花脸戏均演,且都有自己的拿手剧目。高盛麟初次在上海与李万春演《战马超》,饰武花脸应工的张飞,即曾慕名向他求教,演后大获成功。二是文武兼擅,技艺精湛。代表剧目中的绝技尤令人叹为观止,如《白马坡》中颜良的扔刀、原地起范儿摔壳子,高及数尺;《活捉潘璋》中的潘璋,在高台上迎着关羽的亮相摔壳子落地,甩盔,抖甩发,同时黑满髯口上扬,后直落下来平铺脸上,整套高难动作间不容发,一气呵成;《三江口》的张飞,赤膊穿卒坎,跺泥劈叉,起蹦子上马;《云罗山》戴又长又重的"倒栽甩发",边甩边走吊毛、翻抢背……这些绝技,至今仍被同行和老戏迷津津乐道。三是演戏讲究"要唱剧中人,要演唱出神韵来,要把戏做'细'了",被剧作家翁偶虹先生赞为"化魂儿的身段,出了壳的做派"。

20世纪60年代初,我曾陪梨园名宿万子和先生看过他的一出冷戏《北汉王》,主角本来是旦角应工的能文擅武的皇后,可他饰演的好色昏庸的北汉王实在是太精彩了。有一场他夹在剑拔弩张的皇后和宠妃中间,左右为难,两面讨好,赵松樵边唱边做,嘴里唱着,手上轮换指着,绘声绘色,出神入化,令人目不暇接,原为看饰演皇后的干女儿的万老先生不禁失声慨叹:"戏都给赵松樵唱了!"接下来的"杀宫",帘内[导板]又是满宫满调的"六字半",高亢入云而又浑厚、苍凉,赢得满堂彩声。待散戏一进后台,万先生就由衷地向赵松樵挑起大拇指:"老英雄啊……"

"老英雄"名不虚传。1980年文化部为他录像,他年届八旬演"跑城"还坚持摔"屁股座子",我去后台看望,他说留下的东西得对得起观众。直到年逾九旬,他每临台一曲《路遥知马力》,嗓音仍苍劲有力,收纵自如,古朴雄浑如林涛山风,饱含孙(菊仙)、汪(桂芬)等派遗韵。老先生晚年,积多年的从艺经验,曾经总结了四条体会:一是演员要抓紧青年时代的好时光,加强基本功训练,打下扎实的根基;二是戏曲演员要多学习一些历史知识，无论唱什么戏，扮演什么角色，唱戏要像剧中人，要唱出神韵来，要把戏做"细"了，这就必须精通剧情；三是要做到学、变、创相结合，每个人的天赋、个性不同，唱戏要适合自己的个性，要善于运用个人的所长，也要善于克服个人的所短；四是有的具有保留价值的老戏失传了，应该抢救恢复起来。为此应该创造条件，使一些现在仍然分散在各地的老艺人发挥余热，他们舞台经验丰富，会的戏多，是"戏包袱"，在培养青年、挖掘遗产上还能做出贡献。

"老英雄"壮心不已。直到病重期间，每天早晨仍要"默"一遍戏，家人说他在病床上，只要能坐起来就是戏里的神气……

赵松樵——一位把京剧的"魂儿"和精气神保持终生、留给观众的世纪老人！

不该淡忘的管绍华

近日在《戏剧电影报》上，忽见已故京剧老生名家管绍华的《小桃园》之刘备剧照，一时颇有"久违了"的感慨，又想到今年适逢他九十五周年诞辰，便觉得应该再做一点回顾和介绍，以表纪念之情。

提起管绍华，现在的青年观众大多会觉得陌生，这和他的名字多年来鲜见于报端有关。其实，他和许多曾享誉于菊坛而后归于沉寂的前辈艺术家一样，是不该被忽视和遗忘的。

幼时，我在北京的家里常听京剧唱片，管绍华先生在我的"排行榜"上，一度是靠前的。当时自然说不清楚他的演唱好在哪里，只是出于直觉感到音调悦耳、流畅，字眼清楚，较易于听懂和模仿——我还确实模仿过他唱的《打渔杀家》中的"昨夜晚吃酒醉"一段，在中学春假期间举行的一次篝火晚会上，电台还进行了现场录音，过后在学校的午休时间播放了。忆及往事，把我带回了难忘的早年校园生活，戏怎么唱的记不清了（自然会很幼稚），却唤起了我对管绍华先生的怀念，并且还对他的艺术成就有了更深一层的认识。

管绍华原名家骏，1902 年出生于北京的一个满族家庭。青年时代以药剂师为业，工余研习京剧，由于嗓音条件优越，学艺刻苦，很快便脱颖而出，20 世纪 20 年代与奚啸伯等并称北京"四大老生名票"。1933 年，冲破父亲的阻力下海，经言菊朋先生热诚推荐，初出茅庐便在杨小楼、筱翠花的班中任二牌老生。后又得到"通天教主"王瑶卿先生的赏识，悉心点拨,并让他和自己的弟子王玉蓉合作演出,两个人都是天赐佳喉,珠联璧合,一出《四郎探母》唱红了大江南北。由此他饰演的杨四郎炙手可热,荀慧生、言慧珠等名旦先后相邀,黄桂秋和他以该剧在上海天蟾舞台打炮,连满三天。此后与他同台的旦角还有程砚秋、华慧麟、章遏云、毛世来、宋德珠、赵燕侠等。其间,几次到天津及东北各地巡回演出,连演连满,备受欢迎。马连良先生曾对他说:"绍华,你在东北很出名,我唱不过你呀!"其中固然有大师的自谦和鼓励之意,却也可见他在关外的声势了。

20世纪30到40年代,是管绍华艺术上的巅峰期,应约灌制唱片三十余张,是当时"留声"最多的名角之一。新中国成立以后,他曾加入中国人民解放军四野文工团,领衔首演于武汉,深受广大官兵和各界观众的欢迎。后来在北京和东北等地组班或任主演,"文革"前息影舞台。1981年病故于北京。

综观管绍华先生三十多年的艺术生涯,不应视为只在菊坛闪耀一时的昨夜星辰。两年前,上海复制发行他与王玉蓉合演《四郎探母》的录音带,很快被争购一空,这说明他的演唱艺术是具有经得住时间检验的魅力的。他的嗓音高、宽、脆、亮皆备,唱法基本宗谭,兼习余、言,注重发挥自己的天赋优势,唱得古朴明快,清亮峭拔,流畅自如。有时似欠精雕细琢,较为随意,却能给人以清新活泼、行云流水般的愉悦感。在剧情的高潮处,唱腔繁难、高险,歌来仍酣畅淋漓,履险如夷,如《坐宫》的嘎调"叫小番",王瑶卿见他按一般唱法仍有余力,在后面又加了一个"哪"字,可谓难上加难,却更充分地表现出了人物激越、奔放的情怀。他演唱喜欢用京音,吐字清晰,又追求以声传情,感情充沛——我想,这当是早年他的唱片,于我少时独具吸引力的原因之一吧,而这在今天想来,对于普及京剧艺术,应该说是颇有研究价值的。

可惜,眼下知道和了解管绍华其人其艺的人确实不多了,这不能不使人觉察到近年来京剧艺术在研究和宣传、介绍中存在的偏颇,致使人们看到的只是那么几位流派的创始人,好像未形成一家流派,便不足以在京剧史上留有一席之地，这不能真实地反映京剧艺术在鼎盛时期群芳争艳的全貌，不利于总结京剧发展过程中的丰富经验，也限制了今日观众的欣赏视野。再进一步说，如果继续按此标准取舍，当今在世的名家们，日后又有多少能够在后人心目中留下艺术足迹呢？那岂不是过于苛刻和偏颇了吗？

倘若对于管绍华先生的纪念，能够唤起对更多的被冷落的已故名家的珍惜和重视，其意义便超过纪念本身了。

张世麟重返《雁荡山》

金鼓齐鸣，勇卒列阵，一位身披白靠的大将疾步登场，高举黑缨子金杆大枪率部出征，腾跃间舞姿劲秀，气势逼人，他是那样年轻，却又那样凛凛然八面威风……

这是现实的图景吗？1995年9月的一个上午，当我坐在中国大戏院的台下，看张世麟先生在他的舞台生活六十五周年之际重排拿手好戏《雁荡山》的时候，我的眼前确实一度闪过了刚才那激奋人心的场面。当然，我很快就意识到了那是四十来年以前回忆的再现。当时他正当盛年，初返津门，就在这一方舞台上纵横驰骋。尽管岁月无情，如今他已经是七十八岁高龄的老人了，一身便装，足蹬厚底靴子，同年轻后生们一起排戏，却依然身姿挺拔，全神贯注，举手投足一派大将风度，使观者不得不在心里先喝了一声彩！

人生就是历史与现实相互辉映、交融的舞台，特别是对于一位走过漫长岁月历程的老艺术家，当人们目睹他今日风采的时候，很自然就会联想到他的昨天，他的过去，他的跋涉与辉煌。

张世麟，原籍河北省文安县秦各庄，1918年出生于贫苦的艺人家庭，自幼跟随唱花脸的父亲各处搭班，十三岁随师哥李兰亭学艺，经历了许多坎坷和曲折。他问艺于天津，闯荡于关外，付出了多年的艰辛和汗水，深深体验到了"要成为一个好演员必须苦练苦学，不苦成不了才"这一朴实而又无情的求艺真谛。于是在苦中熬练，从武行到武生，从配角到主演,再到挑梁的大武生,终于在东北一举成名。1952 年,他创演的新编戏《雁荡山》进京演出,四进中南海,在与梅兰芳、马连良、张君秋、李少春等大师名家同台时演大轴,受到领袖们的赞许,名声大振,当时年仅三十四岁。20 世纪 50 年代后期,他重返海河之滨,参加天津市京剧团,和另一位武生大家厉慧良共同撑起了令全国菊坛瞩目的武戏鼎盛大旗,从此扎根津门,长靠、短打佳作迭出,形成了被誉为"漂、冲、脆"的艺术风格,多少年来一直深受同行、观众的尊崇和喜爱。

在排戏的间隙,我在后台和张世麟先生匆匆见了一面。老人年近八旬,虽然记忆力已不如从前,但谈起戏来就像他在台上排戏一招一式分毫不爽一样,仍然思路清晰,讲得头头是道。这种对艺术和生活上的思维反差,使人感觉戏确实已经同老人的生命融合在一起了。他珍惜戏,扳起指头历数"四大国粹",两次都把京剧放在"领衔"的位置上。半个多世纪的艺术实践,他形成了独有见地的艺术主张,如他把人们习惯称谓的"四功五法"改为"五功四法"。即唱、念、做、打、舞和手、眼、身、步;强调功是基础,法是技巧,戏是目的,缺一不可,一定要全面处理好,要求青年演员必须要在功、法、戏三者上下苦功夫,不能图轻巧,也不可偏废。

说到功,张世麟先生的勤奋刻苦、长年不辍早已有口皆碑。他自称"三无武生",即没嗓子,没跟头,没腿功。当年师哥李兰亭重点培养的是师兄弟梁慧超,他只能作为武行打下串,为此嗓子不喊不吊,腿功也练得不够。唱武生的可以少演唱、念繁重的戏,一般唱主演的武生也很少翻跟头,但"腿是根,腰是本",腰腿功是少不得的,为了弥补自身的不足,他在实践中反复摸索出了一套解决难题的方法,练腿的负重力,把长靠、短打的着力点结合起来,演长靠戏吸收短打的"以膀带身"等,使有些功夫的欠缺得以转化,锤炼出刚健、挺拔的舞台形象。步入老年,他仍然苦练不已,不仅每天出现在练功房,而且十几年前我就见过他在上班途中以步代车,健步如飞的照片,为的就是边走边练。至今他在家里还每天踢腿、练步法,他说不活动不行,万一要有任务呢?到什么时候演出也不能"寒"

在台上，要对得起事业，对得起观众！由此你也就不难理解，他何以能在耄耋之年重演代表剧目《雁荡山》了。

《雁荡山》作为一出纯以舞蹈、开打为表现手段的哑剧，又是一出群戏，四梁八柱一定要整齐。这次纪念演出饰演贺天龙的是花脸名家景荣庆，兵卒则是一色的青年演员大赛中的冠军、尖子，阵容实在难得。张世麟先生的公子幼麟提起两天的祝贺演出，有京、沪、冀四十余位武戏同行加盟，加上天津演员达二百余人，张春华、李荣威、董文华、郭中昌等名家不计名位，不计报酬，通力合作，心情十分激动。我想，这就是当年周恩来总理称赞《雁荡山》时一再肯定的"集体主义"精神吧！由此周恩来还曾谈到了"《雁荡山》是我们发展的方向"。当祝贺张世麟舞台生活六十五周年演出的大幕拉开，满台精锐"重返"的又何止是一座"雁荡山"呢！而对于青年演员来说，张世麟先生总结的从艺经验，面对困难和不足"要采取积极的态度，勤于探索，办法总是可以找到的"，"只要努力，不利条件是可以转化的"，应更具有深刻的启示意义。

程正泰古稀之年不老

1998 年 3 月,京剧表演艺术家程正泰举办舞台生活六十年纪念活动期间,我曾在一篇文章中用了"人到古稀正当年"的题目,还就他的样子依然显得年轻,而且确实洋溢着活力,以"仁者寿"相赞和祝愿。两年后他却匆匆地去了,感到突兀和难以接受的绝不仅仅是他的后人。但我沉下心来回想过去的话,并不觉得有什么失误,无论是做人的厚道风范,还是他对京剧艺术的奉献,都不是无情的绝症所能吞噬的,而且在人们的心中永远不会"老"去。

我与正泰先生结识较早。研究老谭派、余派艺术造诣精深的票界名宿、我的老师李厚康先生和他久有渊源。程正泰自幼家境孤苦,两岁丧母,十岁随酷爱京剧的父亲参加票友演出,在《汾河湾》中饰薛丁山,不料三年后,他在上海戏剧学校坐科期间,父亲又辞世而去。或许正是这种少小无依的处境,使他形成了在学业抉择上执拗的个性。刚从上海戏剧学校毕业不久,在南京搭班演出,出于对杨派老生演唱艺术的痴迷,不顾亲友们的阻挠,私自北上投拜杨宝森先生门下,就是被厚康先生的堂兄李厚福偷藏在船舱里带往北京的。时年仅有十七岁。

在众多的杨派传人中,程正泰先生被公认是深得老师杨宝森亲传的弟子,1944 年冬天,拜师磕完头就住在老师家里,一住就是四年。杨宝森先生对他不仅管吃管住,在戏上精心雕琢,而且特聘老师教授文化,可谓呵护备至。出师后首次在京城亮相,师徒同台,开场是名武生梁慧超的

《金钱豹》，正泰先生的《文昭关》排在第二，杨宝森先生大轴演《捉放宿店》，师生这两出老生戏都有以"一轮明月……"起唱的大段[二黄慢板]，一时传为美谈。从此继承、发扬杨派技术。便成了他的毕生追求。1956年正在南京演出，杨宝森来津担任市京剧团团长，他奉老师召唤北上也加入该团，继续追随深造。杨宝森先生英年早逝后，他于1962、1963年先后两次在天津举行杨派艺术专场，名净侯喜瑞助演，杨宝忠操琴，杭子和司鼓，配角尽是杨宝森生前的原班人马，上演了《失·空·斩》《杨家将》《伍子胥》《洪羊洞》《珠帘寨》《击鼓骂曹》等杨派名剧，在全国首开了以专场形式集中展演杨派艺术的先例，对于杨派艺术的传播和影响，以及在天津形成杨派的深厚土壤，都起到了重要的作用。"文革"后的1984年，年近花甲的正泰先生又恢复上演了已鲜见于舞台的《战太平》《捉放宿店》《珠帘寨》等很吃功夫的重头戏。我最后一次看他的演出，是1998年3月他于纪念活动期间演的《洪羊洞》，扮相秀雅、清癯，嗓音宽厚、苍凉，感情饱满而深沉，歌来悲怆之声令人难忘。

近年来，正泰先生把更多的精力倾注于为弘扬京剧而开展的普及、联谊活动和资料整理上，再有一个重要的方面是课徒授艺。除去在戏校和剧团任教，还有许多专业、业余新人纷纷拜在门下，弟子张克现在已经是在大江南北都很受欢迎的杨派中坚了。在一次聊天时，正泰先生曾向我说起他对杨派演唱艺术的理解，杨宝森先生当初是怎样教他的，听来确有独到之处，如果整理出来会是非常珍贵的史料。在老一辈京剧艺术家中，有的走出前人而卓然成派，有的幸得大师亲传，继续精研细磨，从承传的角度评价，后者的价值和意义同样不可低估，正泰先生的骤然长辞更让人对此感受尤深。

在同行和朋友中间，正泰先生的随和、没有架子是出了名的，对弟子也不搞师道"森严"，而能相处得亲和融洽。但他也有极为执拗的方面，如拒绝到茶馆清唱就是他的一条不肯迁就的原则。他曾对我说，京剧已是一门唱、念、做、打包括服饰在内的综合艺术，清唱反映不了京剧的全面风貌和魅力,搞多了还会有副作用,为此除极特殊的公益性活动需要之外,他绝不会参加。他果然说到做到,在茶馆很难见到他的身影。他的观点当然是有道理的,清唱可以偶一为之,却不宜过多过滥,否则不仅加大剧种表演艺术的失衡,而且还会造成同台演员的演唱脱离剧情和人物,互相争着要效果,比高腔、拼气力,促使艺术变形。虽然按目前京剧市场仍然不够景气和演出形式日益多样化的情况,很难要求别人都来遵循正泰先生的原则,但他坚持按自己的艺术观点和主张身体力行,却仍然是令人起敬和难忘的。

下篇

YI YUAN YIN XIANG

艺苑印象

黑与红

黑是乌发,红是口红,两样通常属于青春女性的浓丽色彩,却在老人身上出现,给了我深深的触动。

逢农历岁末,天津中华民族文化促进会要去北京提前给京剧老艺术家拜年,后者都是舞台上红极一时的名角,后来又为中国京剧音配像工程立下过汗马功劳。老人们大多已到耄耋之年,与京剧相伴走过了半个多世纪,如今硕果仅存,实在有太多的理由被挂念和珍惜,所以只要不在外地出差,我总是争取同行。

记得初次去旦行名家吴素秋的家里,老人息影戏场多年,对有人在节前专程探望,显得非常激动和高兴,忙着让家人沏茶,让坐。走时定要送每人一点纪念品,一张她过去演出的光盘,这当然是要拜收的;还有两小罐饮料,不收也不行,说是回去在路上喝。告辞出来,走出楼门挺远了,蓦然回首,发现年逾八旬的老人还在二楼阳台上用力地招手……

那一刻,望着苍老的身影,我在感动之余,心中又是有着另外一丝感慨的。

吴素秋七岁登台,十三岁挑班,十五岁与"十全大净"金少山合演《霸王别姬》,不久即名列"四小坤伶"之首,红遍了大江南北,曾在上海更新舞台与各行名家合作,连演数十场不衰;而北京前门大栅栏一带的许多店铺,都挂有她的大幅剧照和生活随影,引得路人驻足观赏。那时京剧旦行是男旦的天下,女演员要想冲破重围脱颖而出,非得色艺双绝不可,吴素秋就是其中别具丽质和风韵的一位佼佼者。直到 20 世纪 80 年代，她率团来天津演出，据说每次上台前的化装已需要几个小时，然而一旦临场，在聚光灯下依然妩媚秀丽，光彩照人……如今呢，如今，只能让人想到岁月无情的老话了吧！

今年春节前又到吴家，老人患过一场大病，动了手术，才出院不久，但看上去精神恢复得不错，待人也还是那么热诚。寒暄间，有句话她先后说了两遍，头一遍没有引起人们的注意，隔了一会儿又说，我留意了："听说你们要来，昨天我请理发师来家里理的发……"随之望去，果然，她的头发梳理得很有型，而且染过，乌黑而有光泽，大波浪形向后挽去，时尚而又不失华贵的古典韵致，显现出主人不俗的审美品位。我顿时暗责自己的疏忽了，这是老人待客的一份特殊用心啊！怎么竟然没有察觉呢。忽又想起初次来时，她的发型和衣着也是很考究的，而我，竟只为看到的岁月痕迹而慨叹不已。

听着客人们迟来的不无歉意而又真诚的赞许，老人笑得谦和而灿然；这时我才发现，她的眼睛依然很清澈、明亮。

有人说，老人是一部厚书，只有深读细品才能够真正了解。一位老艺术家的外在和内心，何尝不是如此？

我联想到了另一位老人，吴素秋的同行和晚年闺中密友，一代武生名家李万春的遗孀，比她还年长五岁的李砚秀。她们曾一起参演1956年北京中山公园音乐堂的那场群星荟萃的大合作戏《四郎探母》，分饰铁镜公主、四夫人，同台有马连良、谭富英、尚小云、奚啸伯、李和曾、张君秋、李多奎、姜妙香、萧长华等，阵容堪称极一时之盛。而后，在世的主要演员渐渐就只剩她们两个人了。

两年前的秋天，在庆祝吴素秋八十五岁生日的寿宴上。临近结束时，宾客们纷纷拍照留念，砚秀老人热情地约我合影，刚刚站好，忽又告我稍候，只见她转过身去，从随身携带的小皮包里掏出一支口红，认真地在唇上涂抹，又对着手中的小圆镜端详过了，然后才笑盈盈地转过来朝向镜头。这个细节给我的印象太深了。她一向较为讲究衣着，而且色彩鲜艳，我是知道的，可是一位九十岁高龄的老人，即兴照一张生活中的合影，还要如此精心地用口红补妆，却是我没有想到的。这或许是出自女演员爱美的习惯，但从老人郑重的神情、举动中，也分明体现着一份对他人的礼貌，让人感受到老艺术家的一种风范。而且，再深思之，那对仪容的一丝不苟的自珍和执着，又是包含着对生命的珍爱之情，包含着不曾被漫长岁月所销蚀的精神和活力在内的。这本身就是美，也是力量。我不禁肃然起敬了。

我忽然悟到，真正的艺术家的气质和风范，主要还不在亮丽娇美的青春年华和风光无限的舞台，反倒是容颜不再的暮年日常琐细中，更能深具魅力地显现出来。

在吴家，问起李砚秀的近况，吴素秋说好好的，前几天突患脑梗，住院了。听老人的语气，病情似乎不太严重。是啊，这么富有生命活力的老人，怎么会轻易被病魔击倒呢。

不幸的是，节后传来消息，砚秀老人去世了。

可以想象素秋老人痛失好友的伤心，我情不自禁地又想起了岁月的无情。

不过，眼前随即就浮现出了那黑亮亮的乌发，火艳艳的口红，就再一次感受到了美，感受到了力量。

黑的厚重，红的炽烈，历经近百年的岁月消磨，都不曾褪色。舞台上下，生命如此之深情和美丽，应是能够穿越一切阻隔的！

（刊载于 2009 年 3 月 7 日《文汇报》）

又见赵燕侠

近些年的春节之前，我曾经多次参加赴京探望京剧老艺术家的活动，虽然每次一天要走访好几家，行色匆匆，却总会带来些许新的感受。

受访的老艺术家，均已耄耋之年，过去在舞台上取得了很高的艺术成就，声名远扬，后期又投身于中国京剧音配像工程，他们本人或指导弟子、学生为前辈艺术家的录音配像，使经典、名剧再现荧屏，得以流传，做出了宝贵的贡献。如今年事已高，洗尽铅华，退隐家中，过着和普通老人一样的日子。然而，由绚烂归于平淡，他们终归有着并不普通的过去，漫长的粉墨生涯和聚光灯下的辉煌，总会积下岁月难以磨灭的痕迹与记忆。老人们身离舞台，可心又是离不开戏的，每次短暂的见面，嘘寒问暖之余，多少都要聊到戏上来，不经意间，往往会引出沉埋已久而又耐人寻味的往事逸闻。

一次，是在赵燕侠老师家中。这位老人在 20 世纪五六十年代，与马连良、谭富英、张君秋、裘盛戎等大师并挂北京京剧团"五大头牌"，深具鲜明的艺术个性，无论一人"单挑"，还是名家合作，都深受观众欢迎。"文革"前后，更以在现代京剧《沙家浜》中首演阿庆嫂而家喻户晓。再见面时，老人已年届八十八岁高龄，身着普通的家常衣服，聊着家常话，语气平和，波澜不惊。每次去，经常在她身边陪伴的是一只玲珑乖巧的博美犬，毛色雪白，性情温顺，来了客人不叫不闹，只是仰起头静静地张望，然后便又依偎在主人脚下，或索抱入怀，投来的依然是好奇而温和的目光。

那天，不知怎么就从电视播出的新戏，说到当前舞台的"大制作"，排一出新戏要投入几百万甚至上千万，有些还立不住，演不了几场，评个什么奖就收起来了。赵燕侠感慨地说，我们那时候排新戏，哪有那么多钱啊，当初排《沙家浜》，阿庆嫂的上衣，就是拿我上海家里的一个包袱皮儿改的——包袱皮儿？是呀，家纺土布的，看了看，蓝底白花儿，花色挺合适的，就用它做了，请保姆做成侧面开大襟的褂子，保姆又把自己的一件破旧的竹布褂拆了，给改做的褂子镶了边儿，加上几个纽襻，一看挺朴实的，还有江南特色，符合人物身份，就穿上台了……女主角穿着包袱皮儿改的上衣起家的《沙家浜》，竟从1964年一直演到今天，长达半个多世纪，真是发人深思！

由此，不能不联想到，新戏的生命力主要靠什么？与之相联系的是，观众看戏主要看什么？人们议论颇多的所谓"大制作"的花费，大部分用在舞美、服饰、灯光等环节，力求华丽、逼真，这很像当下某些老字号名牌食品的过度包装，前所未有的豪华炫目，如果内里的东西赶不上原有的老味道，人们依然不买账。戏剧是一门综合艺术，关系到舞台效果的因素很多，现在新科技手段多了，经济上也宽裕了，可以适当投入和利用，但最根本的还是要有感人的故事、鲜活的人物和演员的精彩表现，这就是一个包袱皮儿蕴含的道理吧。

今年春节前，照例又见到了赵燕侠，又是不知怎么就聊到了戏上。这次说到老艺术家带学生，青年演员学戏，有的就是给老师一个录音机，把老师哼唱的录下来，然后跟着录音学，就算会了，看似简便了，可是一段唱的气口在哪，根本不知道。气口不对，气息掌握不准，节奏、劲头就不对，就唱不出应有的味道了。老人由此回忆，自己当年学戏的时候，心思整天都在戏上，别说跟老师学唱，就是坐公交车，都注意观察人们的表情，发现哪个女孩子笑得好看，就记住了，回来对着镜子模仿、揣摩。有时候车上人多，挤，还注意人被拥挤时的神态样子，不知什么时候，兴许台上表演就用得上……仍是寥寥数语，依旧使人回味。我的脑海中随之浮现出老人当年的舞台形象,一个个妩媚、生动的妙龄女性,自然而鲜活,原来不只在于艺术功力深厚,内中还涌动着生活的源泉。

都说京剧表演是程式化的艺术,一唱一念、一招一式都有严细的程式规范,确实如此,但程式又是来自于对生活行为的高度提炼与概括,杰出的表演艺术家在运用时,总是能够融入自身的性情、灵气,还有对生活的深切观察、体验和感悟,从而赋予程式新的生命,使之灵动生辉,浑然形成富于新意的独特的艺术魅力。对于后学来说,这更是一门需要长期全身心投入的功课。

那天临别时,我向赵燕侠提起20世纪60年代初在天津看她的戏,记得前面有马长礼的《李陵碑》,裘盛戎主演的《牧虎关》压轴,最后大轴是她的《盘夫》,那折戏换了一般演员是压不住场的,她却把一位新婚少妇的娇慵和幽怨刻画得细腻入微,栩栩如生,不仅嗓音明亮、清脆,别具一格的唱、念字字清晰,而且人物的一颦一笑、一动一静透着一种特别的风韵,吸引住了满场观众。还说到80年代中期,袖珍话筒已经非常普及,演员们不分老少大都离不开扩音的"小蜜蜂",而她坚持不戴,就凭本人的真声演唱,保持纯粹的原汁原味,依然能让台下听得十分真切。这样的演唱,现在的剧场里几乎听不到了。

多少年过去,至今记忆犹新。出门前,我不禁说出了心存已久的印象:您是很难学的!

赵燕侠扬头,朝我笑了笑:是吗?

(刊载于 2014 年 5 月 29 日《文汇报》)

王则昭"祖谭宗余"

　　甲午新春,农历正月初八上午,瑞雪纷扬,九十二岁高龄的京剧表演艺术家王则昭收徒陈端,天津、北京和江苏等地的同行故友云集一堂,出席了拜师仪式。

　　春节前,则昭老师的女儿打来电话邀约,并说是让我作为"历史见证人"参加。我从 20 世纪 50 年代就看则昭老师的戏,60 年代初因代转她的义父、梨园名宿万子和老先生的信件而有幸结识,老人这次再开山门,当然应该前往致贺,只是对"历史见证人"的说法有些疑惑,以前没有听到过。到了现场与已年届八旬的老旦名家赵鸣华老师谈起,也表示不了解,她回忆自己当年拜李多奎先生为师,至今记得很清楚,1950 年在天津原荟芳楼饭庄,仪式有摆香案,请名人举香,徒弟给师父磕头,那天举香的是李多奎先生亲点礼请的一代名净侯喜瑞,应属很高的规格了。转眼六十多年过去,如今忆来已是梨园的一段历史佳话。听了这段往事,倒触动了我的联想,当年光临现场的人们,不都是"历史见证人"吗?见证戏曲界最为看重的尊师重道,见证前辈大师风范,见证艺术的薪火相传……不论后来的礼仪和提法如何演变,性质何尝不是一样?

　　这一点,在王则昭老师坐轮椅出场,众人上前问候寒暄时,感受尤为深切。而且再扩展延伸开来,在场的老观众、老朋友,也可以说都是老人漫长的艺术道路的"历史见证人"。

　　1923 年,王则昭生于天津。九岁学艺,女孩子不能进科班,跟着富连成出身的老艺人韩富信练武功,后转向韩先生的师兄艾连奎习老生。十岁即随老师到大连搭白玉昆、孟丽君的班社。其间,还曾问艺于老生名家王荣山。

抗日战争时期,王则昭先至河南,后转西安。在陕西银行边工作补贴家用,边在银行票房演唱,并向票房老师杨子玉请益。杨与艾连奎教的都是老谭(鑫培)派,腔比较直,内含刚劲;王荣山曾为谭鑫培配戏,也熟知谭派特点,先后为她打下了谭派和后来学余的坚实基础。当地的夏声剧校不收女生,她作为旁听生,十五岁就以主演登台,演艺随之有突飞猛进的提高。西安事变后,又迁至兰州,在票房唱戏时结识了大收藏家、京剧研究家、曾得余叔岩亲授的张伯驹先生,从此归宗余派,这就是后来称"祖谭宗余"的由来。

京剧老生行,余派和谭派一脉相承,余叔岩继承谭派,根据自身条件和体悟精研细磨,在演唱方法上进一步推向精致化,世称余派,但与谭派仍属同一体系。张伯驹向王则昭传授了《捉放宿店》《搜孤救孤》《二进宫》等名剧,结合每出戏还向她讲授有关的历史故事和文化知识,她早年曾经上过几年私塾,学习欲望很强。王则昭后来回忆,在兰州最弥足珍贵的收获是幸识"二张",一位是张伯驹老师,另一位是大画家张大千,使她受到戏内外的文化启蒙和熏陶,与戏理融会贯通,提高了艺术素养。她一直记着张大千说过的:"戏曲和书法一样,写字,一笔下去写坏了,就满盘皆输;唱戏,头一句就得唱好,你要唱不好,观众能答应吗?"从此,她在以后的舞台生涯中,对每一句唱都精心对待,绝不草率从事。

1949年,在兰州成立群众剧社,王则昭任主演。1950年,她曾经和"四大名旦"之一的程砚秋同台演出。张伯驹因身为票友,不肯收徒,恐王则昭以后因梨园旧习,得不到内行的承认,1951年,亲自出面介绍王则昭到北京拜谭门第三代谭小培先生为师。谭小培腹笥渊博,教戏时把各派几种不同的演法、唱法都一一介绍、讲解,让学生比较、鉴别,使她开阔了艺术视野。在北京期间,王则昭向谭小培和张伯驹学戏,看师兄谭富英演戏,观摩在谭、余基础上传承有新的变化和创造的马连良、李少春等名家的演出,空闲时还到大马神庙"通天教主"王瑶卿先生家中听讲、聊戏,获益极丰,可谓是艺术上继续深造的重要一步,为后来唱响并能立足于津门舞台,积累了厚实的艺术储备。"师徒如父子",谭小培病故时,适逢富英不在家中,她身披重孝,代为守灵,磕孝子头。

王则昭阔别家乡近二十年,第一次返回天津演出是 1953 年,在新落成的第一工人文化宫,与山东金派名净张金波和杨玉娟合演《大·探·二》,三位都是好嗓子,一炮而红。王则昭的演唱,于女老生的高、冲中含有刚劲挺拔,既气力充沛、激情饱满,又不失谭、余一脉的规范、风韵,故而深受天津观众的欢迎。1956 年,她正式加入建华京剧团,担任主演兼团长,从此与家乡舞台结下了长达半个多世纪的不解之缘。

在长期的演出过程中,王则昭曾几次创下纪录:在华北戏院连演四十天《大·探·二》,上座不衰;1954 年,谭富英、奚啸伯、杨宝森同期来津,与"四大须生"中的三位相遇,几家戏院均十分红火,当时的京剧市场固然兴旺,却也说明了王则昭在天津观众中的人缘和号召力;截至 20 世纪 60 年代中期,她年平均演出场次近六百场。"文革"期间她被迫离开舞台,1978 年复出,一出谭、余名剧《失·空·斩》热演了一年,又在全国率先恢复了《大·探·二》的演出。

繁忙的演出之余,王则昭非常热心于社会公益活动。1986 年转入天津市艺术咨询委员会以后,仍然积极参与有关的演出。记得 90 年代中期,我正在天津市文联工作,组织"大地行"艺术家采风活动。有一年的除夕之夜,由戏曲、曲艺和歌唱家组成的小分队,到国棉一厂慰问坚守生产岗位的职工,年逾古稀的王则昭演唱的《珠帘寨》中的经典唱段"昔日有个三大贤",依旧神完气足,和魏文亮的相声等节目最受欢迎,激起车间现场一阵又一阵彩声、笑声。大家还和职工们一起吃了饺子,气氛热烈、亲和。回来时临近午夜,喜庆的爆竹声渐起,艺术家们一路谈笑风生,兴致不减。

近年来，由于身体的原因，很少再在公开场合见到王则昭老师的身影。只知老人在病中仍然热心课徒授艺，经常有中青年老生名家专程来津，向她请教《举鼎观画》《朱砂痣》等已鲜见于舞台的骨子老戏。2013年中央电视台首届全国少儿京剧大赛，她教授的天津小选手以一曲老谭派的《辕门斩子》，让观众耳目一新，有些老戏迷也才知道这出闻名已久的高派名剧，原来谭鑫培先有过艺术加工，高派是在谭派基础上进行了新的创造。在那天的收徒仪式上，和谭门第六代孝曾等名家提起此事，不禁想到：观众"见证"艺术家的历史足迹，20世纪五六十年代，在天津挑班的坤伶还有梅派青衣丁至云、马派（兼唐派）老生李玉书等艺术家，多已作古，如今像王则昭老师这样高龄的老人，还有多少他们亲学、亲临、亲为的"历史见证"，尚有待于及时挖掘、抢救和整理、留传呢？

（刊载于2014年2月25日《天津日报》）

"一代猴王"董文华

　　京剧名家董文华被誉为"一代猴王",我还是在中央电视台拍摄的人物专题片中看到的,当时只觉得眼前一亮,紧跟着心里就认同了,当下以文华先生的艺术造诣和影响,在猴戏上的建树,是当得这一美称的。演艺界现在确有随意封这个"家"或那个什么的风气,但实至名归的赞誉还是需要的,这也是对成功的艺术创造的一种承认和弘扬。

　　董文华出身于梨园世家,自幼随父辈学艺,打下了坚实的基本功,唱、念、做、打技艺全面,在六十余年的舞台生涯中,以文武兼备、戏路宽广著称。他主工武生、文武老生,老生和红生戏也很见功力,而猴戏则一直是他的专长。早在 1956 年,年仅十八岁,就曾应召入中南海,为毛泽东等中央领导人演出《水帘洞》,当时同台的还有周信芳、俞振飞、李玉茹等大师和名家。转年初,在北京拜李少春先生为师。此期间,他在京、津等地往还巡演,得到久居津门的猴戏名家小盛春先生的悉心传授。1982 年,又拜李万春先生为师。

　　李少春、李万春等都是全面型的演员,又均以猴戏享名。拜师后,少春先生每次看董文华的戏,都手持一把白折扇,发现不足随时记录在"扇",事后逐一点拨,强调表演要在戏里,要演人物,你打的"出手"是真好,要光看这个,就看杂技去了。还让他看自己的演出,通过对照、感悟,他刚看完时自己不敢演了,人家是真的美猴王,走的技巧就那么几下,看着就那么贴切、舒服,于是就反复琢磨、消化。过了一年,同行说:"你提高了,讲究了!"到问艺于李万春时,文华已经是一位较为成熟的演员了,万春先生非常支持在前人基础上的自我追求,如对他在猴戏中独出心裁的走"猴矮子",模仿猴子走路生动、鲜活,每次演出都有强烈的舞台效果,就给予了充分的肯定,说你这种走法,我们都没用过,这是你的特色,要坚持!

演猴戏——确切地说是演孙悟空,历来有人学猴还是猴学人的争议,后者是基于孙悟空不是一只普通的猴,他是神猴,还当了"齐天大圣",不能演成一味抓耳挠腮的小毛猴。这当然很有道理,但董文华还另有自己在实践中的体会和理解,认为人学猴和猴学人实际上是学演猴戏的两个过程,台下开始学、练,自然先要人学猴,否则怎么能演得像猴呢?等到熟练掌握了猴的神态、动作,上台塑造角色,在孙悟空身上运用变化,就是猴学人了。我想这应属行家的经验之谈。董文华为了演猴、学猴,生活中先后养过五只猴。平日观察它们的动作、神态,模仿、化用,他在戏中的许多独家身段、造型,就是这样创造出来的,走"猴矮子"是受到他养的第一只大猴的启发;《水帘洞》中右手、右脚着地,侧身接东西的身段,上凳子、蹿桌子一气呵成的"三级跳"技巧,则取之于一只长尾巴猴。他总结猴子的特点是"静时如绵,动时如电",一动即有突发性,迅如闪电,这成了他在台上把握动与静、快与慢节奏变化的生活依据。学之于猴,用之于猴,董文华和猴有了感情,有一次大猴生病发烧,当时社会上还没有专门的宠物医院,他一着急就领进了一般的医院,挂号时护士低着头边记边问"姓什么",他一时不知如何回答,脱口说了句"姓猴",护士应声记下了,抬头一看,才发现眼前赫然立着的是一只毛茸茸的活猴……

转益多师,博采众长,取法自然,精于造化,董文华的猴戏渐渐显示出了鲜明的个性特色。猴戏有北派、南派之分,脸谱、装扮和表演风格都有所不同,一般讲北派重大气、功架、神韵,南派更突出技巧、把子、出手新奇多变。董文华的几位老师都是艺融南北的大家,他走的也是不拘一格、兼收并蓄的路子,加上个人的理解和创造,从中焕发出了新意。他演的孙悟空,除去猴戏一般要求的造型、功架、神韵和武打技巧之外,给我印象最突出的是多了一份质朴、平易、风趣,很有亲和力。孙悟空是一位"草根"神圣,尽管号称"大圣",神通广大,仍不脱"平民英雄"本色,这也是它千百年来为大众所喜爱的重要原因之一。董文华的表演风格是朴实、自然而较为生活化的，于大气、灵气中透着淘气，带有很强的幽默感，往往一些高难度的技巧，像行云流水一般轻盈自如的"走矮子"，中间上下椅子和桌子始终如履平地，似水过无痕，堪称绝技，也悄然融入了喜剧元素，让观众开心地笑过之后，才会蓦然悟到那份举重若轻的功夫非同寻常。

我很早就看文华的戏，相识也有二十多年了，却很少有机会深谈。记忆中的两次，一次还是在大街上偶遇，那是两年前夏天的一个中午，他还没有患病，刚从剧院练功回来，手里拿着枪杆、马鞭。我们从他六十八岁仍坚持每天练功，谈到猴戏、武戏，再谈到青年演员必须多学、苦练、勤演，还为京剧目前能否完全推向市场争论了一番，他是主张恢复班社制的，自负盈亏，这样才能激励全体人员的上进心，凭着真功夫把戏演好，争取观众的欢迎。在车水马龙的大街头上聊了一个多小时，他对京剧的深厚情感和牢固信念给我留下了深刻的印象。后来的一次，是中国文联"彩霞工程"要为他录制"谈艺加戏"的专题节目，规定日期挺紧，编导建议他找我协助草拟文稿。两人谈了一个下午，我才较为系统和详细地了解到他的从艺经历，十一岁开始搭班演戏，十三岁就挑班了，小小年纪谈何容易？到某地演出，交给对方一周的戏码，人家不接，提出不够人员的吃、住、行的费用，要求剧目起码一个月不"翻头"（即不能重复），还要先演三天，考验你的能耐如何，这一关最难过。你提出的戏人家不要，人家提的你就得行，不会的，班子里大伙教你，学了就演，就要凭平日学、练的基础了。他举《闹天宫》的吃桃为例，猴啃桃皮是一个亮点，为了既快又能做到桃皮不断，父亲曾经在桃没有下来的季节，每天都买两斤国光苹果让他练，一次啃两个，后来改为数二十五个数啃一个，慢了或皮被啃断就挨打，以至他过后好多日子一见苹果就哆嗦……原来，台上敏捷、灵动的猴王是这样练出来的！由此就能理解他对苦练的坚持和平时对青年演员的勉励了。

（刊载于2008年第十二期《中国戏剧》）

孙岳印象

　　《中国京剧》杂志的一位朋友,建议我写一篇老生名家孙岳在天津演戏的文章。我和孙岳先生接触不多,看戏也相隔时日已久,起先有些犹豫。但由此想到,天津这座京剧的历史舞台,多少代名伶来去,都在此留下了艺术足迹,如今已经成为城市文化记忆的一部分,又觉得受到了触动,随之时断时续,对相关往事的追忆也渐渐地浮现出来。

　　回想起来,我知道孙岳的名字很早,还是 20 世纪 50 年代中期,在耀华中学(当时叫十六中)读书的时候,课余常去校图书馆浏览报刊,出于爱好对文学和京剧方面的文章分外留意。记得是在《光明日报》上,读到北京新挖掘整理了一出老戏《哭祖庙》,描写的是三国晚期,蜀后主刘禅之子刘谌于国破家亡之际,至祖庙哭祭,后伏剑自刎的故事,是一出汪派名剧,主人公有大段的[二黄]转[反二黄]唱腔,长达八十多句,曲调悲愤激越,跌宕起伏,极吃功力,一般的老生嗓音难以胜任,已绝响多年,幸有中国戏曲学校高才生孙岳天资过人,使此剧得以重现。

　　看过以后,印象殊深,就很想听到孙岳的演唱。然而时隔不远,在无线电里听到的却是他唱的谭派、余派系列的传统名剧《法场换子》,这段唱没有什么高腔和大的起落,但可以听出他的嗓音宽亮、圆润,唱来十分自如,且中规中矩,严谨而富有韵味,丝毫没有纵意发挥的痕迹,给人以一些刚从戏校毕业的青年演员所欠缺的成熟感。这同样是非常难得的。后来才知道他是老生名家孙钧卿之子,幼承家学,在戏校又得到贯大元、雷喜福、李甫春等名师的传授，学艺勤奋刻苦，打下了深厚的根基。

先晓其名，后闻其声，在津门一睹孙岳身影是 20 世纪 60 年代初，他所在的中国京剧院四团来第一工人文化宫演出。该团汇集了当时中国戏曲学校培养的各行当的尖子生，新星荟萃，正因拍摄了戏曲电影《杨门女将》而备受赞誉，孙岳在片中饰演配角宋王，虽然角色较为被动，戏份不多，在老生行里也不似马派冯志孝饰演的寇准、言派毕英琦饰演的采药老人那么引人注目，但还是在观众中产生了影响。那次，我看了他主演的两出新编剧目《满江红》和《六郎探母》，稍后又在二宫看了他与吴钰璋演的折子戏《除三害》，确实是一位有实力、有分量的新一代老生演员中的佼佼者。记得演《满江红》那天晚上，剧院提前告知饰演岳飞的孙岳因感冒发烧，嗓音失润，请观众见谅，该剧唱、念、做繁重，大家不禁很为之担心。演出中，他仍然很有激情，倾力而为，听得出高音受到了局限，不那么自如，却没有出现明显的瑕疵，谢幕时被报以热烈的掌声。还有一点是，他饰演的岳飞出场时，与一般的化装不同，脸上抹了较浓的红色，我当时猜想，是为了在患病的情况下振作精神吗？这个疑问存留了许久，可惜多年后有幸结识，竟忘记向本人询问了。

天津演出过后，我又曾经几次看孙岳的演出，其中印象最深的一次是在北京吉祥戏院看的《失·空·斩》，也是我初次看他演的经典的骨子老戏，扮相清俊、儒雅，台风沉稳、凝重，演唱可以听出是宗谭学余（当时他已拜谭富英先生为师），声音纯正、饱满，韵味醇厚。他宽亮的嗓音与众不同，音质非常纯净，让我想起了老一辈老生名家贯盛习先生，但后者我在剧场看到时已是晚期，嗓音有些"横"，而孙岳正当盛年，高低音运用起来更为游刃有余，富于力度和弹性。这出戏让我进一步领略了他良好的艺术天赋和传统素养。另一次是在保定，看他和李长春、王晶华合演的新编剧目《强项令》，他饰演汉光武帝刘秀，李长春、王晶华分饰董宣和公主，那时三个人都是好嗓子。孙岳充分发挥高音、立音好的优势，行腔既有挺拔之势，又不失婉转之美，加上表演气度、神态的把握，生动地体现了人物的帝王身份和调节皇姐与直臣纠纷的内心活动,为全剧增色不少。

那天还有一个小插曲,《强项令》被放在最后唱大轴,整场演出开始之前,曾在后台门口与孙岳偶然相遇,他尚未扮戏,手里攥着几个水萝卜,兴冲冲地大口吃着迎面走来,好不惬意,令人不禁感慨:唱戏前还敢吃带辣味儿的东西,真是艺高人胆大啊!

此后,光阴如箭,再看孙岳的戏是"文革"结束后的 20 世纪 90 年代了。先是在纪念徽班进京二百周年期间,他在北京人民剧场主演的现代京剧《红灯记》,后来是在天津的一宫,他和刘长瑜演的《四郎探母》,这也是我最后一次看他的演出。

而我和孙岳在台下真正结识,还要晚些。1997 年,谭鑫培先生诞辰一百五十周年,经王则昭老师发起筹组谭派艺术研究会,年底在天津成立,众多梨园名宿和谭门传人参加,我曾和孙岳有过初次的短暂接触,当时他的身体好像已经不大好。再到 2002 年秋天,我们一起担任天津"和平杯"票友邀请赛的评委,相处的时间多了一些,感到他为人低调、谦和、性情敦厚朴实,对京剧艺术深有见识,可惜因患喉疾,说话较为吃力,未能多谈。此番一别,应是两年后,就传来了他不幸病逝的消息。

回顾对孙岳先生的印象,至今我一直认为,无论是卓越的天赋条件,还是扎实的艺术素养,他都是 20 世纪 50 年代涌现的京剧老生行不可多得的杰出人才,同时也是由于"文革"的耽搁,耗费了风华正茂的青春岁月,而后令人惋惜的未竟之才。有时,也还想,如果在"文革"的一段时日,他演传统经典大戏更多一些,是否有更多的施展与发挥,从而留下的作品也会更为丰厚一些呢?时过境迁,由于个人看戏所及的视野有限,这就只能属于抱有几分遗憾的主观臆测了。

(刊载于 2014 年 10 月 21 日《天津日报》)

"奇人"孙毓敏

曾听人言,京剧名家孙毓敏是一位"奇人"。还有的朋友说,认识孙毓敏的日子越久,越能觉出她的不寻常。这样的评价,乍一听觉得新鲜,但仔细想来又不无根据,确实是话出有因。

孙毓敏的"奇",自然和人们了解到的早年不幸经历有关,是她在自传《含泪的笑》中写过的。"文革"时期,她因所谓的"海外关系"罹祸,不甘屈辱,从楼上一跳致残,"辗转病床达五年之久",留下了终身创伤。对于一个演员,那原本意味着艺术生涯的终结,她竟又顽强地重新站立起来,回到了舞台上,而且光彩照人,青春焕发,创造了艺术的也是生命的奇迹。

这还是传奇的开始,此后一发而不可收,在被她称为"第二次生命"的历程中,她一往无前,一路拼搏,多才多艺,不断开拓舞台和自己人生新的天地。作为演员,她善于继承,博采众长,形成了自己的代表剧目和艺术特色,"痴梦"不已,知音多多;作为荀派传人,她为老师荀慧生录音配像,举办纪念演出、研讨活动,编印画册、专集,收再传弟子近百名,和同门师友一道大力弘扬荀派艺术;作为北京戏曲艺术学校(院)之长,她倾尽心力,秉承名校传统,顺应时代要求图新,曾率领师生四赴欧洲展演,在巴黎创下连满二十七场的纪录,还有戏校"四小须生"下江南展演等创意举措,直使古老梨园竟传新一代的童星佳话……

同样令人称奇的是,她在紧张忙碌的同时,还勤于笔耕,撰写自传、从艺心得、论文、剧评和生活随笔等,结集出版了十余本书,于是在荀派名家、戏曲教育家后面又增加了一个作家头衔。人们不禁要问,以她的繁忙不止,何以能够写下那么多的文章,据说经常是利用中午休息时间一挥而就的,她的文字也确实带有直抒胸臆、率真朴实的风格,即便如此,其文思之敏捷,笔下之勤奋,以及善于争分夺秒的精神也实属难能可贵。

其实,在她的头衔中,还应该加上一个"活动家"——确切地说是京剧活动家。一来是因为她所从事的工作,有很多是超常规和超出本职工作之外的,按部就班可以不做也是做不成的,例如携弟子进行挖掘整理荀派传统剧目和改编剧目巡演,先后两番走遍京、津、沪、汉,风尘仆仆也风风火火,观众反响热烈,都并非官方任务,而是自发创意实践,均需大量的筹划、组织和公关活动,并取得各有关方面的理解、支持和协助,如果没有活动家的满腔热忱和出色才干怎么行呢?二来她策划或热情参与的活动,包括业余方面的,如全国高校京剧票友演唱、研讨等,又都是围绕着京剧的,为着京剧的兴旺、繁荣。她不知疲倦地努力及取得的成效,让人深切地感到,今天的京剧既需要艺术家,也需要活动家,让京剧能适应新的时代环境,进一步动起来,活起来。

活动家首先要有活力和感染力,这两样都能体现在孙毓敏的身上,行动活力十足,语言感染力超强,后者突出表现在不论多么严肃的、一本正经的场合,面对多么高层的领导,她都能把想说的和该说的用大实话、大白话说出来,越是这样直截了当,越透着恳切、真诚,并且让现场气氛一下子轻松、活泼起来。这已经成为她极具个性的语言风格,为此开会、演出前后以至于比赛现场,上上下下都喜欢听孙毓敏的发言——喜欢听,还能不被感染吗?

艺术家兼活动家,又总能突发奇想,想了就要干,干就要干成,孙毓敏就更忙了。两三年前,她在正式出版的自己的画册的跋中曾经写道:"人到七十古来稀,这大概是我此生要做的最后一件大事!"事实证明,对于她来说并没有"最后",依然接着忙于一件又一件"大事",继续实现"为演艺界多做善事，多做实事"的心愿。

2011 年前后，她担任会长的北京市京剧昆曲振兴协会，先后向地方戏、京剧老艺术家颁发了"终身成就奖"。

2012 年 9 月，该协会又向往往被奖励遗忘的资深编剧、理论家、作曲家、媒体编辑、记者、编导和老教师等，颁发了"弘扬京昆艺术特殊贡献奖"。

不久前，孙毓敏在《他生未卜此生长乐》一文中表述："第二次生命来之不易……要达观、要知足、要快乐，这就是我七十岁后的'幸福指标'。"

原来，"奇人"老年的愿望，也和普通人一样平和、实在。相信她的同行、朋友和观众们，都会由衷地希望她在续写传奇的同时，也能够真正圆满地实现自己人生的美好"指标"。

（刊载于 2013 年 4 月 22 日《天津日报》）

温玉荣的选择

近几年的京剧舞台上新人辈出，生、旦、净、丑各行都涌现了一批后起之秀，但在他们中间，绝大多数是以主演出名的，专工配角而崭露头角的寥若晨星。唯其如此，后者才格外引人注目。天津市京剧团老生演员温玉荣，是其中的佼佼者之一。

温玉荣是天津市戏曲学校 1968 届毕业生，今年三十七岁。他作为"里子"老生，先后在《秦香莲》中扮演过王延龄、陈世美，《伍子胥》中的东皋公，《杨家将》中的赵德芳，《西施》中的范蠡以及《玉堂春》中的刘秉义等，显示了扎实而全面的基本功。他扮相清秀，台风稳健而洒脱，不仅唱、念均见功力，而且在《火烧百凉楼》等剧中的文武兼备也给人们留下了深刻的印象。尤为可贵的是，他在舞台上坚持从剧情和人物出发，甘当绿叶，衬托红花，尽职尽责，为内外行所称道，剧团的主演们都愿意找他配戏。

在各个剧团都慨叹缺少称职的"二路"演员的今天，小温的崛起是令人高兴的。不过，有人在赞许之余，也发出了惋惜的声音：这么个人才，为什么不往"角儿"上奔哪？确实，凭温玉荣的条件，并非不能单挑一出戏演，他的嗓子虽然不属于高亢或宽厚型，却也清朗受听，唱正工老生戏未尝不可。那么，是什么原因使他至今未越雷池一步，还在兢兢业业地来他的"二路"活儿呢？

有人带着这个问题，向小温本人和他的师友们进行了探讨。结果，看到了一个演员在艺术事业上的严肃、认真的选择，一个经过实践证明是正确的选择。他的选择，对他年轻的同行们不是没有启发意义的。

温玉荣在戏校曾经是老生行中的"尖子"生，他学、演的都是正工老生戏，其中《战太平》演了很多场，《响马传》成为戏校的代表剧目，人们称他为"小秦琼"。他先后经多位老师重点培养，受过杨宝忠先生的指点，还曾经在昆曲方面打过基础。当时，他真可谓是前途无量。不料，因为在变声期演出过于劳累，嗓子发生了变化，从此便开始演一些配角，在现代戏中多演反面人物，文、武兼工。到1977年，恢复传统戏的演出，他开始以"里子"出现在舞台上。后来，他的嗓子有了好转，团里不少好心的同志劝他把主演戏拾掇起来，还有人主动提出为他联系名师。这使他面临艺术道路上的一次重要选择。

演员，谁不愿意当主角呢？但正确的选择，应产生于主观条件与客观需要的统一。温玉荣反复考虑，认为从唱、念、做、打全面衡量，自己都具备一定的基础，但剧团里比自己条件优越的大有人在，与其自己勉为其难地来一出，何不让他们尽量发挥呢？再者，上台挑五百斤的担子，台下要有七八百斤的潜力才能应付裕如，否则捉襟见肘，即使唱了主演，也不能使观众满意。凭自己的条件演"里子"老生，经过努力可以达到一定的水平，剧团也缺少"二路"演员，何必让舞台多一个一般化的主演，却少了一位可以增光的"绿叶"呢？这样一想，心中豁然开朗，他当配角的决心下定了。从此他踏踏实实地专攻"里子"老生的表演，在老演员的指导下，戏路越来越宽，技艺日趋成熟，武生、老生、旦角乃至花脸戏都离不开他，他渐渐成为后台派戏时最受欢迎的"主要角色"之一。

1981年4月，温玉荣拜在著名老生哈宝山先生门下学戏，为他打开了"里子"老生表演艺术的新天地。哈宝山先生曾为许多著名的老一辈京剧表演艺术家配戏，艺术上造诣很高，一些次要角色经他演后，都成了血肉丰满的艺术形象。经他的口传身授，温玉荣发现，"里子"老生不仅会戏要多，还要精；不仅要什么活儿都能接，还要切忌千人一面，"一道汤"。哈先生教他《回荆州》中刘备对孙尚香的一跪，要跪出刘备的性格和感激万分、归心似箭的心情来,哈先生反复示范多次,温玉荣总觉得掌握不好水袖舞动节奏和身段的幅度。每逢老师演拿手的《玉堂春》中的刘秉义,他便在台下观摩,每次都有新的发现和体会。这使他认识到,把"里子"老生演好并不简单,对"舞台上只有小演员,没有小角色"加深了理解。

这是温玉荣艺术上的又一次选择:既要甘当配角,还要当好配角;要做一片生机勃勃、碧绿鲜润的叶子,而不能枯萎变黄。他虚心向老师学艺,对练功、排戏严肃认真,一丝不苟,对派给自己的每个角色都全力以赴。在演出时,追求舞台的整体效果,既要烘托气氛,还要不搅戏,不喧宾夺主。与主角同场,力争把最好的角度让给主演;主演唱、念时,只要剧情许可,能不动时则不动,以免分散观众的注意力。在《杨家将》一剧中,赵德芳有"内侍带马你不坐,本御亲自带白龙"两句词,他本想用马派唱腔翻着唱,准能使观众喝彩,但因为想到演寇准的主演后面要使,对整个戏来说效果更好,他便把自己的唱改为平腔了。同样的唱腔或念白,他与气力充沛的年轻主演同台,用高调门;与老演员合作,则尽量走低音,以不使对方感觉吃力。反之,在以自己为主的单场子,该发挥时则尽量发挥,把戏烘托起来。他注意多方面地吸收营养,丰富自己的表演手段,如饰演《打金砖》中的邓禹,在"闯宫保本"一场,他有一套右手抓袖,踢蟒袍,用左手抓袍边,然后在"水底鱼"中走小圆场的身段,动作干脆利落,节奏分明,每一步都踏在锣经上,而且越来越快,充分体现了邓禹急于搭救忠良的迫切心情,以及他身为军师急而不乱的气度。这就是借鉴了《徐策跑城》中的东西,舞台效果很好。

当配角,演的人物多了,最容易出现"油"的毛病,来什么活儿都是一个味道。温玉荣要求自己注重人物塑造,体现不同人物的性格特征和在特定情境下的心理变化。他演过不少王帽戏,力求使每个皇帝不雷同。如他演的新编历史剧《一代元戎》中的唐代宗,就很有特色,第一场"长亭",唐代宗逃亡归来,出场的步子比较急,然后一个停顿,兴奋地环顾四周,匆忙的台步和喜形于色的表情,都不同于其他皇帝的出场,因为他历经艰辛重返故都,心情激动,感慨万端,多少要突破帝王讲究尊严、体统的"格"。后面随着对朝事的处理,他很快就恢复了本来的面目,当他对保驾有功的郭子仪明封实贬,摘除兵权,遭到文武大臣们的反对时,念了句:"摆驾回宫!"拂袖而去,语气不容分辩,把水袖使劲一抛,表现了人物的颐指气使、不容分辩、盛气凌人。从出场到"回宫"的情绪变化,温玉荣的处理很有变化、层次。而"花园"一场,史朝义发兵,回纥造反,这位皇帝的宝座又岌岌可危了,重新央告郭子仪出来保驾,此场结尾时,郭子仪表示了力挽狂澜的决心,唐代宗对他有个搀扶的动作,小温俯身下腰,动作的幅度大,势头急,脸上饥饥渴渴、感激万分,使人看到这时的皇帝,又有些不顾身份了。温玉荣在《一代元戎》中的表演,受到该剧导演、著名话剧演员马超的好评,称赞他"很会演戏"。

作为一个配角演员,温玉荣的名字已经被观众所熟悉了。他的进步和成绩,说明他在艺术道路上的选择是正确的,适合主观条件,顺应客观需要,而且只要刻苦努力,完全有用武之地。这对于有些对自己缺乏恰当的估计,只是热衷于当主演,以及一旦当了配角,便灰心丧气、不求进取的同行,不是很有启发吗?

一个演员在事业上的选择,同他的平时作风和对待生活的态度是分不开的。温玉荣在舞台下面也能把自己摆在恰当的位置上,谦虚谨慎,服从分配,不争名利。他从来不计较戏报上登不登自己的名字,或者次序先后,他说:"一个演员的活动天地是在舞台,不是在广告上。"演员队长是个受累不讨好、容易得罪人的差事,组织上让他干,他就勤勤恳恳地干好。台上缺个龙套或上下手,他只要场子赶得过来就上。前一段,社会上有人拉他帮忙演戏,答应付给额外报酬,他一概谢绝。他的切身体会是,一个在生活中追名逐利的人,是很难在舞台上甘当配角并且当好配角的。

(刊载于1984年第二期《剧坛》)

江其虎：京剧小生中的一员虎将

　　故友到津来访，带给我著名青年京剧小生演员江其虎主演《小显》的录像带，还有一盘代表剧目唱腔选萃的录音带，欣赏过后，对这位年轻的"梅兰芳金奖"得主的演唱艺术留下了很深的印象，同时为京剧小生能有这样一员虎虎有生、技艺精进的虎将而感奋不已。

　　初识江其虎是在20世纪80年代中期的某个春天，那时他还在淮阴京剧团，随荀派名家宋长荣来天津的长城戏院演出。开戏前，听小生名宿毕高修君介绍，江其虎毕业于江苏省戏曲学校，原习老生，变声后听从他的建议改习小生，各方面条件都很不错。那天的戏码是小生名家叶少兰唱得正红遍大江南北的《小宴》，江其虎扮演的吕布遵照叶派路数，虽然表演、唱法尚显稚嫩，但扮相英俊，身材适中，嗓音宽亮，演来兢兢业业而又朝气勃勃，确是难得的小生人才，于是就很受热情的津门观众的欢迎。我当时就想，倘若叶少兰在场，一定也会为叶派后学的涌现而高兴的。孰知，叶少兰闻讯果然专程来津看了江其虎的演出，并且一见"钟情"，欣然收为学生，我为这段梨园佳话还在《剧坛》杂志写了一篇《少兰来津看小虎》的文章，术尾用"春风得意马蹄疾"表达了对新人的祝愿。

　　转眼间十载飞逝，当年的"小虎"已届而立之年。这期间，只听说或从报刊上得知他先入中国戏曲学院大专班深造，后被留在中国京剧院工作，艺事上不仅得入叶氏门墙，少兰倾心相授，而且还经过小生前辈江世玉等老先生的系统辅导，秀木幸遇良工，理应成就大器，可惜我很长时间未得机会目睹他的演出。直到去年的 5 月间，他来津参加京津两地名家在中国大戏院的荟萃演出，先后饰演了《辕门射戟》中的吕布和《甘露寺》中的周瑜，俗话说"士别三日当刮目相看"，一隔十个春秋就更是不可同日而语了，唱、念、做、舞均有章有法，俨然叶派风范，打下了全面而扎实的基本功，同时注意了不同人物的性格刻画。我觉得学习叶派艺术，除去独具风韵的演唱风格、技巧特色之外，最难的还在于时时闪现的人物神采，精于用外在的表演手段捕捉、勾画人物心理活动的每一点微妙变化，激情饱满而又细致入微，每一举手投足，每个眼神，一颦一笑，一怒一惊，一悲一喜，都准确、生动地映现着性格和内心激荡，从而牢牢地把观众吸引住，形成强烈的、一气贯穿的艺术感染力，这是最显叶派小生魅力也最见功力的地方。江其虎在两出戏中饰演的周瑜和吕布均是三国名将，属雉尾生，表演上都很吃功夫，但《射戟》作为一出小生的重头戏，相比之下更要繁难得多，而江其虎却是这出戏较之更有叶派的味道，其中一个重要原因就在于表现出了注重把握人物特点和细节刻画的意识，努力描绘吕布的恃勇自负，因有傲视群雄的实力而在代人说合时的坦然自若，不时流露出一种不由分说的霸气。继承流派没有停留在外在形式的模仿上，这是一条康庄大路，对于年轻演员是十分重要和可贵的。

这次又通过录像看了江其虎演出的《小显》。这是他在荣获"梅兰芳金奖"后新排的剧目，据说在北京公演后，颇受专家、同行的赞赏。《小显》是一出久不见于舞台的小生传统剧目，描述的故事接《罗成叫关》之后，罗成受奸王李元吉陷害，单枪独骑冲杀敌阵，惨死沙场，李世民率群臣过府吊唁，罗的冤魂借机于灵堂托梦，倾诉了遭害的经过。京剧的其他行当也有类似的"托兆戏"，如《托兆碰碑》中的花脸杨七郎，丑角有《行路哭灵》给母亲托梦的张义等，多以全剧的配角出现，《小显》却是以罗成为主人公的小生单挑戏，故事不长，全剧仅四十分钟左右，但唱工极为繁重，没有一副好嗓子和相当的演唱功力是很难胜任的。该剧原是姜派的代表作，姜妙香先生当年曾经得到津门名票袁文斌先生的合作与协助，反复切磋声腔、唱法,推上舞台后唱红了,每贴必满。此剧戏小,难度大,很容易受累不讨好,后人会者不多,演者更少。江其虎可谓知难而进,叶派传人重排姜派名剧,本身就是一次创造性的兼采与融合,其中凝聚了江世玉、叶少兰、毕高修等老师们的心血和他本人的刻苦努力。

新排的《小显》,在场次、扮相、服饰和唱腔上都进行了新的加工整理。江其虎扮演的罗成魂灵出场,头戴面牌、甩发,身穿白开氅,手持拂尘,下身的红彩裤和面门的红绒球相映生辉,一改过去"托兆戏"黑冷、肃杀的色调,于素洁中显出一份炽热,舞台不再显得凄冷、陈旧,也切合人物生前开国名将的气节和光彩。念[点绛唇],江其虎用坚实明亮的嗓音,吐字运腔稳重、沉郁,质朴刚直,不事花腔,一派大将风度,同时隐隐透出了郁积满腔的愤懑和悲怨。接下来的唢呐[二黄原板],调门高,正工调到底,音域宽,高、低音区都有,江其虎歌来履险如夷,从容饱满,且唱出了人物的特定心境,如第一句"黑暗暗雾沉沉随风飘荡"的"荡"字翻高而起,刚亮有力,又于行腔中唱出了一种漂浮浩渺的苍凉,第二句"冷飕飕"的险峭和"怨鬼家乡"拖腔的凄清、惨烈,末句"可叹我英雄汉乱箭身亡"的"亡"字用"刚虎音"直放,平起重落,转凄然的呼号于沉痛的自怜,全段唱词的内容虽然只是一般性的述说,却发挥出了叶派小生唢呐腔的艺术表现力,把罗成含冤积愤的悲痛怨恨之情倾泻出来,为全剧营造了沉雄、悲怆的舞台气氛。后面的京胡伴奏的[二黄导板][回龙]接[原板]和[西皮导板]接[娃娃调]这两大段唱,起伏跌宕,大起大落,还糅进了老生和花脸腔,难度都很大,而且人物基本上没有多少身段动作,靠的是声腔塑造音乐形象,叙事抒情,更增加了对演唱的要求。江其虎凭借优越的嗓音条件,运用小生的"龙凤音",加上叶派小生独具特色的"虎音"润饰,三音交替使用,真假声结合得圆润自然,唱得或峭拔高亢,或柔婉低回,或壮阔浑厚,刚柔相济,声情并茂,表达了人物细腻、复杂的思想感情,展示出人物的性格和气质,使观众在得到醋畅淋漓的欣赏快感的同时,也产生了感情上的共鸣。

应该承认，《小显》作为一出多年不演的传统老戏，在剧本结构、文字和舞台调度上还有一定的加工余地，但江其虎通过此剧表现出来的演唱技巧的提高和逐渐成熟，却是值得肯定和称道的。这就难怪他在各项赛事中得了许多的奖，赴香港和台湾地区演出备受赞誉，被称为"小生奇才"。十载光阴不寻常，当年的"小虎"开始成熟了。

艺无止境，江其虎还在一步一步地进取。不久前，乃师叶少兰针对他的文戏表演偏弱，又专门为他加工润色了《白蛇传》一剧，细致地分析人物，帮助他把握许仙的性格随着剧情的发展而发生的变化，准确体现在每个关节处的分寸感，事后赴日本演出，受到了热烈欢迎。江其虎的求索又是多方面的，一边在老师们的指导下，继续学习、排练传统剧目，如《玉门关》《打侄上坟》等，同时开阔视野，广泛尝试，第一个把取自《永乐大典》的南宋戏文《张协状元》搬上舞台；最近又参加了中美文化交流项目古希腊悲剧《巴凯》的排演，他在里面身兼二角，前饰国王，后演太后，塑造洋人还跨越了性别。据说该剧的导演要求演员们的表演不能是京剧的，不能是话剧的，也不能是舞剧的……演员们的体会是："什么都不是时，就是啦！"（《文艺报》上的一篇介绍文章就专以此话为题）自幼受到京剧表演程式的严格训练，习惯于在台上一招一式循规蹈矩的叶派小生，一下子要适应"什么都不是"，真可谓一次完全崭新的体验！一切艺术都是相通的。对于艺术家来说，没有不应该探求、体验的陌生世界，博采兼收才能获取丰厚的营养。如果大师盛兰先生九泉有知，也会羡慕这新时代的再传弟子所拥有的广阔天地吧！

（刊载于 1996 年第五期《中国戏剧》）

"张派之星"赵秀君

　　1998 年冬天，天津市文联为"文艺新星"编辑专集，需要和第三届"新星"、张派青年传人赵秀君联系，但遇到了困难：赵秀君很忙。她一个星期在中国戏曲学院研究生班上五天课，还要随时听候剧团的召唤，排戏或赴各地参加演出，天上、地上飞来跑去，很难找到。那天下午她好容易来了电话，说晚上为"和平杯票友大赛"助兴演出《大保国》，想先睡会儿觉，次日乘十一点的火车又要回北京了。满打满算，她在天津还剩下多少空余时间？

　　年轻人的忙是好事，让人同情，也让人羡慕；风华正茂，忙是一种奋发有为的状态。

　　1992 年初春认识赵秀君，那时我为筹备"杨柳青国际年画艺术节"闭幕式，编写了一个带有喜剧色彩的京剧小品《五女起解》，由"梅、程、尚、荀、张"五大青衣流派的传人同扮苏三，争着要和丑角崇公道去"起解"，唱的却都是传统名剧《女起解》的经典唱段，以展示不同流派的特色。前四大派的演员都是名角，唯独担纲张派的是个刚刚崭露头角的小姑娘，她就是年方二十岁的赵秀君。在此之前，便听说她是天津市青年京剧团为赶排纪念徽班进京二百周年献礼剧目《秦香莲》，把她从天津京剧院紧急调入的。以前她只演过几出折子戏。机遇来了，她很幸运，当然也很不容易。许多同行都半信半疑地关注着她如何"走入"大戏《秦香莲》。经过一段时间的紧张排练，进京正式演出，《秦香莲》一炮打响。京津两地报纸称赵秀君"二十岁新苗挑大梁不负众望"，"初登首都舞台……便以宽厚圆润的嗓音和清脆悦耳的演唱得到北京戏迷的认可"。

她开始有了点儿名气。不过在排《五女起解》时见到她的时候，和年长于她的大青衣们站在一起，她还是很腼腆、羞怯，连笑都悄无声息的，似乎还有些傻乎乎的。但这是在台下，等到她和另外四位"苏三"一登台演出，小姑娘如同变成了小老虎，毫不怯场，大大方方，扮相有光彩，唱的也很有张派味道。我这才发现，这棵"新苗"并不简单！

后来听说，在戏校上学的时候，校长就喊她"傻闺女"，同时又说她"心里有数"。

一个人最大的"有数"，是知道自己该做什么和怎样去做。赵秀君一步迈入备受瞩目的天津市青年京剧团，又是炙手可热的主演位置，确实很幸运。可是她对看似突然降临的好运，却是默默地有备而来。早在学校时她就苦学张派艺术，常常利用节假日练功、吊嗓。每当琴声在寂静的校园里响起，连门卫老师傅都知道："又是赵秀君那闺女用功了……"到排《秦香莲》的时候，她下的功夫更不用说了。对此，恐怕只有她和辅导教师、张君秋先生的弟子蔡英莲二人心里最有数。初战告捷，她又主演了新编历史剧《锦袍情》，在全国青年京剧团新剧目汇演中荣获优秀表演奖。1993年1月19日，在北京祝贺张君秋艺术生活六十周年演出成功的晚会上，经老市长李瑞环同志亲自推荐，张君秋正式收赵秀君为徒。当时没有叩头，回到天津后，经赵秀君的一再恳求，于2月1日又补行仪式，她面对老师先献花、鞠躬，然后按梨园行的传统恭恭敬敬地叩头行礼。在四周的掌声中，满头银发的张君秋先生望着自己年龄最小的一位弟子（此前已有一百六十多名门生），为她那份尊崇和虔诚而频频点头。

大师对这位新弟子可谓提携、爱护有加。京津两地之间，张君秋先生频繁来往，为赵秀君说戏、排戏，稍有空余还把她叫到北京家里进行点拨。1995年年底，为首届京剧艺术节进行"范本戏演出"，重排《秦香莲》。在排练现场，我亲见张君秋先生不时叫停，上台对赵秀君手把手地指导，不顾年事已高，为她示范做跪拜的动作，情景十分感人。她自己也更为"有数"，在家里反复比较自己和老师的录像，寻找差距；老师的录音带随身携带，走到哪儿听到哪儿，不久竟磨损得走调了。就是这出《秦香莲》，从天津到北京，再到香港以及台北，一路唱红，好评如潮。

在此期间，她先是被天津市文联评选为"文艺新星"，中国京剧艺术基金会推举她为"中国京剧之星"；在津、京接踵举行汇报演出，两地都召开了研讨会。专家们一致肯定她是很有前途的优秀演员，同时也热诚地提出了意见和期望。

对于荣誉和激励，她依然"有数"，决心向更高、更难攀登。1996年9月，在纪念天津市青年京剧团"百日集训"十周年展演中，她主演的《金山寺·断桥·雷峰塔》亮相了。这是一出极吃功夫的张派保留剧目，三折连演，唱、做、念、打并重，当年张君秋先生在戏班缺钱时才肯将此剧作为"撒手锏"露演，为此该剧被戏称为"赚金条的戏"，已有三十四年未见于舞台了。眼见拿手戏后继有人，张君秋好不欣慰，特地对剧本进行加工，加快了戏的节奏，并特请著名刀马旦演员李金鸿先生为徒弟辅导"金山寺"一折的歌舞和武打。最终，《金山寺·断桥·雷峰塔》又是一炮而红。它的成功，标志着赵秀君已从唱功突出向唱、念、做、舞全面发展跨出了重要的一步。

一年多以后，她又相继推出了新编张派剧目《刘兰芝》和名剧《西厢记》。

赵秀君为演戏忙碌不停，难得有时间听她说点什么。一旦她带着那看似傻乎乎的笑靥娓娓道来，又会发现她的见识也非常广博。对于张派演唱艺术，她认为不能一味模仿老师男旦的宽厚嗓音，而应该像老师学"四大名旦"那样，根据自己的条件学习演唱方法，如气息、节奏、音色等方面的基本技法，更要牢记老师谆谆叮嘱的既要唱出人物的情，还要有时代感，要使声腔中蕴含更丰富、更新的内涵，与观众包括青年交流、沟通。在台上演戏，要想着台下接触京剧艺术不久的青年观众的感受。真正的艺术是心灵的碰撞，人与人之间应该是相通的……

果然是名师出高徒，赵秀君的"有数"很在点子上。

（刊载于1999年1月天津市文联主编
《跨世纪星辰——天津文艺界新星谱》一书）

李佩红：从"大刀马"到"大青衣"

　　不久前，程派新人李佩红随天津市青年京剧团赴台湾地区演出，在《锁麟囊》一剧中亮相，备受瞩目，好评如潮。《世界论坛报》推出了"程派第三代传人李佩红誉满海峡两岸"的大字标题，报道她"充满自信与执着……已获得此间爱好者一片赞美、叫好、肯定，留下极为深刻的印象"，评家们则用了"士别三日，刮目相看"的字眼，称她"有大青衣角色的风度""颇具师祖御霜(即程砚秋)风范"，精心研究程派艺术多年、八十多岁高龄的票界名宿颖若馆主"原持不信任态度，后看了李佩红演出，非常的高兴和激赏，认为有出奇的光彩，是正宗的程派传人"……

　　听到这些反映，我自然很为一位青年演员取得成功而高兴，同时基于对她的问艺之路有所了解，情不自禁地想起了一句古语："锲而不舍，金石可镂。"

　　即使是从海峡对岸的褒扬声中，细品也能察觉丝过往的余音，对于李佩红的学习程派艺术，有些行家原本是持"不信任态度"的，这和几年前大陆京剧界有过的舆论一样。原因不是别的，主要在于她那时已是很有名气的刀马旦演员，以基本功硬实、台风大气，武打冲、快、脆，很具巾帼不让须眉的气势著称，曾经夺得全国青年京剧演员电视大赛最高奖项"最佳"奖。同行们提到她，往往会信服地说一句："噢，'大刀马'！"在本行当达到这样的水准，中途要改习文戏，目标还是深奥、精微的程派青衣，这由武向文的转换是那么容易的事吗？何况，观众对知名演员的印象，历来先入为主，进行反差如此之大的跨越，很难得到认可，弄不好把原来的名声也搭进去，就太可惜了。应该说，这些疑虑都是出自好心而且不无道理。然而李佩红的主意很正，在一片反对声中义无反顾，一头扎进了程派艺术，此后十来年的时间里，一步一个脚印地往前走，不断用新的成绩证实自己，改变人们的印象，终于取得了今天的成绩。内中甘苦，不言而喻。那次从台湾回来，一向关心青年演员成长的时任全国政协主席李瑞环，接见时说了一番最让李佩红感动并且激动的话："从'大刀马'到'大青衣'，人们承认你了。你很不容易！"

李佩红听了，只觉得眼眶发热。一句"不容易"，概括了她追求中的全部甘苦和艰辛。

她能从"不容易"的路上走过来，原因很多，但首先还是那句人们对她的评价——"充满自信与执着"。

早在天津戏校学艺时，她就是个自信心极强的学生。跟朱宝义老师学刀马旦，毯子功、把子功一直名列前茅，到练"下高"，即从两张或三张桌子的高度翻下来，年仅十几岁的小姑娘们依次爬上去，往下一看头就晕了，腿也软了，不敢"下"，只有她胆子大，认为自己准行，果然，一个"台蛮"就翻了下来，朱老师高兴地大声喊："这个孩子行！"朱老师脾气急躁，教戏时爱打学生，李佩红每天主动给自己加课，晚上和寒、暑假都不肯休息，还免不了挨打，竟打坏了几把芭蕉扇，连校长和别的老师都看不过去了，劝她换个老师学，她不肯，说："朱老师恨铁不成钢，都是为了我好……"此话传到朱老师耳朵里，老先生好不感动，从此教她更为用心，当然也就愈发严格了。就这样，李佩红跟着朱老师练出了一身扎实的基本功，使她至今受益无穷。师生二人的关系也一直很好，李佩红后来进剧团有了收入，总不忘接济老师的生活。老先生有两个女儿，对外却声称有三个，晚年眼睛失明，临终时还让家人"找佩红来……"

李佩红后来又先后向冀韵兰、李金鸿、阎世善、刘秀荣等名家问艺。演武戏是很苦的，如果再生性好强就更苦了，十几年间，李佩红的腰、膝盖和脚腕等部位都留下了伤。1985年，因为劳累过度又患上了甲亢，即使这样她也不松劲，治疗期间上不了台就学，不能大练就小练，用她的话说是"每天都在积累"。1987年，她还向筱派传人崔荣英老师学了《乌龙院》，并且上台演出了。她正是在染上很难根治的甲亢顽症以后，学、练不辍，在1991年的电视大奖赛中，以武打、翻跌繁难的《火烧余洪》一剧技压群芳，摘取了"刀马"桂冠。

为了向文武兼备发展，李佩红在1989年正式拜关肃霜为师。文武皆精、富于创新精神的旦行全才关肃霜，不仅向李佩红传授了拿手戏《铁弓缘》，排练了新剧《凤吉公主》，而且别具慧眼，力排众议，对她的学唱程派给予了热情的支持。那是拜师后不久，关肃霜在北京参加全国人民代表大会，会下代表联欢，她自然难辞一曲，大家要求返场，她推荐了来看望自己的新弟子李佩红，谁知令她和众人意外的是，李佩红唱的竟然是程派名剧《锁麟囊》选段，而且颇有韵味，大受欢迎。唱罢下来，关肃霜吃惊地问："你什么时候学的程派？"当时，李佩红的心情兴奋而又忐忑，一方面这是她学唱程派以来首次在公众场合亮相，另一方面又怕临场来了个"突然袭击"，会引起老师不悦。她如实交代，自己一直很喜欢程派艺术，进戏校排的第一出戏《六号门》，饰胡二妻，"卖子"一场学的就是程腔，从此心底播下了程派的种子。后来私下里曾向程砚秋先生之婿、名票陶汉祥学过《桑园会》《三击掌》等戏……老师听了，反应同样出人意料，不仅不以为怪，反而高兴地埋怨："咳，你这孩子怎么不早说，有条件，你就该武是'大刀马'，文是'大青衣'，走出一条别人没有走过的路！"接着，关肃霜又用她独有的豪爽语气表示："说，想跟谁学程派，老娘带着你找去！"

关肃霜用艺术家的眼光、胸怀和热忱，给予了李佩红难得的鼓励，之后尽管还有许多师长、同行以至亲友不以为然，但她学程的决心更加坚定了，而且开始公开付诸实施。被她的诚心所感，王金璐、吴小如两位老先生出面找程门弟子王吟秋，疏通学艺事宜。王吟秋曾追随程砚秋多年，唱、念、做规矩严谨，教学细致认真，教李佩红的第一出戏是《六月雪》"坐监"一折,从吐字、发音重新打基础。李佩红学了半个月,中途随剧团赴日本巡回演出三个月,她除了扮戏、上台,几乎日夜都跟老师的录音带拼上了。回国后接着学,王老师家在北京,她就三天两头往返于津、京之间,经常晨去晚归,戴月披星。

1995年5月4日晚,举行了拜师专场演出,李佩红"一赶三",以两文(程派《六月雪》《朱痕记》)、一武(刀马代表作《竹林记》)重新同观众见面。剧场反响热烈,观众反映她武戏风采不减,文戏地道规矩,程韵浓厚,用阵阵彩声表示了对她"大刀马—大青衣"的初步认同。戏后拜师,当主持人宣读领导同志的题词"一位好老师,收了一个好学生"时,全场掌声雷动,气氛一下子达到了高潮。原定李佩红按新礼节向老师三鞠躬,谁知她临场激动得跪拜在地,给了老师一个猝不及防,台下观众则用天津人的大嗓门喊起好来……

对于演员来说,演出的场面是红火而又短暂的,更多的日子还是要在台下单调、刻苦地学戏和练功中度过。几年来,李佩红对武戏不能放下——武功一搁就演不动了;程派文戏则要由浅入深、从低到高地付出辛勤和汗水。平常没有演出的时候,她也经常一个人在剧团排练场待到晚上九十点钟。在台上边走身段,边琢磨唱、念的技巧和劲头。有几次,我曾经跟她同车去北京办事,她在来回的路上总是听一出戏的录音,日子长了,连我都熟悉戏里的某段唱词和腔调了,她仍然反复听个没完,其痴迷、投入可见一斑。对于自己的悟性和条件,她确实非常自信,但她也深知一分耕耘、一分收获的道理,于是攻关不已,用实力换取人们的承认。她的程派戏首次还是在上海露面的,那是1993年年底,《六月雪》和《火烧余洪》双出,沪上报纸称"不可思议",一个"大刀马"怎么还能唱程派呢?但还是基本肯定了她的潜力,给予了鼓励。1998年7月再次到上海,演出了全部《锁麟囊》,效果热烈多了,行家们承认她"确实不错""学得地道"。一年半以后的2000年春节期间,上海有关单位又主动相约,她带来了几出程派大戏,引起的就是广泛的赞扬之声了,相熟的资深戏曲记者更称道她"每次来都有大变化"！

　　所谓"大变化"，正是她不断向程派艺术高峰攀登的足迹。近一年，我曾看过她三出戏，感觉她除了在演唱技巧上的进步之外，还始终有着一股沉静之气，不浮不躁，沉得下来，静得下去，全身心地投入剧情和人物，丝毫不露卖弄、炫耀的痕迹，于是表演就有了深度，有了分量。这对于一位青年武戏演员，是很难得的，但是这又是大青衣、特别是幽雅沉静的程派必备的气质。都说现在是一个浮躁的年代，然而浮躁又是很难步入较高的艺术境界的。李佩红的另一个长处是不死学，肯动脑筋，对于前人的东西，总想着根据自己的条件和体验运用，唱出情来，我想这将大有益于她日后的艺事发展。

　　2000年是李佩红的丰收年，赴台演出归来就要准备为程砚秋先生的《英台抗婚》录音配像，参加戏曲电视剧《锁麟囊》的拍摄，够她忙的了。她常说自己是幸运的，有好的领导、好的老师和好的艺术搭档，这也是由衷之言。愿"幸运"继续给她带来好运。

（刊载于2000年第十一期《中国戏剧》）

拓展与突破
——看董玉杰的三出戏

1996年3月,王金璐先生收徒董玉杰暨杨派武生专场,三天演了四出戏,除去师生合演的《八蜡庙》,另外三出戏均由董玉杰主演。王金璐先生宝刀不老,七十七岁高龄仍充满艺术活力,赢得了观众的普遍赞誉;而董玉杰也以新的风貌令人刮目相看。

20世纪80年代初,随着京剧艺术的复苏,一代新的武生群体在海河之滨崛起,董玉杰是崭露头角较早的一个,给观众留下了良好印象。其实,他早在60年代末,九岁上小学时就开始练功、学戏,并且当过小主演——在《智取威虎山》中饰演主角杨子荣。当时正处于"停课闹革命"、大唱"样板戏"的年代,指导练功、排戏的是他的姐夫、中国戏曲学校专修班的净行高才生陈真治,一起上台的大都是本校的小同学。一群十来岁的孩子把一出大戏从选场开始到演出全剧,一演就是两年,坐着卡车巡演了许多单位,董玉杰个子尚小,穿上杨子荣的皮毛大衣,还得由家长、老师抱到车上。那段动乱年代特殊的舞台经历,还是在孩子们身上播下了艺术的种子,在戏中饰演座山雕、八大金刚的刘亚津、王宏后来成为相声和小品名家,饰演白茹的张静琳由张派青衣传人走向影视、歌坛,而董玉杰成了一位京剧青年武生演员,在会演中获得许多奖项。斗转星移,天津的武生健儿们争相勇进,各自都在追求新的发展,格局不断变化。董玉杰一度面临着困难的抉择,是仍局限于几处常演的长靠戏,还是另辟蹊径,拓展一条更适合自己的新路?他选择了后者,并且幸运地找到了王金璐先生这样一位允文允武的名师,以武老生、袍带短打为重点,系统地学习杨派武生的表演艺术。经过师生两年多的共同努力,当初的抉择和他们为之付出的汗水显现成果了。

董玉杰这次演出的《战宛城》《骆马湖》和《挑滑车》,一个突出的特点是戏路宽,包括了武老生、袍带短打和长靠武生三个行当类别;另一特点是文武并重。《骆马湖》的文场戏占了近五分之三,《战宛城》的张绣则要脱下长靠换官衣,全然老生扮相,身段、脚步的劲头都不能和武生一样,由于人物的武将身份不尽同于老生,介乎老生、武生两者之间,这对于武生演员来说是具有相当难度的,但这样的戏路却很适于发挥董玉杰的优长。他有《夜奔》《蜈蚣岭》等短打戏的扎实基础,又学过老生戏,身材匀称,脸型稍长,扮老生挂上髯口很合适,这也是金璐先生在众多的武生弟子中间,优先答应教他《战宛城》的原因,为此曾带着他一起练老生穿官衣的脚步。从自身条件出发,确定主攻方向,又逢名师慧眼,循循善诱,就在主客观上都为新的突破提供了前提条件。

人们看了董玉杰的三出戏,都反映他确实有新的提高,我想主要基于两个方面。一是他在武戏传统程式、技巧的运用上,更加规范、严整和流畅了,同时讲究韵律和节奏感,在造型和气度上就和过去不一样了。京剧是一门写意性、程式化的艺术,唱、念、做、打都有严格的规范,掌握和运用得是否准确、到位,不是机械地而是艺术地表现出来,就成为衡量表演水平的一条基本标准。董玉杰扮演的张绣,举手投足都俨然是武老生的东西,开打和几个"大枪下场"的力度和幅度,于冲、猛中不失分寸感,节奏的快慢也控制得比过去自如,而且注意了动作的组合和连贯性,气韵一以贯之,舞台形象就显得大气、耐看了。还有《骆马湖》上、下场门的两个"下场",《挑滑车》"两场边"的边唱边舞的质量、水准提高了,并且以内驭外,使之成为紧密衔接的浑然一体,便产生了新的艺术效果,这就说明,京剧表演艺术尤其是动作激烈的武戏,不可一味只在难、险上追求,还是要在程式的规范性和技巧的质量上下功夫,才能体现戏曲艺术的独特魅力。二是继承杨派"武戏文唱"的特点，努力通过做、表刻画人物性格和心态变化。曾有人讲，做是"做派"、表是"表情"，两者的统一就是"做戏"。张绣战败回城，羞愧交加，无颜回答属下参谋贾诩的询问，继而断然拒绝投降，后又审时度势不得不委曲求全，董玉杰表现得颇有层次。迎接曹军进城，俯首把曹操送下，再见许褚、典韦，对前者是不服和无奈，对后者则因屡战屡败而惧恨、绝望，这一微妙的心理差别，董玉杰通过人物瞬间的眼神、表情变化，鲜明而生动地勾画出来。《骆马湖》中的黄天霸是一个性格复杂的人物，董玉杰既演出了英姿飒爽、智勇兼备的一面，又表现了他为搭救主子而不择手段，翻脸无情。"酒楼"是全剧的重点场子，他和饰酒保的石晓亮一问一答，互为铺垫，渐入高潮，显示了两位青年演员的做、表功力。

应该看到，董玉杰的三出戏中，《骆马湖》《战宛城》由于是初演还存在着继续加工提高的空间，驾驭文场戏特别是唱、念技巧尚需锤炼，但进步仍是非常可喜和突出的。他坚持走自己的路，寻求自身艺术个性的选择也是对的，不仅拓宽了自己的发展前景，而且对年轻的同行们也不无启示。另外值得肯定的是，这次演出的都是群戏，天津市青年京剧团阵容齐整，个个尽责尽力，表现出的整体实力和潜力，也让人看到了天津新一代京剧队伍的风貌与希望。

（刊载于 1996 年 4 月 1 日《今晚报》）

裘门有女

在纪念裘盛戎先生诞辰八十五周年艺术研讨会结束时，一位身材不高，文静、消瘦的中年女子，代表裘门亲属向来宾致谢，说到动情处热泪盈眶，激动不已，她就是裘盛戎先生的五女儿裘云。倒退几年，没有人甚至连她本人在内能够想到她会女承父业，唱起了裘派花脸。

京剧界有一个很突出的文化现象，就是一家几代人都从事京剧，有的还是沿袭一个行当。如最有名的谭门七代，除第一代谭志道唱老旦，从谭鑫培往下几代均唱老生，而且名家辈出；梅家从梅兰芳的祖父梅巧玲到梅葆玖，也是延续了四代。这一世家现象的形成，自有其历史、社会和特定行业的原因，但在观众中间，却始终是津津乐道的话题，并且总是期待着自己喜爱的大师之家，像戏台上一门忠烈的杨家将那样代有英才。裘门也是梨园世家，裘盛戎先生的父亲裘桂仙就是名净，可惜后来裘盛戎早逝(终年五十六岁)在先，承继父业的少戎(裘明)亦走得太早，裘家自身的裘腔裘韵似乎就此沉寂了。谁知就在人们惋惜之际，又异军突起般地杀出来了裘云，还是一位女将，而且一唱就非常到位，深得乃父神韵，颇有"不鸣则已，一鸣惊人"之势，难怪内外行一片喝彩。

我第一次听到她的唱，是 1996 年电视直播北京国际京剧票友大奖赛，她唱的是《赵氏孤儿》中魏绛那段流传甚广的"汉调"。当时，还不知道她的名字和身世，只觉得她出口不凡，不仅嗓音宽厚，挂味儿，有某些男花脸都缺少的"横音"和"炸音"，而且在吐字、行腔的劲头和气息的运用控制上，特别是音色和气息的充沛、饱满，深得裘派三昧，时或让人想起了裘盛戎先生的"原版"。后来又过了好长时间，我才听说她是裘门之女，不禁深为大师有这样一位"虎女"而高兴。

人们把裘云一登台就是高起点，归功于父辈的遗传基因和自幼的家庭熏陶，这当然是有道理的。她没有受过专业训练，起步也很晚，父亲1971年病逝时，她还在部队文艺宣传队唱老旦兼跳舞蹈呢。父亲没有正式给她说过戏，倒是偶然间发现了她的"大嗓"不错，让平时喜欢哼唱的女儿们也来唱一段，裘云先唱的是李铁梅的"我家的表叔数不清"，裘盛戎先生说你这不是青衣的"小嗓"，是老旦的"大嗓"，她就又唱了一段李奶奶那段"打鱼的人……"裘盛戎先生一听高兴了，说你唱大嗓太富余了，记住了，今后你就唱大嗓吧！当时不准女子唱老生、花脸等男性角色，所谓大嗓只能是唱老旦。不久，她果然凭着能唱老旦考入了部队宣传队。

不过，裘云从老旦跨到家传的花脸行当，却是二十多年以后的事了。她复员到北京前门饭店工作，参加旅游系统文艺汇演，报的节目仍然是李奶奶的唱段。谁知，她偶然间哼唱《沙家浜》中"智斗"那段三人对唱，被弟弟少戎听见了，当场请乐队给她伴奏试唱，这才发现她居然能唱大花脸！于是，立即让她改报"智斗"，"一赶三"，即一人唱刁德一、阿庆嫂、胡传魁的生、旦、净三个行当的角色，一炮打响，从此便一发而不可收，由"一赶三"到专唱花脸，接连在首届北京国际京剧票友大奖赛和北京卡拉OK京剧大奖赛上获奖。

不承认天分，就无法解释裘云的进步神速，梨园世家的嗓音天赋确实有遗传性，从裘桂仙到裘盛戎到少戎、裘云都是如此。也不排除自幼的艺术熏陶，"文革"期间，一位演"样板戏"的知名花脸演员，到家里向裘盛戎请教戏中一个主要唱段的唱法，裘反复教了几遍，也不得要领，裘云却在旁边听会了，父亲让她试唱一下，竟满是那么回事，父亲无奈地向那位演员笑着说："你瞧，她都会了！"这就是和多年熏染包括悟性有关了。然而任何一门艺术，又都不是仅凭天分和影响就能取得成功的，裘云自然也不例外。她在不为人知的台下是下了苦功夫的，特别是在弟弟少戎去世以后，唱戏一下子从找工作、消遣变为了延续祖传事业的使命。她几乎把工作和睡觉之外的精力都拼在了戏上，利用一切空隙听父亲的录音，反复琢磨唱法，领悟内中奥妙，然后跟着哼唱，找感觉和劲头。每天中午在厨房做饭，是她练唱的时间，以至日久天长，邻居大娘们到点就在楼下听。一来二去上瘾了，有一次没唱，就上门问她的婆婆："我们等了一中午，您的儿媳妇今天怎么没唱啊？"白天沉浸在父亲的声音里，晚上她有时还会梦见弟弟，少戎在梦中每次跟她说的都是两个字——唱戏！

　　裴云决心把戏唱下去。尽管听到的全是赞扬之声，可她是有着自知之明的，知道自己还处于学习、提高的过程中。截至目前，她还只局限于清唱。人们鼓励她粉墨登场，但由于视力不好和缺少基功，她是很慎重的。她认为自己不能给父亲丢脸，据我所见，她只在一次央视春节戏曲晚会的排练现场，应导演的一再要求，扮过一次包公，勾上脸谱，穿上黑蟒袍，虽然只摆了几个动作，在场的演员都说还是有几分神似的。裴少戎的儿子继戎在北京戏校，也学花脸，也就是裴门净行的第四代了。裴云很关心侄子的成长，姑侄二人常在一起切磋、交流。裴云认为，自己是在填补家传的空白，为下一代上路搭设桥梁。裴云曾对我说，她每次上台唱戏，在耀眼的灯光上方，总会浮现出父亲的身影、面容，在默默地注视着她，目光里有疼爱、关心，还有鼓励、期待……

　　裴门有女。倘若裴盛戎先生泉下有知，应该能够感到欣慰了。

（刊载于 2001 年 8 月 28 日《今晚报》）

氍毹十载看朱福

阔别津门多年的云南省京剧院,于2012年10月金秋北上,先后在北京、天津为优秀青年小生演员朱福举办专场,一气推出《罗成》《吕布与貂蝉》《周仁献嫂》等三出叶派名作,反响热烈,得到艺术家和观众的广泛好评,我由衷地为朱福感到高兴。

回想起来,认识朱福已经十年有余了,但见面和交谈的机会并不多,几乎都是在全国青年京剧演员电视大赛(简称"青京赛")的赛场上匆匆一晤。初次邂逅是2001年春天的那一届,当时我应约做评委工作,大赛选手众多,所以分外注意到朱福,一是由于小生行当对于演员嗓音的特殊要求,扮相、身材还要俊秀出众,为此能够脱颖而出的选手相对较少,渐呈"短线"趋向;二是他来自祖国的西南边陲,从大赛选手数量分布和实力来看,已有青年京剧人才向京、津、沪集中之势,边疆和内地院团则显得后继不足,在这样的背景下,后者的新人就使得评委们格外关注。朱福嗓音清亮、圆润,个子修长,圆圆的脸上的两只大眼睛,也很容易给人留下较深的印象。他是具备良好的专业条件的,但表演上还显稚嫩,那一届获得了优秀表演奖。

接下来,2005年、2008年两届青京赛,又两度在决赛的赛场上出现了他的身影。每次都可以看出他的进步和提高,感受到那背后的执着与追求。后来听说,在2005年之前,他已经问艺于叶少兰老师,向叶派小生艺术"归路"。2005届大赛强手对决,小生组竞争十分激烈,他经过一路较量,向前跨了一步,获取了银奖。这应该说已是不错的成绩了,但他仍没有止步,先是进入中国戏曲学院优秀青年京剧演员研究生班学习,继而时隔三年,2008 年第六届青京赛再次披挂上阵。他的复赛剧目是叶派名剧《罗成叫关》,决赛按要求换戏,演的是《白门楼》,把吕布前面与刘、关、张的开打和后部被俘的大段[娃娃调]集中于比赛规定的二十分钟,终于以允文允武的出色表现完成了新的跨越,如愿以偿地夺得金奖。

八年奋进不寻常。在写这篇稿子之前,朱福在电话中说,我是看着他走过来的,是的,我和他的接触虽然只限于在比赛间隙,迎面碰上打个招呼,但我确实连续在三届大赛的赛场上,目睹了他一次又一次的顽强拼搏,他的每一次新的冲刺和进步,他的每一次新的收获,同时也完全能够想象得到在每一段过程中所经历的艰辛和努力,汗水和付出。不能不承认,远离京剧艺术中心的青年演员学戏尤其是提高之路,困难会更多一些,当然也就更离不开老师的心血和院团的支持。

朱福进取的脚步没有停下。又一个四年过去,他和剧院携三出大戏来了,都是叶派小生的代表剧目,吃功夫的重头戏。三出戏的主人公身份、性格、境遇均不相同,分属小生行的不同类型,周仁属于官生(含褶子生),吕布是雉尾生,罗成归属武小生加雉尾生,表演各有侧重,人物个性突出,共同点是都唱、念、做、舞繁重,而且京津两地的专场演出,都是一连三天演下来,难度可想而知。不过,如此安排,也可以看出一向对艺术要求甚严、一丝不苟的叶少兰老师,对于学生的信任和激励。

天津的三场演出,我因恰巧出差在外,只在最后一天赶回,看了《罗成》。《罗成》在叶派名剧中可谓重中之重,是小生一代宗师叶盛兰先生根据传统剧目《淤泥河》等改编的,文武并重,剧中的著名唱段[二黄导板]"黑夜里闷坏了罗士信"接[回龙]"西北风吹得我透甲寒"再接[原板],高亢激越,荡气回肠;在城楼下修写血书的[唢呐二黄·导板]"勒马停蹄站城道",接[原板]"银枪插在马鞍桥",转[西皮娃娃调]"十指连心痛煞人",独具一格,悲壮苍凉,感人至深,堪称是京剧小生声腔的经典佳作。武的方面,该剧中的起霸、开打,后面的抢背、硬僵尸等高难动作,也极见功力。这出戏,没有过硬的嗓音条件、演唱技巧和武功基础是很难胜任的,20 世纪 80 年代中期,叶少兰来津演出,曾以饱满的激情和扎实的功力再现叶派风彩,此后已多年不见于津门舞台。这次演出,作为叶派再传弟子的朱福,充分发挥文武兼备的优长,着力表现身陷宫廷权力斗争旋涡,遭受统帅挤轧迫害而又忍辱负重、奋勇上阵厮杀的古代名将的悲剧形象,再次受到了观众的欢迎,剧场气氛热烈,戏结束时还有许多观众拥到台前,向演员热情致意。

经典名剧具有岁月不能磨蚀的光彩,而后学新锐的充满朝气的再现,也总让人感到兴奋和欣慰。

在继承叶派小生艺术的途中,朱福又迈上了更高一级的新台阶。青京赛获得金奖以后,他表示:"得了奖只能代表那时、昨天的成绩,我今后的艺术道路还很漫长。"有这样锲而不舍的精神和目光长远的准备,人们有理由对他寄予新的更多的期待。

朱福现在是双重身份了,剧院主演和副院长。作为演员,希望他在老师指导下,继续锤炼主演的大戏,还要多学、多演一些合作的戏,做到红花、绿叶两相宜,多方面增加艺术积累,有助于整体水准的进一步提高,这也是叶派小生的优良传统。与此同时,和剧院同人一道,在行当、剧目建设和新人培养上下功夫,应该也会大有作为。

这次专场演出,让更多的观众饱览了朱福的风采,也重睹了具有悠久传统和深厚艺术积淀的祖国西南边陲的剧院风貌。在新的一年即将来临之际,祝福朱福再创佳绩,并衷心地祝福云南省京剧院兴盛繁荣!

(刊载于 2013 年 2 月 25 日《天津日报》)

外一篇

箱倌儿

箱倌儿是旧称,新社会改叫"后台技艺工作者",戏曲院校则划归舞台美术专业。但剧团里人们平常仍呼"箱倌儿",大约是叫的年头长了顺口,而且还透着一点儿亲切吧。

"倌"字,按词典上的解释,旧时指从事某种专门技艺的人。戏班子里叫"箱倌儿",是因为戏台上用的东西平时都要分门别类放在大大小小的箱子里,好跑码头、赶台口。这不禁让人想起早年间,艺人们或在月白风清之夜,或于烈日雨雪之下,在乡野古道上奔波流动的情景。箱倌儿这一行,想必是随着戏班子的服饰、道具日益丰富和繁杂而逐渐自成体系的,职责当然不仅是看管和搬运这一些箱子。京剧的服饰式样独特,种类繁多,结构复杂,箱倌儿帮助演员穿戴整齐,还要保证松紧可体,上台舞蹈、翻跌才不致出差错。这里面有很深的学问,演员们对箱倌儿都是特别倚重的。1956年,梅兰芳先生在日本演《贵妃醉酒》,凤冠先是别的师傅给戴的,一时不好拒绝,上场前又悄悄地让侍候他多年的郭岐山师傅摘下来,重新戴好,这才放心地款步出台。郭老师傅从1945年跟随梅兰芳直到他去世,后来又被梅葆玖留在身边,如今年愈八旬仍在超龄"服役"。

箱倌儿在后台,他们的面容、身影和职业秘密,被台前的幕布遮掩着,少为人知。近年来介绍京剧的服饰装扮,也往往见物不见人。这不公平。作为一个古老的行业,在今天的信息社会,应该让人们走近它,了解它寻觅它与京剧息息相关的渊源和演变,感受一代又一代箱倌儿们身上的岁月沧桑。

北京京剧界的朋友,听说了我的想法,无不赞同,说早该有人了解一下箱倌儿了,这一行的老人越来越少,一位曾在清官戏班当差的老师傅去年刚去世。遗憾之余,他们又异口同声地推荐年届古稀,公认的技术权威,曾任教于中国戏曲学校,是北京城唯一获得"特级主任技师"职称(相当于演员一级)的箱倌儿——蒋士林师傅。还嘱咐我,见了面一块儿喝二两。

见面地点定在东珠市口的桂记戏具店。蒋师傅虽说退休了,却很忙,每年都有一些日子去我国的香港、台湾等地讲课或协助演出;在北京也闲不住,除去接受名角或名票的约请外,有空就在戏具店帮忙,依然守着相伴了大半生的戏装。门外就是花花绿绿、匆匆来去的时尚,于是就让人有了人生易老,而某些东西都在化为永恒的感觉。

蒋师傅高高的个子,花白头发,体态魁梧,又透着精干,一看就是那种精力依然旺盛的老人。听他讲,他出身于艺人家庭,父、兄都是京剧演员,觉得学戏太受罪,十岁那年送他进荣春社科班学"盔箱"。原来这箱倌儿是个统称,里面又分大衣箱,简称"大衣",管文戏带水袖的服装;二衣箱,简称"二衣",管武戏的靠、箭衣、抱衣、抱裤等;盔帽箱,简称"盔箱""帽儿箱",管各种盔头、帽子,另有诸葛亮的扇子和文官腰间的玉带;三衣箱,简称"三衣",又叫"靴箱",管各类鞋子,还有贴身穿的水衣子和布制的青袍等;旗把箱,管刀枪把子等各类道具,另外负责撒火彩、扔椅子垫等;容妆,又叫"梳头桌",为旦角梳头,兼管彩匣子即化装用的色、笔等。早年还有一行叫"水锅",旧戏园子没有锅炉房,需雇专人烧热水。这就是箱倌儿的各路人马。蒋师傅说,入科学艺,先学辨认东西,叫什么名字,什么戏里用的,再学保管,包括服装的叠放。叠是一门技术,为了保护面上的绣活,叠时要里子朝外,不同的衣服有不同的叠法;放进箱子还不能压出折子,当时后台没有电熨斗,必须保证拿出来就能穿。夏天演员在台上出汗,浸湿了衣服,脱下来得喷上白酒,晾干。盔箱还负责给演员勒头,这是最吃功夫的,人的发际高低不同,头部两侧枕骨和脑后反骨的位置、大小也有差异,勒的时候就得因人制宜,区别对待,不然不仅影响扮相,而且会造成演员头部的不适。特别是勒的松紧度,松了容易"掭头",就是脱落,形象大受损害;紧了演员头痛、眩晕,影响表演。这就全看箱倌儿手上的劲头、火候了。

箱倌儿坐科三年,出师就能拿"份儿"了,就是工资。刚出师要给师父效力,"份儿"中包括师父的一份钱,头天夜里散戏领了,转天上午就要给师父送到家去。当时箱倌儿分傍角儿和官中两种,前者只追随某位主演,后者则是在戏班里为大家服务。蒋师傅的师父傍角儿,自己忙不过来,让给徒弟干,蒋师傅就先后傍过李少春、李万春、裘盛戎、奚啸伯、杨盛春、周啸天等角儿。1953 年进中国戏曲学校教课,白天带学生,晚上还出来应活儿。不论是教学生还是为角儿们扮戏,他都严肃认真,兢兢业业。戏曲演员穿戴多,分量沉,从头到脚都扎束上了,本来就不容易,旧戏班常说:"逮着小偷甭打他,给他扮上戏就行!"可见这份罪不是一般人能受的;何况演员上了台还得连唱带做呢,你就得给人家扮好了,扮舒服了,这也是职业道德。特别是对初次登台的学生,他勤学苦练好几年,就为了上台这一会儿,情绪容易紧张,要为他找好扮相,穿戴的合适,让他心理没有负担,上台才能把水平发挥出来。

干箱倌儿这一行,一要技术熟练,二还要熟悉不同演员的艺术功力、脾气秉性乃至生活习惯,才能配合默契。同样是武生,功夫深的喜欢靠扎松一点,上台照样挥洒自如;功夫浅的就要求扎紧些,以免耍起来拖泥带水不利落。这就得看人行事灵活掌握。有的名角进后台抢钟点,箱倌儿得有思想准备,还要手脚麻利。有一次裘盛戎在天津演他的拿手戏《姚期》,头一场"大帐",龙套都两个一排地上场了,他刚开始勒头,蒋师傅当时紧张得手都哆嗦了。勒完再戴盔头,裘去大衣箱那儿穿蟒袍,蒋师傅又赶紧拿着髯口去上场门等着,裘先生过来时依然不慌不忙,嘴里还叼着烟卷,他连忙接过烟来,给裘先生戴上髯口。姚期摆开十足的老将架式,迈步出场,总算没误,而那份气派,顿时赢来了一个满堂彩。可是仔细一看,嘴边还隐隐约约冒着余烟呢。20世纪80年代,厉慧良到北京演《长坂坡·汉津口》,一人饰两角,赵云下来改扮关羽,连换大靠带勾脸,赶场要求不超过七分钟,目的是给观众一个转眼间面目一新的视觉冲击。蒋师傅跟他紧密配合,道道程序争分夺秒,结果只用了四分钟,素面银靠的赵子龙就变成了绿衣红脸的关老爷!散了戏,厉慧良先找他握手道谢。从此再进京或赴外地演出,总要邀蒋师傅合作。

正聊到兴处,蒋师傅一拍大腿,起身就走,该吃饭了。出了戏具店,穿过打横的小街,他进了斜对门的一个小院,一路穿堂入室,来到一家回民饭馆的前厅。我抢步上柜台点菜付账,他扬了扬手,让我别管,也别争,还说大姐不会听我的。果然,柜台大姐温和而没商量地回绝了我的争辩。酒呢,大姐取出了蒋师傅寄存的大半瓶二锅头,外加两瓶啤酒。我只好恭敬不如从命。

这是一家老字号,几样传统回民炒菜的味儿都很地道,在如今的北京城也属难得了。老馆子、老菜、老酒,再和老先生聊老戏班,心中大快!几杯二锅头下肚,蒋师傅谈锋更健。后台活计、角儿们逸事不去说他,我记住了这么几句话:箱倌儿这一行就是机器上的配件,没你不成,就得找好自己的位置。还得心疼演员,他们一年到头都得练功、吊嗓,演出前一进后台,你把东西都准备好了,他看着心理就痛快,再扮得舒服,他上台就心情舒畅,演戏才放得开。等到累完一阵子下来,你主动递给他一口水喝,并不低了谁,可比什么都贵重,人就有感情。蒋师傅最爱回忆的是名角儿们在台上的精彩表演,说起来口若悬河、眉飞色舞。回来的路上,蒋师傅边走边伸开手臂在空中比画:厉慧良在《艳阳楼》里的"趟马",一溜圆场跑开,褶子下摆在身后飘拂,像大蝴蝶一样,多帅,多美呀!那一刻,我不胜酒力的大脑突然变得异常清楚:他是爱演员的!这种感情,其中含有箱倌儿和演员的相互依存关系,历史沿袭下来的职业心理,也有个人多年来形成的对演员艺术劳动的理解和尊重,所以才能心甘情愿,尽职尽责地去"傍"他们。或许,这正是我想在老一辈箱倌儿身上寻找的传统?

和蒋师傅的一席长谈,更增添了我对箱倌儿的兴趣了,到后来我又见到了中年的和青年的两位箱倌儿,他们先后毕业于中国戏曲学校(院),现在都在中国京剧院工作。这些接触既使我发现了几代人身上共同的东西,也感受到了时代的更变,给从事古老行业的不同年龄层的人所带来的差异。后者尤为耐人寻味。

白永贵师傅20世纪60年代毕业于中国戏曲学校舞台美术专业,是京剧有史以来的首批舞美中专生,从那时开始,箱倌儿也有学历和文凭了。他今年五十五岁,听过蒋师傅的课,在团里也算是老师傅了。主教他的老先生傍过杨宝森,是箱倌儿中间唯一自己买得起房子的人,早年既干官中活儿,又傍角儿,再加上省吃俭用,就攒下钱来了。在他上学的时候,学习科目逐步健全,加上了灯光、音响和服装设计。后来,后台的分工也有了变化,大衣箱、二衣箱合并,简称"大衣";三衣箱叫靴箱;灯光、音响设了专人。人员统称舞台队,下面分服装、盔箱、容妆、道具、灯光、音响等项。全队一般六七个人,容妆要占两个,因为旦角多,化装、梳头也费时,赶上像梅先生当年唱《贵妃醉酒》那样,光是宫女就上十六个,还得临时借人帮忙。如果演角色众多的大戏,服装这一块也紧张得很。像《大闹天宫》的孙悟空先后换装六七回,再加上小猴、天兵、天将和各路神仙,扮戏的时候一大群,既要保证时间,又不能让他们穿错,就得手疾眼快而又有条不紊。散了戏也不轻松,卸下的装如山般堆在案上,都得一一收拾停当。无论什么季节,服装沾了汗,就得喷酒。第二天若在原地演出,还可以晾晾,否则就得连夜叠好装箱,往往两个人要忙活一个多小时。箱倌儿就是早来晚走的活儿,七点半开戏,四点多就要到后台准备,散戏回家就是半夜了。不光是辛苦,还要细心,由起箱(从库里提取东西)开始,一见戏单子就得想齐全了,少一样到开戏时也得抓瞎。一次去山东演《红鬃烈马》,到地方才发现代战公主的靠没带来,白师傅惊出了一身冷汗,急忙给院里还没动身的同事打电话,幸亏在开戏前带到了。这件事给他的教训极深,生活上的事可以马虎些,台上的活儿一点也不能凑合。

白永贵曾先后和张云溪、张春华、袁世海、景荣庆、刘秀荣、李光、李维康等著名演员合作。他说给演员扮戏,是两个人之间的一种默契,一种感觉,日久天长就产生了信任感。所以角儿们都喜欢挑选合作对象,觉得心里踏实。这是从梅兰芳以至更老一代演员,就开始寻求的和箱倌儿和谐而稳定的关系。我注意到,提到和演员的关系,白师傅用得较多的词是"合作",而不是"傍",也许是下意识的,却多少反映出了舞台前后人际关系的演变。京剧多年来以角儿为中心,全班子人员的收益取决于角儿的号召力,所以"傍角"的"傍"字,就兼有依傍、辅佐的意思。新社会的国营院团不同了,大家都从单位领工资,经济关系变了,意识也会随着起变化。这也是时代使然。当然,箱倌儿为演员,为演出服务的传统和敬业精神是不能变的。

中年箱倌儿仍然工作在演出第一线,生活上又处于挣钱养家的年龄段,对京剧现状的关注和忧虑也更为深切。我和白师傅没有多谈这方面的问题,但他的爱人已经退休了,他在岗拿百分之六十的工资,五百多块钱,其余补贴之类都加上一共八百多块,演出一场的劳务费三十元到五十元不等,他能不希望京剧的市场景气一些吗?前景如何,想必他没有多大的把握,大女儿尽管很有演唱天分,还有名角儿自愿培养,他还是让她去当了小学的音乐教师。

箱倌儿这一行,工作辛苦,责任挺重,却默默无闻,待遇不高。因此,蒋师傅和白师傅都很担心本行的后继人才。让人感到欣慰的是,如今也还是有年轻人出自对京剧艺术的热爱,肯于步他们的后尘。

我是在一座高层宿舍楼的地下室见到青年箱倌儿小高的。见他时颇费了些周折,在前院、后院转了两个来回,又向附近的住户打听,才找着进口。他叫高武云,今年二十八岁,还带着很浓的学生气,在一门古老的行业里显得很是年轻。但他关于当初专业选择的一番话,很快就使我对他刮目相看了。

他从小喜爱书法、美术,高中毕业时本来可以考美术类院校,谁知竟被戏装上五彩斑斓的图案特别是其中的龙给迷住了,由此而迈进了戏曲学院的中专班。在他的眼里,戏曲的服饰太美了,图案、色彩、加工和用料都极为考究。最有魅力的是图案,仅龙就有团龙、草龙、坐龙、行龙等十几种;还有形态各异的凤和各种鸟兽、花卉,千姿百态,五颜六色,真是美不胜收。谈话中,小高几次忘情地发出对戏衣的由衷赞叹:太美了! 太神奇了! 京剧服装的造型以明代为主,加入了清代的东西,像箭衣、马褂、补子、马蹄袖等,而两者的融合又是那么和谐,那么一致;式样则是那么丰富,光一个褶子,就有多个种类,还有蟒、官衣、靠、箭衣;穿法也有多种讲究,仅箭衣就有十六种穿法,还有绦子的系法,区别不同的戏和人物,花样有七种之多;你再看看窦尔敦的扮相,头戴黄绒球的扎巾,蓝脸,红髯口,蓝箭衣,系黄绦子,穿扮的平整、挺刮,再配上脚下一双黑面雪白厚底的靴子——多漂亮!

小高还特别说到长靠武生背后的靠旗,原来来自于古代大将传令用的令旗,京剧却把它美化了,用活了,它充分说明了京剧服饰是对生活中物件的夸张、变形、写意;只有具备极深文化底蕴的民族才有这样的想象力,才能够设计制作出这么美、这么神奇的艺术品来。说到这儿,小高对轻易让外国观众或游客穿京剧戏衣,很不以为然,洋人一表示兴趣,给一点钱就给人穿扮上,好像他们赏了多大脸似的;英国皇家芭蕾舞、日本歌舞伎的演出服,也这样让别国人随便穿着玩吗? 这些地方我们倒是应该向外国学习,要自尊、自重。何况我们的戏衣魅力无穷,绝不低于巴黎时装,比世界上任何国家的舞台服装都更美,更有文化内涵,更有价值……

青年箱倌儿的话一次又一次触动了我,尽管他介绍的有些知识我原来就有所了解,但他的挚爱和痴情还是对我产生了极强的感染力。

接下来,小高话锋一转,又让我觉得有点出乎意料了,他认为京剧服装的有些方面也不尽合理。像武戏演员穿的大靠,面子是华美的绸缎刺绣,里面衬的却是粗布、棉花,还用麻绳捆扎、木棍支撑,分量就沉了,演员穿着负担太重，多少年就一直这样沿袭下来。现在科技这么发达，能不能用轻型材料替代呢？判官的服装，前胸和臀部都楦的很高，很重，能不能改用充气或者海绵填充？还有一些服饰的花色、式样，也仍有改进和美化的余地。京剧服饰的材料、结构基本定型于一百多年以前，出自农业社会的手工作坊，工艺落后，现在技术发展这么快，新材料、新工艺换代频繁，京剧服装的制作也应该变革一下了，最起码应该试一试。

对于京剧服装，原来小高不仅仅是欣赏和陶醉，终归是科技时代的青年。我也觉得应该试一试。当然，改变老祖宗留下的东西，不是一件简单的事情。小高把他的想法跟一位老师傅讲了，老师傅也认为有道理，但又告诉他要慎重，要动得名角儿动，有影响，有威信，咱们说了不算。小高默然。他知道老师傅的话有一定的道理。所以他很希望在如今有影响的主演当中，能有梅兰芳、马连良那样的舞美革新家，对艺术通盘考虑，支持他，跟他一起探索。其实他的一些想法，还不是为了减轻演员的负担，让他们的表演更自如、更美好吗？

小高也没有坐等。像扎靠时一向要用嘴叼绳子，他就觉得很不卫生，而改为与演员互相配合，只用手来控制，效果是一样的。不过这些终属小打小闹，大的设想不能付诸实施，还是让人焦虑。他期望有更多的人关心和重视后台工作。后台工作不仅是体力劳动，也包含着艺术，需要学识、眼光和功力，需要有新的追求。

现在演出少，演员平时要练功、吊嗓，箱倌儿没有事做，就闲了。我问小高干些什么，他说学过的服装设计一时用不上，就看书，绘画的、舞美的和有关图案的，还有经济类的，和一些当代外国企业家的传记和小说。他说要充实自己。

走出小高的地下室，蓝天白云显得分外耀眼。分手的时候，我很想说几句建议性的话，不知怎么就说出，要是有朋友开服装公司，你可以去帮忙设计。他淡淡地笑了，说：看吧！

结识了三位箱倌儿，我好像走过了好长的路，感触远超过了原来的预想。几代人共同拥有的最基本的东西是敬业精神,这在某种程度是由行业的性质和传统决定的,戏台上从来不允许任何粗疏和差错。他们又都是爱戏和爱惜演员的。在他们身上呈现出的差异和变化,则发人深思。箱倌儿——后台技艺工作者,将与魅力无穷的京剧艺术同在;但他们在金鼓丝竹和厚重的帷幕后面,也会不声不响、不易被人们觉察地发生变化。

真的应该更多地关心和了解他们。

(刊载于《艺坛》第二卷,武汉出版社 2002 年 4 月出版)

外二篇

"金嗓鼓王"之谜

不知道有几多艺术家,健在的时候就能纪念自己的舞台生涯八十周年?

不知道有多少位演员,八十五岁还能够真人(而且是真唱)临场高歌?

八十年,实在是一段漫长的岁月,八十五岁,也足以称得上高龄了。难能可贵的是,被誉为"金嗓鼓王"的曲艺大师骆玉笙,却把上面的两条都变成了现实,1998年12月的一个晚上,矮小瘦弱、满头银丝的老人,颤巍巍地携弟子登台,在纪念她从艺生涯八十春秋的晚会上,高唱已成为当代京韵大鼓经典的电视剧《四世同堂》主题歌,那"重整河山待后生"的高昂旋律依然从容而又充满激情地扶摇直上,响遏行云,激起了全场暴风雨般的掌声。

那掌声分明夹杂着赞叹与惊喜,还有被艺坛常青树引发的好奇和神秘感。

这并不新鲜。也许因为我和骆玉笙老人同在天津,又都是文艺界中人,早就不时有外地的朋友相问:老太太这么大年纪了,怎么嗓子还这样好,唱得这么棒?然后便兴味盎然又无限期待地盯住我看,仿佛我必将而且完全应该作出满意的答复。

而这,不是一两句话所能解释清楚的。如果只说是天然的嗓子好,那么天赐佳喉的演员多了,有几位到骆老这般高龄还能唱得如此苍劲自如?特别是女演员,岁数一大变化尤为明显,有的几乎判若两人了;莫非应归功于功力精湛？并非没有道理，但没有一位名角的功夫是不深的，老时唱来却鲜见仍能饱满、到位者，尽管报刊往往慷慨地称作"不减当年"云云，实际上早已今非昔比、水准大跌了。骆玉笙则不然，不仅出台演出就是高水平，而且与中青年同台，依然葆有白发不让红颜的实力——岂止是"不让"呢！一次，在北京的一个也是为纪念她的艺术生涯而举办的晚会上，首都各家京剧院团的中青年名角争相登台助兴，接下来是包括骆门弟子在内的曲艺新秀献艺，个个风华正茂，气力充沛，极一时之盛，使得观众既兴奋又不免担心喧宾夺主，后生抢了尚未出场的骆老的风头。孰料，当骆玉笙小心翼翼地迈着老人的小步登场，神态波澜不惊，只见用一根长槌嘭嘭嘭地击打一阵黑油油的扁鼓，然后不慌不忙地开口唱起来时，全场立即静下来了，担忧者的心也很快放下来了，那宽厚、醇美而又透出几许苍凉的嗓音，清晰、圆润而又富于激情的吐字行腔，那只有极好的歌喉和极高的技巧相结合才能产生的艺术魅力，显出了大师的风采。人们不得不承认，见高山才知平地，又是一番境界啊！

这就是骆玉笙。她早已不止一次令听者叹服了。当年为电视连续剧《四世同堂》配主题歌时，一进录音室，三十多位大乐队伴奏人员都是二十多岁的小青年，学洋乐的后生们或不知京韵大鼓为何物，还有什么"王"；或对骆玉笙（或其艺名"小彩舞"）只闻其名未见其人，等到一看来了个白发苍苍的扶杖老太，又瘦又小，似弱不禁风，全都泄气了，心说："完了，这个小老太太能唱出什么来！"伴奏时好不情愿。谁知，"小老太太"一曲歌罢，竟又全体起立，忘情地鼓起掌来。老太太诚惶诚恐地四下张望，还以为有高级首长大驾光临，小青年们乐了："……不是！骆老，我们给您叫好呢，没想到您嗓子这么好，唱得这么棒！"都服了。

骆玉笙由此成了一个"谜"。

真正永葆艺术青春的演员是没有的，如同生命不可能保持物质意义上的永恒一样。有一次，骆老带几分好笑地告诉我："有人说，我是一个奇迹！"语气中或含些许自得，但显然又觉得此说言过其实，甚至有点好玩儿。我却极认真地表示不算过分，罕见、特殊即为"奇"嘛，"奇"不是怪，自有它内在的异于一般的原因。回想那次谈话，大约是六七年前的事了，我至今仍坚持原来的看法。后来，我曾经带着朋友们和自己的好奇，向老人探究过"奇迹"的谜底，老人的回答应属最具权威的答案了。

首先，还得承认天赋。从小，老天就给了她一条又宽又响近乎成年男子的大嗓门，为此四岁那年，被变戏法的养父骆彩舞在上海大世界游乐场，用一块布翻来抖去地把她"变"到了台上，不及桌面高的小姑娘清唱二黄，一张口竟是丝毫不带女音的宽亮、响堂的老生嗓子，观众就惊呆了，随之高呼"哎呦，这可是个'小怪物'嘛……"后来的一些日子，这一惊呼出来的称谓就频频出现在招徕观众的海报上。所谓"怪"，即指她的嗓子实在少见，异乎常人。也正是基于这与生俱来的嗓音条件，她先习京戏的老生、老旦，后又改唱当时同样是男声天下的京韵大鼓，而且先声夺人，一入门就带来了日后走红的资本。骆玉笙自己曾顺口说过："我的嗓音一直没变，从来没坏过，连我也不知道怎么回事。"随口说说，当然不能切实反映她多年来为长葆艺术生命而进行的不懈努力(这正是后面要谈的)，但脱口而出的往往是更直觉的东西，对于一位度过漫长的、以嗓子为本钱的演唱生涯的老艺术家来说，如果她的声带像有些演员那样娇嫩和多变，需要不断为其忧虑和苦恼，是绝对不会有如此轻松口吻的。

紧接着的一条应当是精到、纯熟的演唱技巧。对此，曲艺界的许多专家已做过细致的研究和论述，这里再突出强调两点：一是只有具备很高的发声技巧，才能充分发挥天赋的优势，真正唱出佳境；二是技巧关乎着正确巧妙地运用嗓音，不使其因傻拼力气而受到损伤，从而维护了它的使用寿命。在超过四分之三个世纪的舞台实践中，骆玉笙博采众长，锲而不舍地锤炼演唱技巧，形成明显的个性特色，终于在刘(宝全)派、白(云鹏)派、张(小轩)派及少白(白凤鸣、白凤岩)派的几大流派基础上，竖起了自家的"骆派"旗号，在吐字、行腔和抒情性上都有独到之处，达到了很高的艺术境界。她从来不单纯凭借嗓音本钱卖"冲"，而是用多方面的技巧努力调动、挖掘嗓子的优势,强调唱与喊的根本区别,借鉴、吸收京剧演唱艺术的技法,全面追求吐字、韵味、抒情的最佳境界,她认为"光顾韵味不注意字不行,这就平淡而不清晰了","光唱字没味也是一杯白开水","有字、有味,没有感情,表达不出作品的意思也不行",有的演员"注意了这三点",才"唱得好,引人入胜,吸引观众"。例如吐字,她的演唱字音清晰有力,能够打远,非常讲究吐字归音,而且咬字不松不紧恰到好处,轻而不飘,重而不拙,本是有口皆碑的。但她直到晚年也没有满足,仍然反复推敲,孜孜以求,自以为"从1936年到天津开始唱,直到'文革'前的阶段,在字的要求上还不太严格",因此现在还经常听过去演唱的录音,看看有没有光顾韵味而没有注意字的地方,发现了就改过来。一位老观众来信,指出她唱的《四世同堂》主题歌把"影"和"耻"两个字音唱倒了,分别唱成了"迎"和"迟",她闻错即改,及时校正,还向对方表示了感谢。经过多方面和长时期的探索、锻炼,她掌握了一整套巧妙而科学的演唱方法,既能充分发挥自身条件,又不令其受损。在嗓子偶有不适或因年高而出现些微变化的时候,则能圆熟、老到地随机应变、不露痕迹,于是保持住了多年不变的"最佳状态"。

接下来就要说到深厚的功夫。像许多老一辈艺术家一样,骆玉笙从艺很早,青壮年时代演出频繁,经受过各种艰苦环境的磨炼,每天要几处赶场子,一天总需唱十几个大段,不分寒暑,天天如此,嗓子就练得经得住"摔打",耐唱。有这样雄厚的功底,老来在晚会上只唱一个或两个小段,以少代多,就不会觉得吃力,反而更显得神完气足,游刃有余。这里也有一个"藏拙"的问题,如果不顾年事已高,仍去拼大段子,上台就由着性子唱个没完,显然不是明智之举,也就难免示人以"璞"了。骆老的功夫还来自日常在台下的锻炼,用她的话叫作"说话练嗓子,唱是练气功",平时说话就用大嗓,从来不细声细气,而且要求吐字清楚、有力,发声正确,这就同练功一样了,天天这么练,功夫能不深吗?"唱是练气功",指运用丹田之气,即使在长时间讲话(如讲课、发言)时也像唱一样用气托着,从不凭嗓子喊,这就又是练功。多少年来就这样台上练,台下也练;唱时练,说时也练,其功夫之深也就可想而知了!

最后一条则要归功于她的养生之道。有了好的嗓子本钱,如果不会精心爱护也是不能持久的,艺坛上昙花一现的例子不胜枚举。骆老很重视保养,还介绍刘宝全当年就非常注重生活上的节制和养身,从四十岁起始终吃素,每天遛早、喊嗓,常年不辍,所以到晚年演唱仍葆有又脆又亮的"童音"。她自己则一直不沾烟酒,不吃葱、姜、蒜、辣子等带刺激性的食品,炒菜中的辣子也只选甜辣椒;每天的生活也很有规律,早晨六点钟起床,先在室内活动腰腿,如练戏曲中的"起霸""云手",一招一式地慢拉一遍,然后下楼去街上散步,回来吃过早点,又练太极拳,一紧一慢两个式子,直练得心清气和,血脉畅通。这样大的年纪,又患有白内障、冠心病和左耳听力减退等病症,平时还坚持做一点力所能及的家务活,当作一种健身的手段。前年春天,动过一次大手术,出院以后又尝试着轻微的活动,她说过:"人的走向衰老是自然规律,不服不行,可越是这样,越得活动,量力而行,自我调节,否则就真要唱不动了!"

她的养生之道还包括另一个重要方面,就是保持心情开朗、心理平衡、精神愉快。她为自己归纳了"四乐":助人为乐、苦中作乐、自得其乐、知足常乐。几年前,老人唯一的儿子骤然病逝,面对这巨大的打击,生离死别,她没有凄然泪下,不失常态,因此被称作"奇人"。白发人送走黑发人,她能不伤心悲痛吗?当然不是,老人是在用自己的坚忍、豁达、超越生命局限的悟性默默地化解悲伤啊。经受住了这耄耋之年的命运的无情重击,她挺过来了,依然活得很有精神。

不论从艺术还是生命的角度衡量,骆玉笙都确实创造了并且在继续创造着奇迹。也许,多少年来被人们珍爱、讴歌的生命之光,本来就应该像在她的身上这样绚烂,这样持久,只因好多的人做不到,而她这位瘦弱的老太太做到了,于是便成了"奇人"。话题不知不觉中延伸到这个层面,就不是我们探究的谜底所能解透的了,那应是另外的一篇大文章。

传余后记:大师并未去远

《马三立别传》一书,原完稿于 1990 年 4 月。自那以后,相声大师马三立走过了人生最后的十三年历程。

20 世纪 90 年代的大部分岁月,已经步入耄耋之年的马三立仍然保持着健旺的活力,像书稿最后一章所写的"艺术家兼社会活动家",演出虽然逐渐减少了,社会活动却越来越应接不暇。

这时,他的艺术成就和影响已达到了最高峰。1992 年 11 月 12 日,中国曲艺家协会等单位在天津举办"庆祝马三立从事相声艺术六十五周年"活动,与会同行、专家对马三立的艺品和人品给予了高度评价。一周后,由文化部群文司、中国曲协艺委会、天津市文化局等联合举办的"马三立杯"业余相声邀请赛揭幕,马三立担任顾问,这是相声界第一次也是迄今为止唯一一次以艺术家名字冠名的全国性赛事。如果说很长一个时期,相声艺术是马三立和侯宝林两位大师双峰并立,各领风骚,一年之后随着小他四岁的侯宝林的病逝,就再也没有人能在声望和地位上与马三立比肩了。一向低调的马三立,被内外行一致尊为相声艺术的一面旗帜,可谓实至名归。

也是在 1992 年,马三立后期为他捧哏的合作者王凤山也去世了。像他这样风格独特、技艺炉火纯青的大师级演员,能够找到一位功力相当、与之配合默契的搭当是非常不容易的,况且老来插科打诨,还有年龄匹配的因素,就更属凤毛麟角。王凤山比马三立小一岁,本是快板书名家,

20世纪30年代就曾拜名师学习相声，"文革"后复出，成为继张庆森、赵佩茹之后又一位让马三立称心如意的舞台伙伴，有评论称"马、王二位合作默契，精逗严捧、人艺合一，他们合作表演的每一段相声都是传世经典"。痛失臂膀，还有台下的一份情谊，马三立的痛心、惋惜可想而知。王凤山病重时，他多次去家中探望，凤山没有子女，亡故后他又经常让孩子们给独守门户的老伴送钱、送物，直到为后者送终。

同年龄段的老友、搭档先后去世，老人总难免渐生孑然独立的落寞和感慨，那大约另是一种"高处不胜寒"吧。但那时的马三立没有多少闲余伤感，还要为演出和频繁的社会活动忙碌，相声、观众和各行各业的人们都需要他，促使他依然延续着老骥伏枥、奋发有为的状态。王凤山去世后，他就只说单口的小段节目了，这一来倒另辟蹊径，开扩了又一艺术天地，随着《家传秘方》《八十一层楼》《讲卫生》《练气功》《卖鱼》《内部电影》《老头醉酒》等小段的广为流传，被人们津津乐道，为他的保留节目增添了新的代表作。他就以老者的神态、语气讲笑话，往往从大家熟悉的生活琐事说起，乍听起来絮叨细碎，毫无头绪，可就在你不知不觉间流水无痕地转入正题了，却仍旧不慌不忙、循循善诱、峰回路转，直至"包袱"设就，从容"抖"开，让你先怔一下才幡然醒悟忘情失笑，而且越笑越有味道，有时还会依稀咀嚼出一丝哲理来，这就是大师的功力、火候儿和境界了。

大师的幽默又是不受舞台限制的，晚年的马三立似乎随时随地能够抓出笑料，足迹所到之处信手拈来，得心应口，激起笑声一片。接受采访或出席活动，往往有人要求拍照，当时还没有数码相机，人家刚把照相机举起来，他似乎随意地问道："胶卷是正品吗？"没等对方反应过来，接着又要求："现在骗人的事太多，不行，先打开看看！"拍照者急了："一打开胶卷不就……"话到半截，他和在场的人就都乐了，原来是个"包袱"。去劳教所向失足少年讲话，走下汽车，就有两位女警察上来从两边搀扶，记者一路追随照相，走着走着，马三立忽然温和地对女警察说："能不能由一位扶着我？"女警察不解："马老，您年纪大了，两人扶着走不是更稳当吗？"他显出为难的样子回答："是，这样是稳当，可你们看这么多记者照相，明天一准见报，群众看见我让俩警察架着往里走，会说马三立这么大年纪还犯案，这不，被警察押着进监狱了⋯⋯"此话一出，据说扶着他的两位女警察弯下身，笑得半天没直起腰来！像这样的花絮，可谓举不胜举。他德高望重，社会知名度如日中天，家喻户晓、妇孺皆知，却平易近人，从来不摆架子，还能处处带去笑声，于是人们就更喜欢这位老人了。他住进天津市第一工人疗养院，那是天津著名的"五大道"之一的大理道上的一座小洋楼院落，记得他是住在后面一幢小楼二楼上的一间向阳的房间里，亲友们探望，只要看一下出出进进的医护服务人员笑意盎然的表情，就能察觉他们和老人相处是何等阳光和愉悦了。他广受人们的欢迎，走到哪里都常有春风扑面，反过来又使他的兴致更高，更有活力，艺术家和社会大众之间这种美好的交感互动，也成了他在暮年长期保持良好心态的动力之一。

那期间，他曾经抄录下四句古诗："云淡风轻近午天，傍花随柳过前川。谁人不知余心乐，将谓偷闲学少年。"此诗的作者是宋代著名理学家程颢，与其弟程颐同为北宋理学奠基者，世称"二程"，他们的学说后来为朱熹继承和发展，被称作"程朱学派"。程颢的这首《春日偶成》在唐宋诗词中被归入"闲适"类，尚未完全闲适的马三立把它抄写下来，应是喜欢诗句中洋溢的明朗、乐观，也映照出了他老有所为、老有所乐的不老心境。

老来引诗自娱者，在曲艺老艺人中间不多，马三立经常在台上说相声时自称"马大学问"自吹自擂，其实生活中的他确实爱读书，到老仍手不释卷，并且兴趣广泛，博闻强记。他早年的名作多是"文段子"，以擅长文哏著称，内容离不开引经据典之乎者也，虽然往往是"歪批"，但所批的原文却是要货真价实的，他说来流畅自如，一气贯通，断句、语气准确妥帖，和他在古书上下过很深的功夫是分不开的。他读书涉猎的面很广，从古诗文到演义、评话、野史、传奇、志异、"笑林"以至科普读物都读，为了在相声中讥讽算卦迷信,还读了许多相书。他认为相声演员在台上经常说"肚子是杂货铺",其实这样远远不够,应该是装有"百科全书",为此他一直忙中偷闲、见缝插针、勤读不已。

除了读书,他还喜欢看戏、习画、写字、看足球。戏曲和曲艺历来不分家,看戏是他的老爱好,结交了许多梨园行的朋友,还能粉墨登场,晚年偶尔在庆典或联欢性的合作戏中"客串"角色,虽然嗓音欠佳,却总能为之增色添彩。他爱好国画、书法,原为自修自娱,晚年上门求取墨宝的人越来越多,盛情难却,他也总要认真从事一丝不苟。他对足球不仅爱看,而且以一贯的凡事深钻细研,对"四三三""四四二""五四一"等阵形了如指掌,一看就知道是打全攻全守、防守反击还是攻守平衡,还强调看球要看亮点,如拼抢、反抢、点球、角球、过人、一对一"单刀赴会"、头球和"香蕉球"等,并说足球和各行各业一样,要用脑子踢球,不能光拼力气,傻踢。

多方面的爱好,带来多方面的知识信息,对于演员来说,还要具备很强的记忆和消化能力,才能构成丰富的文化积累。马三立的记忆力堪称训练有素,而且到老不衰。他说的段子经常有大段的"贯口活",文字很长,还要背诵如流,朗朗上口,都是靠早年的苦读强记。有的相声界内行说,别看马老的铺垫叙述语言随意琐碎,像说家常话般漫不经心,其实内中的关节都是精心设计好的,不能错的,记忆力不强行吗?他到晚年一直没有放松对记忆力的锻炼,并且说记忆和个人的愿望有很大关系,也就是指主观上有需要、有追求、有自觉吧。这又不限于职业习惯和要求,有一件事非常耐人寻味,就是他一直记得胡耀邦同志逝世的日子、时间和中央悼词的部分章节。他说有一个日子总也忘不了,1989年4月15日早晨七时五十三分,耀邦同志病逝。耀邦同志生于1916年,比自己小两岁。悼词中有这么一段话:"他以非凡的胆量和勇气,组织和领导了平反冤假错案、落实干部政策的大量工作……使其他大批蒙受冤屈和迫害的干部、知识分子和人民群众得以平反昭雪、恢复名誉。"这些数字和文字,马三立都一字一句地记住了。按他从"反右"到"文革"所经受的磨难,应是属于悼词中的"其他"之列。为人民做过好事的人,人民是不会忘记的。年届八旬的老艺术家这份铭记、感念,耀邦同志若泉下有知,也会感到欣慰的吧。

1998 年,马三立在中国大戏院参加全市抗洪救灾募捐义演,时年八十四岁。

这是他最后一次登上这家历史悠久的著名剧院舞台。在此前后,他开始越来越明显地感觉到身体和精力的变化了。

民间流传着一种"三短"的说法:春寒、秋暖、老健。指的是这三个现象都难以持久,春寒料峭,接下来就将转暖入夏;秋日和煦,离凛冽寒冬已然不远;人老犹健,实际上身体机能衰落的步伐一直没有停止,到一定时候还会"加速度",仿佛猝不及防地一下子弱了下来。这是符合不可逆转的自然和生命运行规律的。当这一规律在已是高龄的马三立身上显现出来时,基于长期养成的动笔习惯,他自己在纸上写下了:"风前之烛,瓦上的霜,珍惜声望,莫追时尚。"

前两句,像是戏中常用来形容桑榆暮景的唱词,比喻形象而意境苍凉。戏曲和曲艺演员习惯于把熟记于心的唱词信手拈来抒发情怀。后面两句则是郑重的自勉,强调老人最后要珍惜和坚守的艺术也是人生的准则。走过漫长而坎坷的从艺生涯,他深知崇高声望的来之不易,声望是珍贵而又脆弱的,需要倍加珍惜和守护。他的一生跨越了几个时代,目睹了太多的世事演变和人生浮沉,形形色色的时尚炫目充满诱惑,必须有所分辨和选择,不能因一时功利而盲目追随,不能负己也不能有负赋予自己声望的世人。

晚年的马三立始终律己甚严,曾经自拟"养心安神十一条不该"和为人处世的"三别、三不、三对、三要"。"十一条不该"中,有"不该办的事情,莫办;不该去的地方,不去;不该用的物品,不买;不该要的礼物,不收……不该得的报酬,不要";"三不"是"不为名利得失伤脑筋,不羡慕妒忌大款大腕,不在艺术上消极灰心";"三对"是"对自己的声望,珍惜;对道德品行,端正;对衣食住行,知足"。谁能想到,盛名之下的相声大师,老来给自己立下这么多严格的规矩? 放进为各行各业包括党员、干部制定的纪律准则,也是标准不低了吧。然而这自发、自觉的自律,正如冯骥才兄在原书《马三立别传》序言中写过的一句话:"……这恰恰是真实可信却鲜为人知的马三立本人。"

马三立晚年,先是住进天津市第一工人疗养院,后转入以他名字命名的老年公寓,间或也应邀到津郊东丽区"马三立老人园"小住。

2000年,因身体不适住进医院检查,确诊为膀胱癌。

2001年接受第一次手术。术后病情缓解,体力虚弱,把吸了五六十年的香烟戒掉了。住院期间仍然乐观、豁达,笑口常开。术后伤口疼痛,医生说实在太疼就打止疼针,他问是杜冷丁吗? 医生称是,他知道杜冷丁类麻醉药容易上瘾,忍着疼痛不让多打,告诉医生:"少打这样的针,回头病好了出院没回家,从医院直奔戒毒所就麻烦了!"在场医护人员都忍不住笑,心里暗暗感慨、敬佩病痛中的老人还能如此幽默风趣。

这一年的年底,12月8日晚,今晚报社等单位联合举办"相声艺术大师马三立从艺八十周年暨告别舞台晚会"。那是一个大雪过后的寒冬夜晚,路上还积着厚厚的冰雪,络绎不绝的人群不顾天冷路滑,从四面八方拥来。天津市人民体育馆灯火辉煌,票早已售完,门前仍然熙熙攘攘,人们都想再看一看临别舞台的大师身影。

晚会由中央电视台著名主持人赵忠祥、倪萍主持,苏文茂、马季、常宝华、姜昆、冯巩、牛群等几代相声名家,歌唱家李光曦、马玉涛、郭颂和曲艺、戏曲界众多著名演员助兴出席,可谓群星荟萃。开始时,市委领导首先高度评价了马老的艺术成就和精神品德,称赞他是德高望重的艺术大师、曲坛泰斗,德艺双馨的艺术楷模,也是天津的骄傲。接下来,作为嘉宾的艺术家先后上台表示祝贺,表演节目。

最后,马三立本人登场了,仍是那身可体的灰色中山装,那副镀金框架眼镜,身材修长,将夹有灰色的银发梳理得一丝不苟,面含微笑,一派儒雅的长者风范。不知道的人,看不出他身患绝症在不久前动过大手术,知道内情者会发现他的步子比过去慢些,气息也显得微弱,但一站到舞台上,却仍旧精神矍铄,光彩照人。

依然是过去的老习惯,先向观众作揖示意。待如潮的掌声止息下来,大厅里,鸦雀无声,人们都静静地等着大师开口,却谁也没想到,那沙哑、温和的嗓音说出的第一句话是:"我叫马三立……"谁不知道他是马三立?但他就是用这种小学生报到式的自报家门,轻轻化解了与几千名观众的距离,也融合了现场绷得过紧的气氛,重又回到了观众中间。然后,他张望了一下满台的鲜花和花篮,抬头面向观众,用有些惶恐和腼腆的语气问道:"……我值吗?"这一来就像点燃了火药引信,场内迅即响起了雷鸣般的回应:"值!"

他笑了,观众也笑了。

大病中复出,告别打拼了大半生的舞台,面对喜爱他、亲近他的观众,马三立心中自然有一腔情愫万千感慨,千言万语也难以表述的复杂思绪,但他惜字如金,没有寒暄,没有多余的客套,只用两个短句八个字作为开场白,出人意料而又出奇制胜,真情尽在其中,这也可谓马派相声语言的真髓。

人们很难察觉他的表演是何时开始的,他还在不慌不忙地和观众聊天,鲜花引起的话题还在延续:"台上摆了这么多鲜花真香啊,省得往后给我买花圈了……真到那天,必须送真花,假的不行啊!"原本一语双关,观众却顾不上体味另有隐情,随之笑声四起。

马三立似乎有意冲淡晚会的隆重、严肃气氛。相声就是让人们笑的,他要把笑进行到底。于是他娴熟自然地现场抓哏,妙语连珠:"今天我告别舞台,不等于我告别相声,我还要继续努力……有的观众点我那段《买猴儿》,说不了了,没气力了,我已经成了'老猴'了!"利用同台演员的名字"现挂",从来是他的拿手好戏:"倪萍叫我唱一段,我这声音怎么能比李光曦呢,李光曦是金钟儿嗓子。他为什么有这么好的嗓子呢,他平时就注意保护,不抽烟,不喝酒,干东西不吃,李光曦——光喝稀的……还有郭颂,我们认识好几年了……他不忌口,葱、姜、蒜什么都吃,山东的火烧也吃,不嘎嗓子。我一想对呀,他叫郭颂啊,不管什么吃的,端起锅来就往嘴里送……"

对赵忠祥,他另有关照。倪萍恭维:"马老今天穿得这么帅,太漂亮了。"他回答长这么大,没人夸过自己漂亮。倪萍说现在都时兴减肥,您这么瘦,所以最漂亮。他说不敢减肥了,没的减了,长这么大,没超过一百斤。然后一指旁边的赵忠祥:"他的袜子能给我改一背心……"

就这样,或自我调侃,或就地取材,引领现场笑声不断。到大家上台表示敬意和祝贺时,他仍然不肯让气氛庄严起来,已被称作当代相声领军人物的马季神态虔诚地表示崇拜之情,赞誉马老是相声艺术的一座丰碑,并献上自己手书的八个大字"前无古人,后无来者",马三立含笑称谢,拉起他的手说:"我和马季,还有马玉涛是一家子,都是'马大哈'的后代。"全场大笑。

又是一个"包袱"。仅仅是抓哏吗?恐怕不尽然。以他历来低调谦和的平民作风,或许他不肯也不能坦然承受排山倒海般涌来的盛赞,同时作为相声大师,又不满足于一次严肃郑重、公式化的礼仪性告别,他最后要回报观众的还是开心、快活的欢声笑语。当然,也只是他的声望、魅力和老到,才能驾驭和完成。

他在晚会上的"正式节目",其实是一大段京剧"数板"。他力撑病弱之躯一气呵成。他尽力了。

转过年来,病情转重复发,接受了第二次手术。此后卧床、输液,身体日渐虚弱。

当时,曲坛另一位大师、京韵大鼓骆派创始人骆玉笙也住在同一家医院治疗,马三立闻知,坚持坐着轮椅去病房探望。骆、马同岁,骆的生日大些,平日文艺界聚会,二老见面,马老往往爱开玩笑,骆老则略带微嗔、无奈地含笑不语,也成为津门艺坛的一道有趣的风景。此刻他们病榻前相晤,惺惺相惜,怕是另有一番沧桑况味吧。

2002年5月5日,骆玉笙辞世。家人怕马老伤心悲痛,未敢相告,他后来还是知道了,久久沉默不语。

他也一直没有问自己患的是什么病。

2003年年初,病情恶化,仅靠输液和氧气维持。临近春节的一天,他询问是什么日子了,女儿告诉是大年二十八(即农历腊月廿八),他强撑着微弱的声息表示,无论如何也不能死在"年下"(指春节前后),要不,你们过不好年……以后年年都……他没有再说下去,床前伺候的孩子们已然泪如雨下。临危之际,老人最后惦记的竟然是让儿女把年过好,并且不让自己的忌日,给他们今后过年的欢乐喜庆留下阴影!

父亲之心创造了奇迹,他真的坚守到了春节过后。2003年2月11日(农历正月十一),清晨六时四十五分,马三立溘然长逝。

遵照老人生前遗嘱,后事从简,不给领导、组织和各方增添麻烦,当天入土为安。

那天下午,早春的天气晴朗,乍暖还寒,天津市红桥区的一座清真寺内,不多的闻讯赶来的生前好友和老观众送别。老人走得很安静。

随后,天津和全国的媒体连续发表了大量报道、专访和悼念文章。

3月25日下午,在津隆重举行了"马三立艺术人生追思座谈会"。

马三立和骆玉笙以及多位老一辈戏曲艺术家的相继辞世,引发了人们对于传统舞台艺术进入"后大师时代"的思考,新华社就此对冯骥才、薛宝琨、刘连群进行了专题采访。

11月18日,马三立纪念铜像在他的母校——天津市和平区万全道小学落成。

时光荏苒,转眼间八年过去了,人们始终没有忘记马三立,他和他的相声依然活在观众心里。他晚年的小段名字《逗你玩》,成了当代社会最火的流行语。联想他在告别演出中的化庄为谐,妙语频出,这或许是对大师最好的纪念。他原为让你笑的,他坚持到了最后。在他身后,长子、已是一代相声名家的马志明,既深得父辈神髓,又呈现出自己新的特色,以深厚的实力为艺坛所重。马派相声艺术后继有人。

大师走得很平和、很从容,应不再有所牵挂。

马老生前,曾借宋人程颢的诗抒怀,本文就引用诗人的另一首作品《秋月》作为结尾:"清溪流过碧山头,空水澄鲜一色秋。隔断红尘三十里,白云红叶两悠悠。"

2010 年 12 月 29 日夜于天津

2011 年 1 月 3 日改定